V.
C

4463.

CHARPENTE

GÉNÉRALE

THÉORIQUE ET PRATIQUE

PAR B. CABANIÉ

CHARPENTIER, PROFESSEUR DU TRAIT DE CHARPENTE, DE MATHÉMATIQUES, ETC.

DEUXIÈME ÉDITION.

TOME PREMIER.

BOIS DROIT.

PARIS

GAUTHIER-VILLARS, IMPRIMEUR-LIBRAIRE

DU BUREAU DES LONGITUDES, DE L'ÉCOLE IMPÉRIALE POLYTECHNIQUE

SUCCESSEUR DE MALLET-BACHELIER

Quai des Grands-Augustins, 55.

1864

IMPRIMERIE DE MADAME VEUVE BOUCHARD-HUZARD, RUE DE L'ÉPERON, 5.

AVERTISSEMENT.

La Charpente est, sans contredit, une de nos plus belles géométries. Que de procédés ingénieux, que de démonstrations savantes ne renferme-t-elle pas; mais aussi que de temps, que de veilles il a fallu pour la ramener à ce degré d'élégance et de précision dont elle jouit aujourd'hui!

Après avoir pratiqué, analysé et démontré longtemps la Charpente, j'ai vu qu'elle pouvait, comme les autres sciences, parvenir à un plus haut degré de perfection. Pour cela, il fallait changer la méthode usitée depuis bien des années, en créer une nouvelle. Je n'ai pas reculé devant une tâche si difficile, et après plusieurs années de recherches et d'expériences je suis parvenu à créer une Charpente nouvelle, générale, qui se rapproche, autant que possible, de la géométrie descriptive et de la Charpente pratique.

Ce traité est divisé en quatre parties. La première comprend la charpente pratique usitée en France, en commençant par les pans de bois, pavillon carré, biais, avant-corps, cinq-épis; mansarde, mansarde biaise, toute sorte de noulets, etc.: le tout établi avec les niveaux et la fausse équerre, formant vingt-quatre planches.

La deuxième partie comprend toute la charpente à dévers, telle que pavillons, liens de pente, tréteaux, trépieds, comble gauche, la pente, la pente et rampante soit avec les niveaux, soit à la fausse équerre, formant vingt-huit planches. Les deux premières parties forment le premier volume, dit bois droit : il est donc composé de cinquante-deux planches ou épures. Chaque planche ne contient qu'une épure ou pièce de trait; elle est dessinée rigoureusement, c'est-à-dire qu'on peut vérifier toutes les opérations. La démonstration de chaque épure se trouve toujours en regard et sans qu'on ait besoin de tourner la feuille. Quand une épure s'établit avec les niveaux de dévers, on se sert toujours d'une ligne intérieure ou croisillon dans la pièce de bois; quand l'épure s'établit à la fausse équerre ou sauterelle, on se sert du lattis, c'est-à-dire du dessus de la pièce de bois.

La troisième partie ou commencement du second volume, dit bois croche, comprend toute sorte d'escaliers, à la française, demi-onglet, onglet, entonnoirs soit en bois, soit en pierre, et formant treize planches. Puis des modèles de fermes, cintres, pavillon tour ronde, impériale, dôme, etc.; cinq-épis tour ronde, etc.: toute sorte de combles raccordés, formant dix-sept planches. La troisième partie est donc composée de trente planches.

La quatrième partie comprend les capucines carrées, biaises, guitardes carrées, biaises, avant-corps; guitardes de pente et de pente et rampante; puis toute sorte de lunettes, de trompes et flèche torse, formant vingt-deux planches. Ce dernier volume comprend donc également, comme le premier, cinquante-deux planches; le texte est également en regard. Le tout est dessiné avec toute la précision désirable, de manière qu'on puisse se rendre compte de toutes les opérations.

Nota. On saura que plan par terre veut dire plan horizontal, plan d'élévation, plan vertical; trait carré à une ligne ou à un plan veut dire perpendiculaire à une ligne ou à un plan; de même que pente veut dire plan incliné, rampante incliné des deux côtés, etc.

TABLE DES PLANCHES

DANS LE PREMIER VOLUME.

PREMIÈRE PARTIE.

PLANCHES.

Pans de bois établis avec les niveaux.	1
Pavillon carré établi avec les niveaux de dévers.	2
Trêteau établi par occupation de bois et avec les niveaux de dévers.	3
Pavillon carré, sur tasseau, avec la coupe des chevrons à la fausse équerre.	4
Pavillon carré dont les pannes sont coupées à la fausse équerre.	5
Pavillon avant-corps établi avec les niveaux de dévers. . . .	6
Cinq-épis queue de morue établi avec les niveaux. . . .	7
Cinq-épis avant-corps dont les pannes sont coupées à la fausse équerre.	8
Cinq-épis, sur tasseau, queue de morue avec la coupe des chevrons dans la noue.	9
Comble biais dont les pannes sont assemblées avec les niveaux.	10
Pavillon-mansarde établi avec les niveaux de dévers. . . .	11
Comble biais, mansarde, formant un retour d'équerre, établi avec les niveaux de dévers.	12
Comble-mansarde, avec un retour d'équerre, dont les liens sont coupés à la fausse équerre et par occupation de bois. .	13
Noulet droit ou comble de lucarne.	14
Noulet dont les noues sont chalattées.	15
Noulet-fronton dont les noues sont chalattées.	16
Noulet droit sur un comble-mansarde.	17
Noulet-fronton plus haut que son comble.	18
Noulet droit sur un arêtier.	19
Noulet droit sur une noue.	20
Noulet biais.	21
Noulet-éventail.	22
Noulet dont la ferme couchée est délardée suivant la ferme droite.	23
Comble dont les noues sont à dévers et supportées par les pannes. . . . . . ◦	24

DEUXIÈME PARTIE.

Pavillon carré à dévers établi avec les niveaux.	25
Pavillon carré à dévers à la fausse équerre.	26
Comble à tout dévers établi avec les niveaux.	27

PLANCHES.

Arêtier positif dont l'aisselier est coupé sur le trait. . . .	28
Mansarde biaise à tout dévers établie avec les niveaux. . .	29
Mansarde à tout dévers dont les liens sont coupés à la fausse équerre.	30
Liens de pente dans les pannes établis avec les niveaux de dévers.	31
Liens de pente dans les pannes établis à la fausse équerre. .	32
Liens de pente établis avec les niveaux de dévers dans des pannes de pente.	33
Entraits dévoyés établis avec les niveaux de dévers. . . .	34
Liens de pente soutenant la tête d'un arêtier établis avec les niveaux de dévers.	35
Liens de pente soutenant la tête d'un arêtier établis à la fausse équerre.	36
Lien de pente par face à plomb assemblé avec les niveaux de dévers dans deux arêtiers isolés.	37
Lien de pente par face à plomb à la fausse équerre assemblé dans deux arêtiers isolés.	38
Lien de pente à dévers assemblé avec les niveaux dans deux arêtiers isolés à dévers.	39
Lien de pente à dévers assemblé à la fausse équerre dans deux arêtiers isolés à dévers.	40
Trêteau à dévers établi avec les niveaux.	41
Trêteau à dévers assemblé à la fausse équerre.	42
Comble gauche établi avec les niveaux de dévers.	43
Trépied avec les croix Saint-André assemblé avec les niveaux de dévers.	44
Trépied assemblé avec les croix Saint-André à la fausse équerre.	45
Pavillon carré de pente établi avec les niveaux de dévers. .	46
Pavillon carré de pente et rampante par face à plomb établi avec les niveaux de dévers.	47
Pavillon carré de pente et rampante par face à plomb dont les pannes et les croix sont coupées à la fausse équerre. . .	48
Pavillon carré de pente et rampante à tout dévers établi avec les niveaux de dévers.	49
Pavillon de pente et rampante à tout dévers établi à la fausse équerre dont un arêtier positif.	50
Noulet de pente et rampante à tout dévers sur un arêtier établi avec les niveaux de dévers.	51
Noulet de pente et rampante à tout dévers sur un arêtier établi à la fausse équerre.	52

FIN DE LA TABLE DU TOME PREMIER.

Tout exemplaire non revêtu de la signature de l'auteur sera réputé contrefait.

PANS DE BOIS.

Pour l'établissement des pans de bois, on commence d'abord de faire l'épure sur un plan horizontal ou plan par terre, en faisant paraître la ligne de milieu et l'épaisseur de chaque pan de bois; ensuite, où les lignes de milieu se rencontrent, on figure la forme du poteau cormier. On désigne aussi la face de poteau sur laquelle se trouve la plumée de dévers. Ceci étant fait, au centre des poteaux, c'est-à-dire à l'endroit où les lignes de milieu se rencontrent, on élève des perpendiculaires aux lignes droites qui les joignent; de plus, on met, à partir du trait ramèneret ou ligne de terre, la hauteur de chaque étage et les distributions, comme il est indiqué dans le plan.

Pour l'établissement des poteaux dans lesquels s'assemblent des pans de bois obliques, les uns par rapport aux autres, on opère comme il suit : on met le niveau de dévers du côté que se trouve la plumée; on fait paraître sur le niveau l'alignement du pan de bois qu'on veut établir. Cette ligne, étant placée à plomb et regardant la tête du poteau, tortille et ligne le poteau; pour l'établir ou déverser, on fait un trait carré sur la ligne qui sert pour le ligner, et l'on opère de même.

Soit (planche 1re) l'épure du bâtiment A B C D E F G H. Après avoir figuré les lignes de milieu, l'épaisseur des pans de bois et la forme des poteaux dans chaque angle, on fait la coupe du pan de bois A H (on peut commencer par celui qu'on trouve le plus convenable) : pour cela, on élève sur les deux centres des poteaux A' H les deux perpendiculaires A A'', H H''; ensuite on met, à partir du trait ramèneret ou ligne de terre A H, la hauteur du premier étage comme A' H', du deuxième comme A'' H'', et ainsi de suite pour le troisième, quatrième, etc.

Pour établir le poteau A, qui se trouve oblique au pan de bois A H, on pose le niveau sur la ligne A B, face où se trouve la plumée de dévers; on fait paraître sur le niveau la ligne A H. Cette ligne, en la mettant à plomb et regardant la tête du poteau (le niveau placé sur sa plumée), ligne le poteau ; un trait carré sur cette ligne, et opérant de même, déverse ou établit le poteau.

Pour établir un pan de bois circulaire tel que l'épure M N O P Q (planche 1re), il faut premièrement établir en plan par terre les cerces; on fait paraître, en les établissant, un trait ramèneret d'équerre à la ligne qui joint les centres des poteaux. Le trait ramèneret en plan devra être remonté sur la coupe pour que le trait ramèneret paru sur la cerce tombe exactement dessus et à plomb; sans quoi le pan de bois, au levage, ne suivrait plus la courbe qu'on s'était proposée.

Ceci étant fait, par les deux centres des poteaux O' P on élève deux perpendiculaires, sur lesquelles on met les hauteurs des étages et les distributions comme on les juge nécessaires.

Pour les poteaux, dans tout pan de bois circulaire, on ne peut pas, comme dans les pans de bois droits, les ligner avec le niveau, il faut qu'ils soient lignés par affleurement; mais pour les déverser on opère comme pour les pans de bois droits, en faisant paraître sur le niveau (étant placé sur sa plumée) un trait carré à la ligne qui joint les deux centres : cette ligne, placée à plomb, déverse le poteau.

Au surplus, tous les niveaux sont placés dans les épures et sur les faces des poteaux où se trouvent les plumées; la ligne qui ligne le poteau est marquée par un L et celle qui l'établit par un E.

Paris — Imprimerie de madame veuve Bouchard-Huzard, rue de l'Éperon, 5.

1

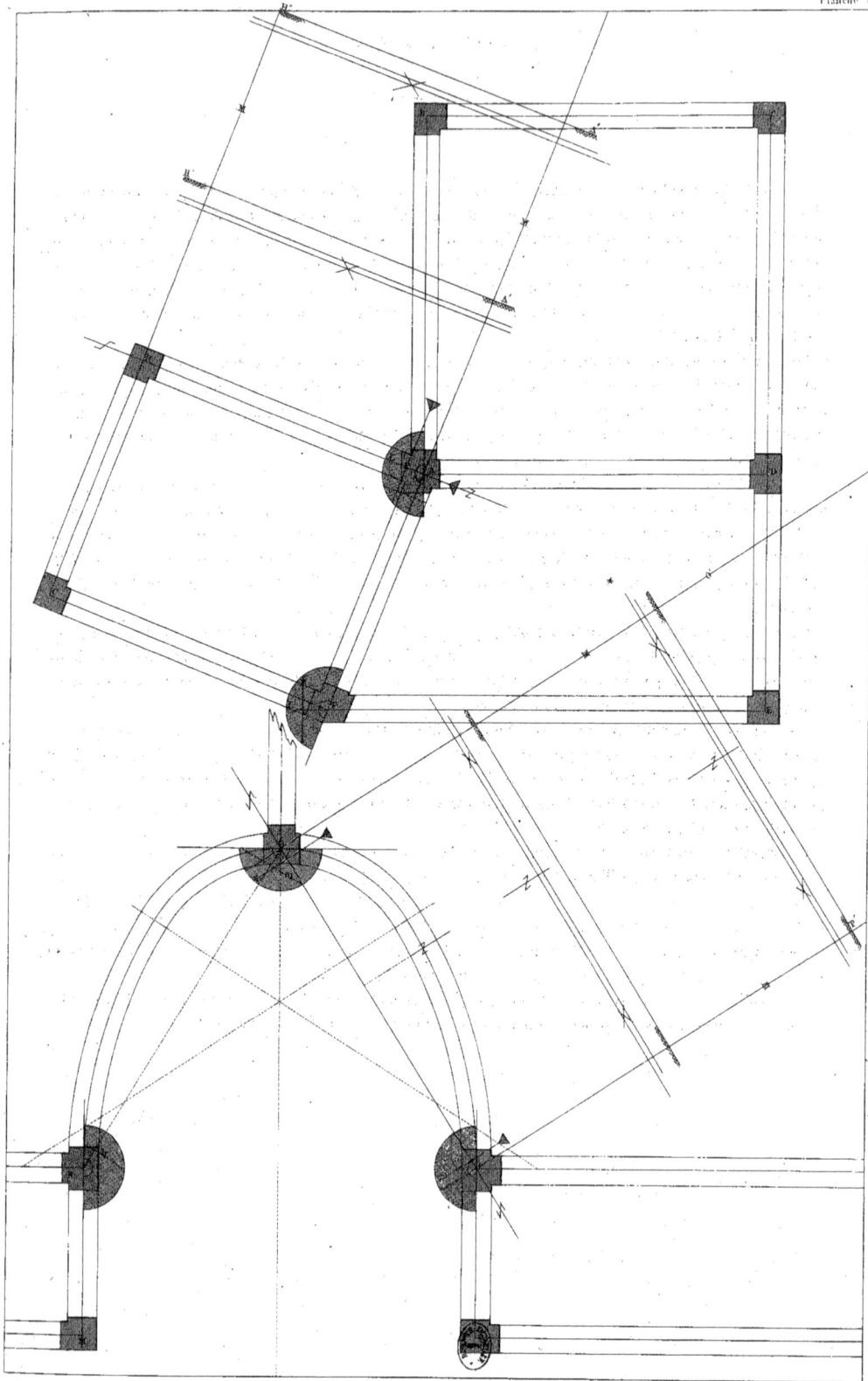

PAVILLON CARRÉ ÉTABLI PAR NIVEAUX DE DÉVERS.

Pour construire le pavillon (planche 2e), on commence par en faire l'épure A B C D E F sur un plan horizontal; on fait aussi sur la ligne de milieu B C D l'élévation de la ferme B C'D sur un plan vertical. On fait paraître une ligne d'assemblage P G M sur l'arbalétrier parallèle au lattis, de manière que cette ligne passe dans l'intérieur de la panne. Ensuite on trace la ligne de niveau des pannes, qui sert en même temps de ligne de trave de l'entrait. En même temps on figure les aisseliers, contre-fiches, etc., comme on le voit dans la ferme.

Ceci étant fait, on met le bois sur ligne, de manière que le dessus des arbalétriers tombe parfaitement sur la ligne du lattis des pannes (attendu que les pannes s'assemblent dans les arbalétriers); s'il en était autrement, on mettrait le dessus des arbalétriers sous les pannes. On fera paraître sur les arbalétriers les lignes G P, G M, ainsi que les traits ramènerets tant sur les arbalétriers que sur le poinçon.

Pour faire l'élévation de la croupe, on élève du centre C une ligne C C' perpendiculaire à C F, on prend du centre C la hauteur de la ferme C C', qu'on porte du même point C en C'', la ligne d'assemblage G en G', le trait ramèneret R en R', l'entrait T en T', ainsi que l'about des aisseliers, et l'on finit l'élévation en joignant F C'', Q G', etc. Après cela, on met le poinçon sur ligne, de manière que la plumée qui se trouvait dessus dans la ferme soit à plomb et regarde l'assemblage. On fera bien attention que le trait ramèneret, déjà paru sur le poinçon, soit bien sur le trait ramèneret R', et la ligne d'assemblage du long-pan sur C C''. On met ensuite l'arbalétrier sur ligne; on fait paraître dessus la ligne d'assemblage Q G', ainsi que le trait ramèneret S. On termine en mettant sur ligne l'aisselier, l'entrait et la contre-fiche.

Pour l'arêtier, on élève du même centre C, sur l'arêtier A C, une perpendiculaire C C'''; on met sur cette perpendiculaire toutes les hauteurs de la ferme, telles que C' en C''', G en G'', R en R'', T en T'', etc., et l'on finit l'élévation comme on le voit dans la figure. On n'oubliera pas de faire paraître sur l'arêtier un trait ramèneret, pour qu'il serve plus tard pour revenir sur ligne en herse. Après cela on ligne le poinçon, et l'on y parvient en mettant le niveau sur sa plumée et en mettant à plomb la ligne L parue sur le niveau : bien entendu que la ligne d'assemblage part du croisillon des deux lignes d'assemblage paraissant de chaque bout du poinçon; ensuite on le met sur ligne de manière que le croisillon tombe sur la ligne C C''' et le trait ramèneret sur R''; et, déversé, en mettant le niveau sur la plumée, la ligne E d'équerre à l'arêtier en plan, parue sur le niveau, à plomb et regardant la tête du poinçon.

Pour l'arêtier, on le ligne par le milieu, on le met de niveau et de dévers; on fait en sorte que le dessus tombe exactement sur la ligne A C'''; on rembarre des deux bouts la ligne de croisillon O G', qui servira pour mettre sur ligne en établissant les pannes en herse. On fait paraître le trait ramèneret; on met ensuite l'entrait, l'aisselier et la contre-fiche. On peut établir les deux arêtiers sur la même épure, ou l'on fera une élévation pareille sur l'autre arêtier.

Pour faire la herse de croupe, on couche la ligne d'assemblage Q G' en Q G''', le centre de la panne S en S', et l'on joint O G''' N G''' et la panne S' parallèle à O N, et l'on finit en faisant paraître les traits ramènerets.

Pour faire le niveau, pour ligner et déverser les arêtiers, on fait sur l'arêtier en plan un trait carré dans un endroit quelconque X Y Z; du point Y on élève, sur le rampant de l'arêtier A C''', une perpendiculaire Y Y', qu'on rabat en Y''; on joint X Y'', qui ligne l'arêtier pour la croupe, et Y''Z, qui ligne l'arêtier pour le long-pan : un trait carré sur chacune d'elles déverse ou établit l'arêtier, en mettant toujours le niveau du côté où se trouve la plumée et regardant la tête de l'arêtier. On n'oubliera pas, en lignant l'arêtier, de le délarder en même temps : pour l'établir, on mettra le croisillon sur ligne, le trait ramèneret sur le trait ramèneret, et la ligne E, parue sur le niveau, à plomb et regardant la tête.

Pour la panne, on la lignera comme elle est figurée sur le chevron de croupe.

Pour la herse des chevrons, on opérera comme pour la herse par croisillon; seulement on se guidera sur le lattis des chevrons, au lieu de la ligne d'assemblage des pannes.

B. Cabonié

Paris. — Imprimerie de madame veuve Bouchard Huzard, rue de l'Éperon, 5.

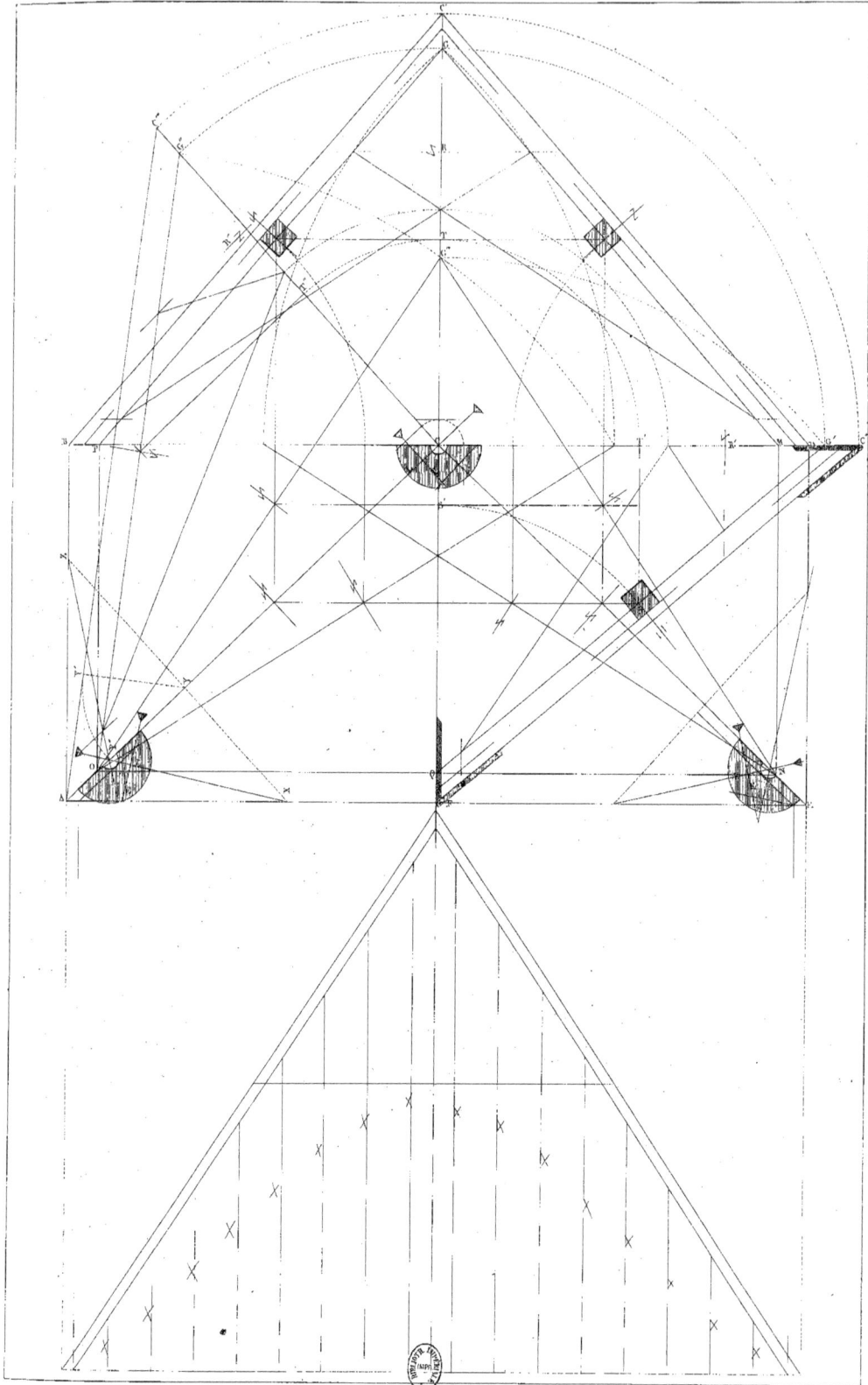

TRÉTEAU ÉTABLI PAR OCCUPATION DE BOIS ET PAR NIVEAUX DE DÉVERS.

Pour établir, par occupation du bois, le tréteau (planche 3e, figure 1re), on commence par en figurer la grandeur R S S′ R′ sur un plan passant par le milieu du chapeau et perpendiculaire au plan horizontal. On figure, sur ledit plan, la grosseur des bois vus de bout et autres; ensuite, sur un plan (figure 2e) perpendiculaire au premier, on marque l'inclinaison des pieds T U V X assemblés dans le chapeau, la traverse Y Z qui en tient l'écartement, et la grosseur du chapeau V X vu de bout.

L'épure étant faite, on met premièrement le chapeau sur la ligne R′ S′; on fait paraître le joint des mortaises des pieds, ainsi que des jambes de force qui s'y assemblent; on fait quartier au chapeau en R″ S″, et l'on y trace les mortaises au même affleurement, comme elles sont tracées au chapeau X V vu de bout (figure 2e). Après, on met les jambes de force sur ligne; on fait paraître dessus le dessous du chapeau, le dessus et le dedans des traverses vues de bout au pied des jambes de force, et les mortaises de la traverse qui en tient l'écartement.

Pour tracer les pieds, on les met sur les lignes T U V X (figure 2e); on fait paraître dessus les faces à plomb, et le dessous du chapeau vu de bout, les mortaises de la traverse Y Z qui en tient l'écartement; on fait quartier à la traverse en Y′ Z′, on y trace la mortaise dans laquelle s'assemble le pied de la jambe de force. On met les deux autres pieds et la traverse sur la même épure, et l'on opère de même.

Pour établir le tréteau avec le niveau de dévers, on commence par en faire l'épure : A B C D sur un plan horizontal, la coupe B C M B′ (figure 3e) sur la ligne E F, et celle D I (figure 4e) sur la ligne G H perpendiculaire au plan horizontal. Après, on met (figure 3e) le chapeau sur B′ M de niveau et de dévers, en faisant paraître la ligne-milieu et une plumée sur le dessus (on peut la faire où l'on veut); ensuite les deux jambes de force, et la traverse de niveau et de dévers, en ayant soin de faire, sur chacune d'elles, une plumée et un trait ramèneret.

Les jambes de force étant établies dans le chapeau, il s'agit d'y établir les pieds. Pour cela, on prend la ligne D I, qu'on porte de D′ en I′. Par le point D′ on tire une ligne parallèle à A D, on mène A A′, D D″ parallèle à D′ I′, et l'on joint A′ J et D″ K. On prend aussi, sur la ligne D I, le trait ramèneret, qu'on porte sur la ligne D′ I′, on le mène parallèle à A D, etc., et la herse est terminée.

La herse étant faite, après avoir ligné le chapeau avec la ligne d'assemblage parallèle à D I, figurée sur le niveau (figure 4e), on met le chapeau sur ligne, de manière que l'arête I tombe sur la ligne J K, la ligne-milieu sur la ligne D′ I′ et déversée de telle sorte que la ligne E, figurée sur le niveau I, tombe à plomb; ensuite on met les deux pieds sur ligne de niveau et de dévers, avec une ligne d'assemblage comme celle qui est figurée parallèlement à D I, et les traits ramènerets, etc., comme il est marqué dans la herse.

Pour établir la traverse avec les pieds, on se place au point C, comme centre, avec une ouverture égale à C M, qu'on fait tourner en M′. Du point M′ on mène une ligne parallèle à C D jusqu'à ce qu'elle coupe les deux faces du chapeau N O; on joint C N, D O, on fait tourner le trait ramèneret et la traverse toujours du centre C, et la herse est terminée; ensuite on met les pieds sur ligne, en faisant attention que l'arête de l'un tombe sur C N et celle de l'autre sur D O; le trait ramèneret, déjà paru sur les pieds, sur le trait ramèneret; les pieds lignés par la ligne L parue sur le niveau A et déversée par le trait carré E au même niveau : le même niveau peut servir pour les quatre pieds en l'orientant en conséquence.

Pour établir la jambe de force dans la traverse, on fait un trait carré sur une ligne quelconque (figure 5e) on prend de l'arête P le trait ramèneret P Q, qu'on porte de P′ en Q′; on met la jambe de force par face à plomb, la ligne d'assemblage sur P′ Q′, le trait ramèneret sur Q′. Pour la traverse, on met l'arête P sur la ligne P C, la ligne-milieu sur P′ Q′, et déversée et lignée avec le niveau P (figure 3e).

PARIS. — IMPRIMERIE DE MADAME VEUVE BOUCHARD-HUZARD, RUE DE L'ÉPERON, 5.

3

Pl. 3.

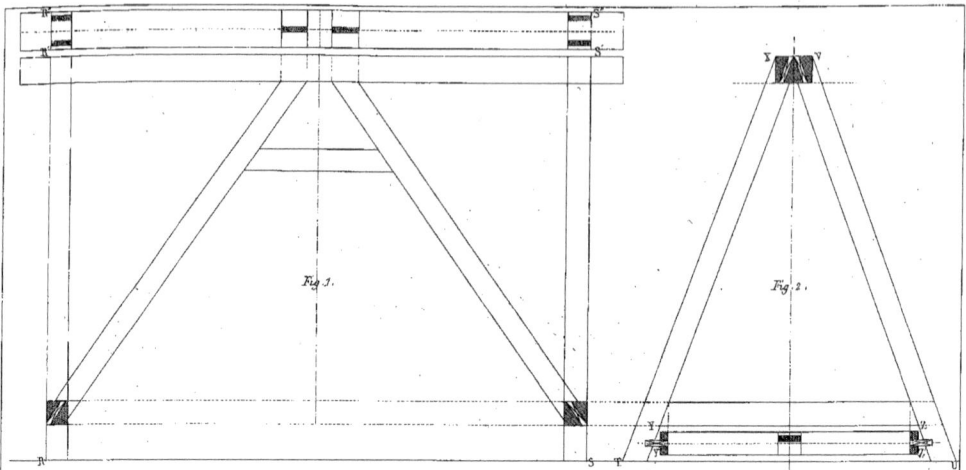

Fig. 1.

Fig. 2.

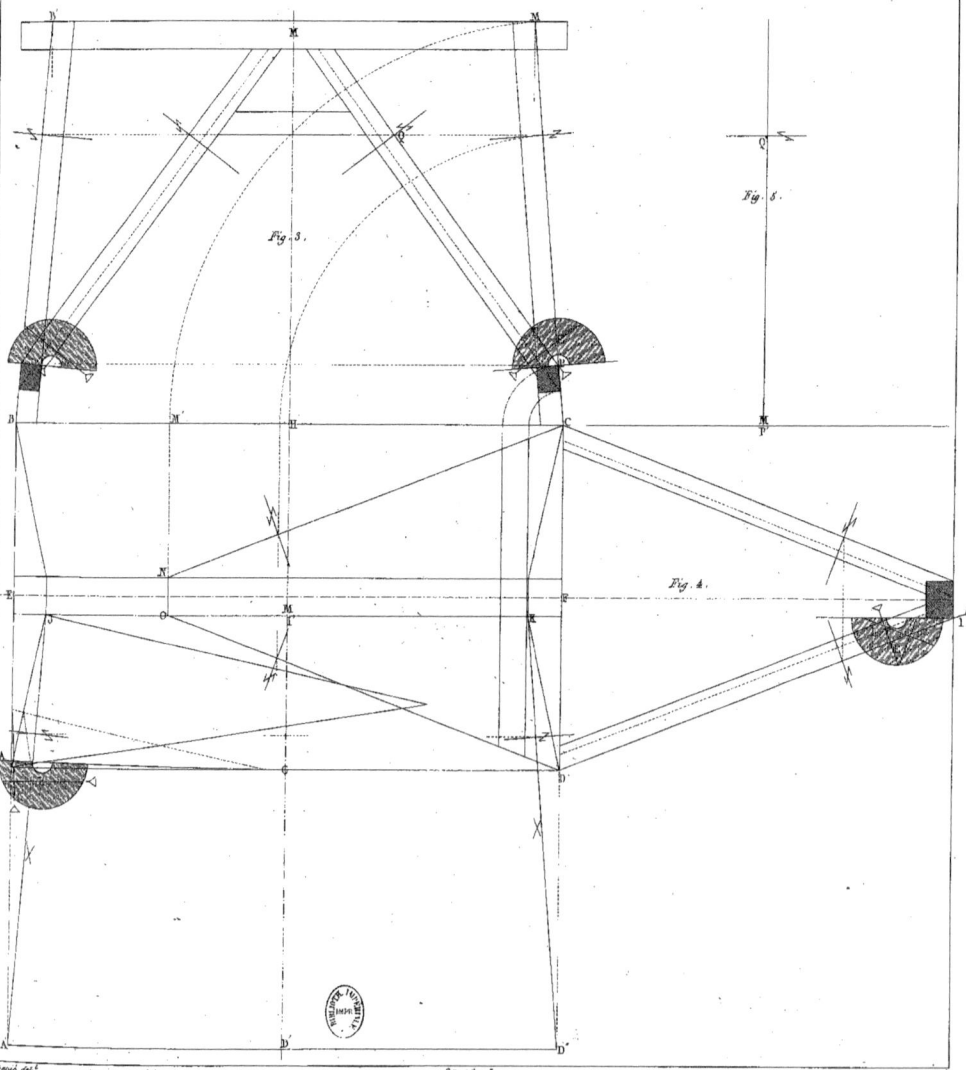

Fig. 3.

Fig. 5.

Fig. 4.

PAVILLON CARRÉ, SUR TASSEAU, AVEC LA COUPE DES CHEVRONS

A LA FAUSSE ÉQUERRE.

On commence d'abord (planche 4ᵉ), sur un plan horizontal A B C D E F, d'en faire l'épure, en ayant soin d'y figurer les épaisseurs soit des arbalétriers, soit des arêtiers ; ensuite on fait la ferme B C D sur un plan vertical, en y faisant paraître le chevron, la chambrée, c'est-à-dire l'épaisseur de la panne, et le dessus de l'arbalétrier sous la panne. On descend, en plan par terre, la panne, le dessous du chevron, ainsi que le dessus de l'arbalétrier. On figure aussi sous la panne le tasseau, pour empêcher qu'elle ne glisse sur l'arbalétrier. On fait aussi l'élévation du chevron de croupe C F C' également sur un plan vertical, en y faisant paraître, comme sur la ferme, l'épaisseur du chevron, de la chambrée, et le tasseau sous la panne. On descend la panne en plan, le dessous du chevron et le dessus de l'arbalétrier. Après, on fait l'élévation de l'arêtier A C C''' toujours sur un plan vertical, en y faisant paraître le dessus du gros arêtier sur lequel repose la panne, et le petit dans lequel s'assemblent les empanons.

Pour le tasseau dans l'arêtier, on se rappelle qu'il doit suivre la rampe de la panne sur la face et sur le milieu de l'arêtier. Pour cela, on prend la hauteur de la panne G sur la ferme, qu'on porte sur le poinçon de l'arêtier en G', et l'on mène G' H', parallèle au plan horizontal et H en H' parallèle au poinçon C C''' ; le point H' est l'endroit où l'arête des deux pannes se coupe dans l'espace, et en joignant H' I, point où la trace de la panne de croupe coupe la ligne de milieu de l'arêtier, on a le fond du rencreusement du tasseau. Pour la face, à l'endroit où la panne en plan coupe la face de l'arêtier, on mène ce point parallèle à H H', rencontre de G' H' ; l'on mène par ce point une ligne parallèle à H' I, et l'on a la face. On opère de même pour le long-pan tel qu'il est figuré. On voit qu'il y a trois points qui doivent s'enligner pour que l'opération soit bonne.

Ceci étant fait, on met le bois sur ligne de nouveau et de dévers, en faisant attention que le dessus des arbalétriers tombe juste sous les pannes et les arêtiers, tels qu'ils sont figurés. On assemble le tasseau dans les deux arêtiers, en y faisant suivre la rampe indiquée et en ayant soin de le rencreuser, et de délarder le gros arêtier en face de la panne.

Pour faire la herse des chevrons dans la croupe, on prend la longueur F C'', qu'on porte de F' en C'' (après avoir fait A' E' perpendiculaire à F' C''). On prend F A qu'on porte de F' en A', et F E de F' en E', l'on joint A' C'', E' C'', et l'on a la ligne-milieu des arêtiers. On prend les faces des arêtiers, ainsi que les points où le dessous des petits arêtiers coupe le lattis ; on les porte sur la ligne A' E', l'on mène ces lignes parallèles à la ligne de milieu des arêtiers, et la herse est terminée. On met les chevrons sur ligne ; on fait paraître dessus les lignes de face et de dessous des arêtiers, ainsi que la sablière ; on fait quartier aux chevrons, et l'on applique dessus les sauterelles, comme il est fait en herse. Il en est de même pour les longs-pans.

Pour trouver la coupe de la barbe de l'empanon sous le petit arêtier, de même que la coupe à plomb, on figure un chevron en plan par terre, soit dans la croupe, soit dans le long-pan, tel que J K ; on le prolonge jusqu'en M, point où il coupe le dessous du petit arêtier. On mène M en M', ligne de niveau du chevron de croupe. Où le dessous de l'arêtier coupe le lattis du chevron N on mène N L parallèle à l'arêtier C E. Par le point L on mène L' (lattis du chevron) perpendiculaire à F C, l'on joint M' L', et on a la barbe sous l'arêtier ; après, K en K', et on a la coupe de démaigrissement, on coupe à plomb sur l'arêtier. Au pied du chevron de croupe est la sauterelle de la coupe des chevrons sur la sablière.

Pour les pannes, on les établit en plan par terre, en les déversant de manière que les lignes parues sur les niveaux soient à plomb (les niveaux placés sur le lattis des pannes) ; bien entendu qu'étant sur ligne on les coupe sur la ligne de milieu des arêtiers.

Pour le déjoutement des arbalétriers et des arêtiers, on n'a qu'à regarder l'opération faite sur l'épure pour savoir opérer.

PARIS. —IMPRIMERIE DE MADAME VEUVE BOUCHARD-HUZARD, RUE DE L'ÉPERON, 5.

Pl. 4.

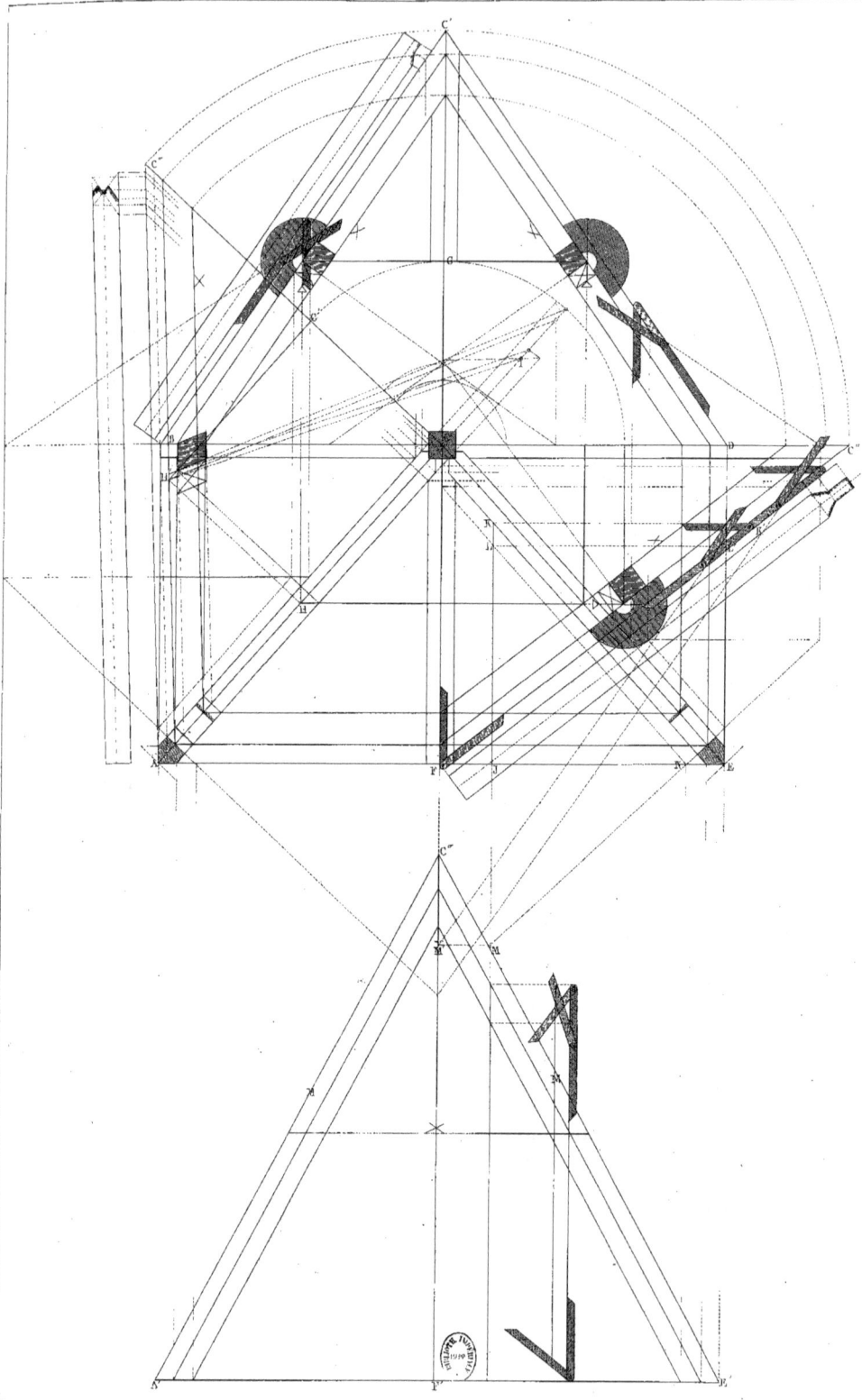

PAVILLON CARRÉ DONT LES PANNES SONT COUPÉES A LA FAUSSE ÉQUERRE.

Après avoir tracé le plan par terre A B C D E F, l'élévation de la ferme B C' D, le chevron de croupe F C" C et l'arêtier A C" C, tels qu'on les voit (planche 5ᵉ), on commence d'abord de tracer sur la ferme la hauteur des pannes G H, G' H' parallèles à B D, et sur la croupe, à la même hauteur, J' I, J" I' parallèles à C F. Ensuite, par le point I, on élève une ligne I Q perpendiculaire à Y Z. Du point Q, où cette perpendiculaire coupe la ligne de niveau F C, on mène une ligne M K parallèle à la panne en plan R T. On prolonge les faces d'arêtiers R O, T P; le dessous des arêtiers M N, L K jusqu'à la rencontre de la ligne M K; et aux points M, O, P, K, situés dans le plan horizontal, tendent les coupes situées dans l'espace.

Pour mettre ces coupes sur un plan horizontal, on opère comme il suit : on se met au point Q, comme centre, avec une ouverture de compas égale à Q I qu'on rabat en I". Par le point I" on mène une ligne T' I" R' parallèle à la panne en plan R T. Où le dessous des arêtiers coupe le lattis des pannes X, V, on mène X U parallèle à A C et V S parallèle à l'arêtier E C. Ensuite on met d'équerre à T R, T en T', R en R', et l'on joint T' P, R' O, et on a les coupes du démaigrissement des pannes. En menant U en U', S en S', toujours perpendiculaires à la panne en plan T R, et en joignant U' M, S' K, on a les coupes des barbes de dessous des arêtiers.

Pour tracer les mortaises sur les arêtiers, on doit se rappeler toujours que la même ligne, dans l'espace qui trace le joint, trace la mortaise. Il s'agit donc seulement de mettre T P en élévation sur l'arêtier. Pour cela, on prend sur la ferme la ligne du niveau des pannes C J, qu'on porte sur l'arêtier en J" T'; on élève sur le point T une ligne T T" perpendiculaire à A C; on mène le point P en P', parce que l'élévation de l'arêtier est faite sur la ligne-milieu A C, et l'on joint P' T" qui sera la rampe de la mortaise de la panne dans la croupe. Pour que l'opération soit bonne, il faut que P' T" égale P T'. Bien entendu qu'on opérera de même pour les deux long-pans, comme on le voit dans l'épure.

Tout ce qu'on a fait ne servirait de rien, si l'on n'avait pas sur le lattis des pannes des lignes pour placer la fausse équerre ou sauterelle. On est donc obligé de faire la herse. On se juge du lattis des pannes, et l'on opère comme il suit : après avoir prolongé la ligne-milieu de la croupe C F et mené X' V' parallèle à A E, on prend Y Z qu'on porte de Y' en Z'. Ensuite on descend le point X en X', V en V' parallèles à F Y'; de même que les faces d'arêtiers et les lignes de milieu, on joint les points de milieu avec Z'; les deux faces d'arêtiers parallèles aux lignes de milieu, de même que les points X', V'. On prend en même temps Y I qu'on porte de Y' en I", et Y I' en Y' I"; on fait passer par les points I", I'" les pannes parallèles à X' Y' V'.

La herse terminée, on prend deux pièces de bois, ou pannes, à peu près comme elles sont figurées dans le chevron de croupe; on les met sur ligne; on fait paraître sur le lattis des pannes, de chaque bout, la face de l'arêtier, ainsi que l'alignement de dessous, comme on le voit dans la herse. On fait quartier un aux pannes; on prend la sauterelle R' qu'on porte en R", S' en S", la même chose de chaque bout de panne, et les pannes sont tracées.

Pour faire la herse des longs-pans, on fait comme il vient d'être dit pour la croupe, en se jugeant toujours du lattis des pannes.

Pour la herse des chevrons on prendra le lattis du chevron F C" qu'on rabat en Cⁱᵛ, on joint A Cⁱᵛ, E Cⁱᵛ, on a la ligne-milieu des arêtiers; on mène la face des arêtiers parallèle à la ligne-milieu, et on a l'about des chevrons. On met tous les chevrons à la fois sur ligne à l'écartement qu'on trouve convenable; on fait paraître sur le lattis la face des arêtiers et la sablière A E; on prend avec la fausse équerre l'angle F C" C de la croupe, que l'on porte sur la ligne de face parue sur les chevrons. On opère de même pour la coupe du pied en prenant l'angle C F C". L'alignement T'" N est l'occupation de la barbe de la panne du long-pan sous l'arêtier A C.

Pour trouver plus simplement la coupe du démaigrissement et de la barbe de la panne sous l'arêtier, on opérerait comme on le voit au pied de la ferme D et de l'arêtier E; mais en suivant la même méthode, quoique opérant sur une plus petite échelle.

PARIS. —IMPRIMERIE DE MADAME VEUVE BOUCHARD-HUZARD, RUE DE L'ÉPERON, 5.

Pl. 5.

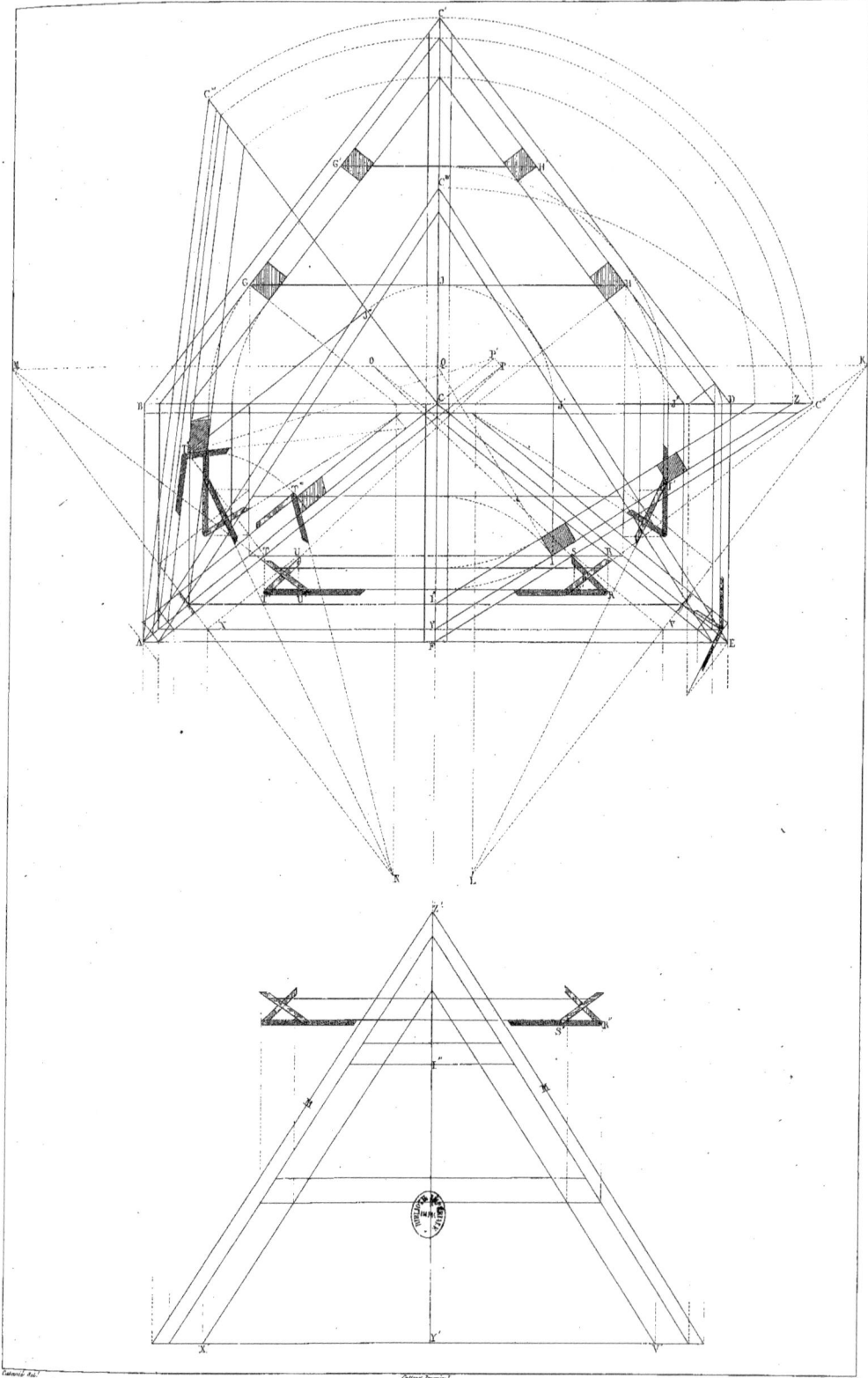

PAVILLON AVANT-CORPS ÉTABLI PAR LES NIVEAUX DE DÉVERS.

On commence d'abord, sur un plan horizontal (planche 6e), de tracer la forme du bâtiment AB C D E F (on n'a fait que le quart du pavillon pour éviter la confusion des lignes). Ensuite, sur un plan vertical, on fait l'élévation de la demi-ferme B C' C, en ayant soin de prolonger E F en G, ligne de niveau de la demi-ferme, et en joignant G C' on a le chevron d'emprunt de la partie du comble E F C comprise dans la noue. En établissant la demi-ferme on n'a pas égard au chevron d'emprunt, vu qu'il ne sert seulement que pour faire la herse et ligner les pannes. Après, on fait l'élévation de l'autre demi-ferme C D C" également sur un plan vertical, en y faisant paraître, comme dans la demi-ferme, et de la même hauteur, le chevron d'emprunt qui sert pour faire la herse et ligner la panne de la partie du comble A F C, également comprise dans la noue.

Ceci étant fait, on fait paraître les pannes tant sur les demi-fermes que sur les chevrons d'emprunt. On figure sur les pannes la grosseur des chevrons comme on les a, c'est-à-dire qu'on peut mettre sur chaque panne des chevrons de dimension différente. On fait passer sur les pannes une ligne d'assemblage, de manière que cette ligne suive les mêmes détours que le lattis et passant par un même sommet H, H', etc. On fait suivre cette ligne d'assemblage parallèle à la sablière du lattis; on descend en même temps le croisillon des pannes en plan par terre.

Pour faire les élévations des arêtiers et de la noue, on élève sur chacun d'eux, en plan par terre, une perpendiculaire passant par le centre du poinçon C; on porte sur ces perpendiculaires la hauteur du couronnement C', ainsi que la hauteur de la ligne d'assemblage H, et l'on joint ces points avec les points correspondants en plan par terre. On prend la hauteur de l'entrait, qui est en même temps la ligne de niveau du croisillon des pannes, qu'on porte sur chaque élévation parallèlement en plan par terre. On fait paraître sur chaque élévation un trait ramèneret à la rencontre de la ligne d'assemblage et de l'entrait.

Pour établir ce pavillon, on commence par les deux demi-fermes, en faisant paraître sur le poinçon un trait ramèneret et une plumée de dévers; et sur les arbalétriers une ligne d'assemblage telle qu'elle est figurée, une plumée et un trait ramèneret. On fait en sorte que le dessus des arbalétriers tombe juste sur la ligne de dessus des pannes, attendu que les pannes s'assemblent dans les arbalétriers; s'il en était autrement, on les mettrait dessous. Inutile de dire que, une fois les arbalétriers sur ligne, on fait paraître dessus les lignes d'assemblage H J, H' P, les traits ramènerets et une plumée.

Pour les arêtiers et la noue, on les met sur lignes de niveau et de dévers, en ayant soin que le dessus des arêtiers tombe sur la ligne d'arête, et le dessus de la noue sur la ligne du relèvement, parce qu'on ne veut pas de barbe aux empanons. Une fois les arêtiers et la noue sur ligne, on rembarre, des deux bouts, la ligne de croisillon, qui sert, plus tard, pour mettre sur ligne en herse, attendu qu'on se sert du croisillon pour plus de précision. On fera paraître aussi le trait ramèneret sur chacun d'eux, pour revenir en herse.

Pour établir la panne de la partie du comble A B C, on se place au point J comme centre, avec une ouverture égale à J H qu'on fait tourner en H"; on en fait de même de la panne et l'on joint I H", et la herse est faite. On met le croisillon de l'arêtier sur la ligne I H"; le trait ramèneret sur le trait ramèneret, et ligné et déversé comme il a été démontré (planche 2e); on met l'arbalétrier par face à plomb, la ligne d'assemblage sur B H"; le trait ramèneret sur le trait ramèneret; la panne lignée sur la demi-ferme J H, et placée de niveau et de dévers.

Pour la partie du comble E F C, on se place au point M, on tourne H en H"' et on joint H"' K, H"' L; on fait tourner la panne comme il est figuré, et la herse est faite. On met l'arêtier sur la ligne L H"', le trait ramèneret sur le trait ramèneret et déversé comme il a été dit (planche 2e); la noue sur K H" et lignée avec la ligne N L, et déversée par un trait carré E à cette ligne parue sur le niveau au pied de la noue N; on ligne la panne au même affleurement, comme elle est figurée au chevron d'emprunt G C'.

Pour la herse des chevrons dans la partie E D C, on prend la longueur du chevron D C" qu'on porte de D' en C"'; on descend E en E', et l'on joint E' C", qui est la ligne-milieu; on mène la face parallèle à cette ligne.

Pour la partie de la noue A F C, on prend O C" qu'on porte de O' en C^IV, on descend A en A', F en F', et l'on joint A' C"', F' C^IV; on figure les épaisseurs des bois telles qu'elles sont. Pour la coupe du démaigrissement ou du rengraissement des chevrons, on n'a qu'à regarder les sauterelles sur le chevron d'emprunt. Pour déverser et ligner le poinçon, on opère comme pour le pavillon carré; l'arêtier ou la noue en plan ligne, un trait carré déverse.

Pour faire le niveau de la noue, on opère comme à l'ordinaire, en faisant un trait carré sur la noue en plan. Où le trait carré coupe la noue en plan, on élève une perpendiculaire au rampant de la noue; on rabat la perpendiculaire et on la joint avec les points où le trait carré coupe les deux sablières.

Pl. 6.

CINQ-ÉPIS QUEUE DE MORUE ÉTABLI AVEC LES NIVEAUX.

On trace (planche 7e) le plan par terre ACEF sur un plan horizontal ; on figure sur le même plan les trois poinçons B, C, D (on n'a fait que le quart du cinq-épis pour simplifier). Ensuite on trace, sur un plan vertical passant par la ligne A C, la coupe de la demi-ferme A B B′ et du faîtage B′ C′ (bien entendu que les poinçons BB′, CC′ doivent être perpendiculaires à A C). On fait aussi, sur le même plan, le chevron d'emprunt ACC′, qui sert seulement pour faire la herse, ligner la panne et déterminer la coupe de chevron de la partie du comble C D F comprise dans la noue. On figure les pannes sur la demi-ferme et sur le chevron d'emprunt, ainsi qu'une ligne d'assemblage, trait ramèneret, etc., tel qu'on le voit figuré. On met le bois sur ligne ; on fait paraître sur chaque poinçon, ainsi que sur l'arbalétrier, un trait ramèneret et une plumée de dévers. On met, si on le trouve convenable, des liens en croix pour tenir le roulement des poinçons B B′, C C′. On n'a pas égard, en établissant la demi-ferme, au chevron d'emprunt A C′ C.

Sur la ligne C E, on élève un plan vertical sur lequel on fait paraître la demi-ferme E D D′, le faîtage C″ D′ ; on y trace aussi le chevron d'emprunt C C″ E, qui sert pour ligner la panne, faire la herse et trouver la coupe des chevrons de l'autre partie du comble B C F. On fait paraître, tant sur la demi-ferme que sur le chevron d'emprunt, les lignes d'assemblage, les traits ramènerets et le croisillon des pannes à la même hauteur de la demi-ferme déjà établie, en le faisant tourner comme on le voit dans la coupe. On met les deux poinçons sur ligne, en faisant attention que le poinçon C C′, déjà établi, vienne sur C C″, l'assemblage dessus. On s'en procure un autre pour mettre sur D D′ ; après, on met le faîtage, l'arbalétrier, l'entrait et les croix entre les deux poinçons, etc., en y faisant paraître les traits ramènerets et la ligne d'assemblage sur l'arbalétrier, toujours en n'ayant pas égard au chevron d'emprunt C C″ E.

Pour faire les élévations des arêtiers et de la noue, on fait, comme dans la planche précédente, un trait carré sur chacun en plan par terre, et, passant par le centre des poinçons B, C, D, on porte sur ces traits carrés BB″ CC‴ DD″ les mêmes hauteurs de la demi-ferme, en les faisant tourner comme on le voit, B′ en B″, C′ en C″, D′ en D″, et l'on joint ces points avec les points correspondants en plan par terre, c'est-à-dire le couronnement avec le couronnement, et la ligne d'assemblage avec la ligne d'assemblage. On fera paraître, tel qu'on le voit tracé sur les élévations, un trait ramèneret à la rencontre de la ligne de niveau des pannes avec celle du croisillon. On met les trois poinçons sur ligne, lignés et déversés en plaçant le niveau sur la plumée : la noue en plan ligne le poinçon ; un trait carré l'établit. Il en est de même pour les arêtiers. Ensuite on met la noue sur ligne (en ayant soin de la relever de son rencreusement) de niveau et de dévers, en faisant paraître des deux bouts le croisillon I H″ et le trait ramèneret. La même chose pour les arêtiers. Bien entendu qu'on met l'entrait, l'aisselier et la contre-fiche tant sur la noue que sur les arêtiers et les arbalétriers, malgré que ce ne soit pas figuré sur les élévations.

Pour faire la herse, pour établir la panne avec la noue et l'arêtier de la partie du comble F C D, on prend la longueur G H, ligne d'assemblage du chevron d'emprunt, qu'on porte de G en H′ ; on mène H′ K parallèle à C D, et D K perpendiculaire à C D ; on joint I H′, J K ; on fait tourner la panne L en L′, qu'on mène parallèle à A F, jusqu'à la rencontre de I H′, J K ; on fait paraître un trait ramèneret à chaque rencontre, et la herse est faite. Ceci étant fait, on met le croisillon de l'arêtier sur la ligne J K, le croisillon de la noue sur la ligne I H′, le trait ramèneret sur le trait ramèneret, et on ligne la noue avec N″ O, parue sur le niveau N″, un trait carré sur cette ligne pour la déverser. L'arêtier comme toujours ; la panne lignée comme elle est figurée sur l'élévation G H C.

Pour faire le niveau à la tête de la noue, on fait un trait carré M O à volonté, qu'on remonte parallèle au poinçon en M′, ligne de niveau du faîtage ; on mène M′ N perpendiculaire à F C″, qu'on fait tourner en N′, qu'on descend en N″ ; on joint O N′, P N″, qui lignent ; un trait carré sur chacune d'elles déverse.

Pour faire la herse des chevrons de la partie du comble B C F, on prend la longueur du chevron d'emprunt E C″, qu'on porte de E′ en C‴ ; on descend le centre du poinçon B en B‴, F en F′ ; on joint F′, B‴, F′ C‴ ; on met les épaisseurs, la panne, et la herse est faite. Pour la partie F E D, on prend E D′, qu'on porte de E″ en D‴, F en F″ ; on joint F″ D‴, on met l'épaisseur de l'arêtier, et la panne comme à l'ordinaire.

Pour la coupe des chevrons, dans la herse F′ B‴ C‴, les sauterelles sont figurées sur le chevron d'emprunt E C″, et, pour la herse F″ E″ D‴, elles sont figurées sur l'arbalétrier E D′.

PARIS. — IMPRIMERIE DE MADAME VEUVE BOUCHARD-HUZARD, RUE DE L'ÉPERON, 5

Pl. 7.

CINQ-ÉPIS AVANT-CORPS DONT LES PANNES SONT COUPÉES A LA FAUSSE ÉQUERRE.

On commence (planche 8e), sur un plan horizontal, de tracer le plan par terre A C E F G H ; sur un plan vertical on figure la coupe de la demi-ferme A B′ C′ C et du chevron d'emprunt C C′ I ; également sur un plan vertical, l'élévation de la demi-ferme et du faîtage C E D′ C″, ainsi que du chevron d'emprunt C C″ J. Après, on fait paraître la panne tant sur les chevrons d'emprunt que sur les demi-fermes ; on les descend en plan par terre. On figure, sur l'épure en plan, la face des bois, et en élévation la retombée des arêtiers et de la noue tels qu'on les voit figurés sur l'épure.

Pour trouver la coupe des pannes et la rampe de leurs mortaises, on saura que, pour trouver une coupe quelconque, de quelque assemblage que ce soit, il faut toujours projeter sur un plan horizontal les faces des bois ; leur rencontre sur le plan donne les joints des tenons, et en même temps les rampes des mortaises, moyennant un rabattement qu'on va démontrer.

La panne faisant lattis sur le chevron, il s'ensuit que sa face est d'équerre au lattis. On élève donc sur l'arête de la panne une perpendiculaire au chevron ; on la prolonge jusqu'à la rencontre du plan horizontal. Par ce point, on mène une trace parallèle à la panne en plan par terre (parce que la panne est de niveau) ; on la prolonge jusqu'à la rencontre des faces où elle s'assemble.

Soit la panne de la partie du comble B C G H, on élève, par le point K, une perpendiculaire K L au chevron d'emprunt C″ J. On mène, par le point L, une ligne parallèle à la panne en plan Q T jusqu'à la rencontre de la face M de la noue, de la face N de l'arêtier, de dessus O de la noue et de dessous P de l'arêtier. Ensuite on prend la longueur L K, qu'on porte de L en K′ ; par le point K′ on mène une parallèle Q′ T′ à la panne en plan Q T. On mène d'équerre à la panne en plan T en T′ pointe de la barbe de la panne sur la noue ; on joint O T′, et on a la coupe de la barbe sur la noue. Puis on mène S en S′ ; on joint M S′, et on a la coupe à plomb sur la face de la noue. Par le point U, rencontre du dessous de l'arêtier avec le lattis, on mène U R parallèle à l'arêtier B H, et R en R′ d'équerre à la panne en plan Q T ; on joint P R′, et on a la coupe de la barbe sous l'arêtier, ensuite Q en Q′ ; on joint N Q′, et on a la coupe du démaigrissement, c'est-à-dire la face à plomb. On opère de même pour les autres pannes, comme on le voit sur l'épure.

Pour tracer le joint de la mortaise sur la noue, on en fait l'élévation G′ M′ C″ (on l'a sortie du plan, pour éviter la confusion des lignes). On mène S en S″, ligne de niveau des pannes ; M en M′, ligne de niveau. On joint M′ S″, et on a la rampe de la mortaise de la panne Q T. On opère de même pour l'autre.

Pour l'alignement de la barbe sur la noue, on se place au point G′ comme centre, qu'on fait tourner en V et descendre en V′, face de la noue ; on joint O V′, et on a l'occupation de la barbe sur la noue. Malgré que ce ne soit pas d'une grande utilité, on en a fait l'opération, pour ne laisser rien à désirer.

Maintenant on n'a qu'à faire la herse pour tracer sur le lattis des pannes les lignes convenables pour placer les sauterelles.

Pour faire la herse de la partie du comble C D F G, on prend la longueur du chevron d'emprunt I C′, qu'on porte de I en C″. On mène, par le point I et par le point C″, deux perpendiculaires I′ F′, C″ D″. On prend la longueur du faîtage C D, qu'on porte en C″ D″ ; ensuite on prend I F, qu'on porte de I en F′, et I G de I en G″. On joint G″ C″, ligne-milieu de la noue, et F′ D″, ligne-milieu de l'arêtier. On prend les épaisseurs soit de la noue et de l'arêtier sur la ligne I F, qu'on porte sur la ligne I′ F′. On prend aussi le point X où le dessous de l'arêtier coupe le lattis, qu'on porte sur la ligne I′ F′ en X′ ; on mène X′ Y parallèle à l'arêtier. On prend la panne T″ sur le chevron d'emprunt I C′, qu'on porte sur la herse à partir du point I′ en T″. La herse étant faite, on prend une pièce de bois comme il est figuré sur le chevron d'emprunt, ou à peu près ; on la porte en herse où elle est figurée. On fait paraître sur le lattis la ligne-milieu de la noue et la face ; la face de l'arêtier et la ligne X′ Y, alignement du dessous. Ensuite on fait quartier à la panne, et on place les sauterelles telles qu'elles sont figurées sur l'épure.

Pour l'autre partie du comble A B H, on prend la longueur A B′, qu'on porte de A en B″, on descend H en H′, on joint B″ H′, ligne-milieu de l'arêtier ; on mène la face et l'alignement du dessous de l'arêtier parallèles, et la herse est faite. Il en serait de même pour les autres.

PARIS. —IMPRIMERIE DE MADAME VEUVE BOUCHARD-HUZARD, RUE DE L'ÉPERON, 5.

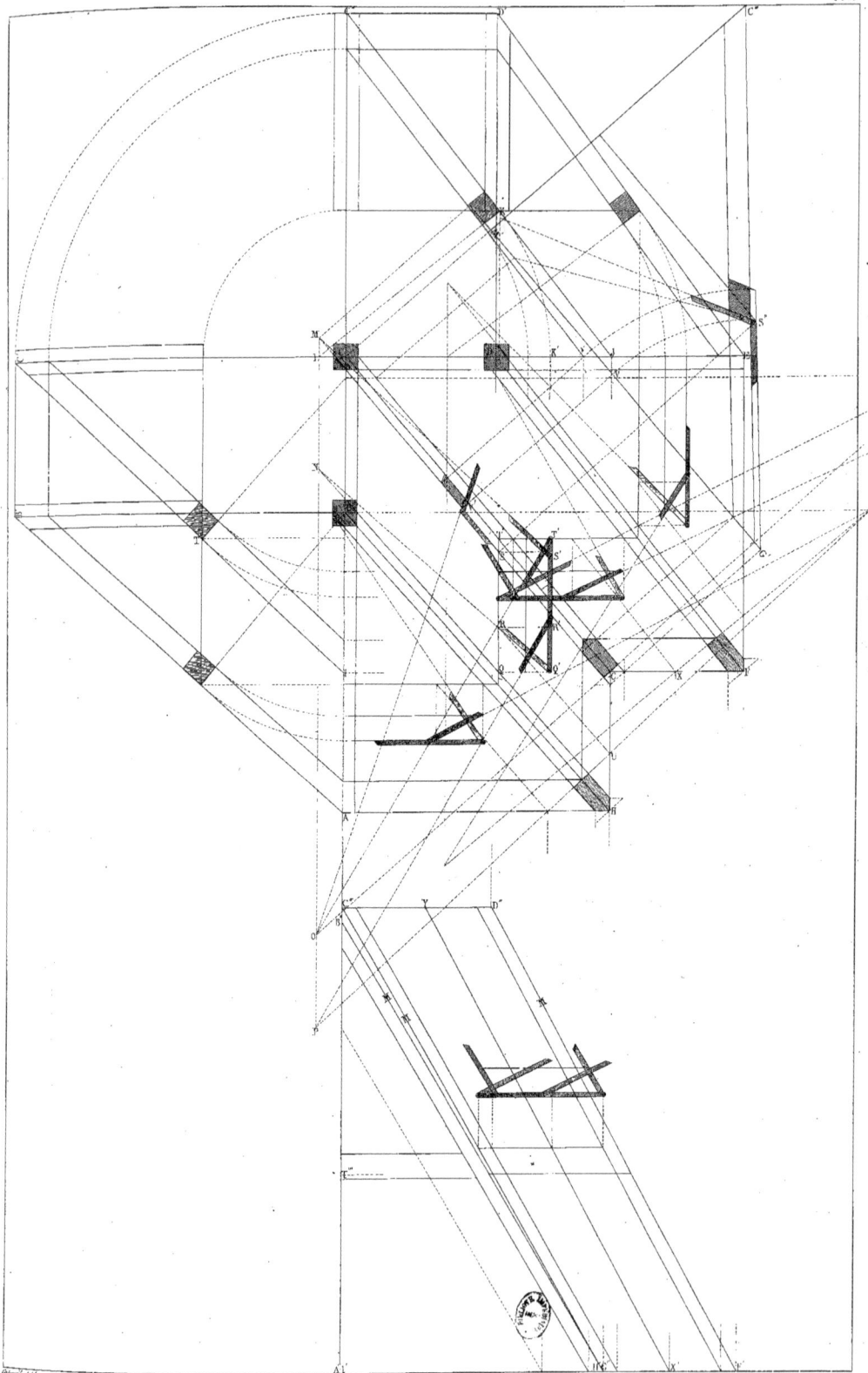

Pl. 8.

CINQ-ÉPIS, SUR TASSEAU, QUEUE DE MORUE.

On commence (planche 9e), de faire le plan par terre A C E F. On a soin de tracer les poinçons B, C, D, comme on le juge convenable. On joint les deux arêtiers B F, D F et la noue C F. On figure en même temps en plan, par terre, les épaisseurs des arêtiers et de la noue comme on les a. Ensuite, sur un plan vertical, on fait l'élévation de la demi-ferme et du faîtage A B' C' C et du chevron d'emprunt A C' C. On a soin de faire paraître, tant sur la demi-ferme que sur le chevron d'emprunt, la retombée du chevron, de la panne ou chambrée, du tasseau, qui s'assemble dans l'arbalétrier. On fait également, sur un autre plan vertical, l'élévation C C'' D' E et du chevron d'emprunt C C'' E. On fait paraître, comme à l'autre demi-ferme et de la même hauteur, la retombée du chevron, de la panne et le dessus de l'arbalétrier sous la panne. Les élévations étant faites, on met le bois sur ligne comme il a été démontré précédemment.

Pour la noue, on élève, du centre du poinçon C, une ligne C' C''' perpendiculaire à C F; on prend la hauteur C C' qu'on porte en C''', M en M', N en N' et O en O'; on joint C''' F. Ensuite on mène M', N' parallèles à C''' F; pour que l'opération soit bonne, il faut qu'elles se rencontrent avec les points correspondants en plan par terre. On mène l'entrait O' G'' parallèle à C F, et l'élévation est faite. Après cela, on met le poinçon sur ligne comme il a été démontré, la petite noue, en faisant en sorte qu'elle ait à peu près la même retombée, comme elle est figurée sur l'épure, sans quoi il faudrait l'entailler sur la panne. Malgré cela, il faudra qu'elle soit délardée en face de la panne, comme il est marqué. La grosse noue comme il est indiqué : toute la retombée en contre-bas, en ayant soin de la rencreuser en face de la panne. On met l'entrait, l'aisselier et la contre-fiche, si l'on veut. Pour le tasseau, on n'a qu'à le mettre de manière que la panne le touche également. Pour cela, du point G', arête de la panne de la partie du comble C D F, on mène G' H perpendiculaire au chevron d'emprunt A C'; du point H, ligne de niveau du plan horizontal, on mène une ligne parallèle à la panne en plan jusqu'à la rencontre du milieu de la noue P et de la face H'. Du point G, où la panne touche la face de la noue en plan, on mène G G'' perpendiculaire à C F jusqu'à la rencontre O' G'', ligne de niveau des pannes. Après avoir mené H' en H'', milieu de la noue, on joint H'' G'', et on a la face de l'alignement du tasseau. Pour le milieu, où la panne en plan coupe le milieu de la noue Q, on mène Q Q' parallèle à G G'', on fait tourner R en R', et l'on joint Q' P R', et on a la ligne-milieu du tasseau : pour que l'opération soit bonne, il faut que ces deux lignes soient parallèles. On met le tasseau sur la ligne P Q', la largeur en contre-bas, on le pique dans les deux noues, on fait paraître sur la face du tasseau G'' H'', qui sert pour le délarder, en joignant cette ligne avec la ligne-milieu d'assemblage.

Pour trouver la coupe des chevrons dans la noue, on figure un chevron en plan par terre, dans un endroit quelconque, tel que I J; on prolonge ce chevron en L, rencontre de l'alignement de dessus la noue. On mène L en L', ligne de niveau du chevron d'emprunt et de la ferme; on remonte K en K', lattis du chevron d'emprunt; en joignant K' L', on a la barbe du chevron sur la noue; on remonte J en J', on a le rengraissement, et I en I' le démaigrissement sur l'arêtier, bien entendu que toutes ces lignes sont remontées d'équerre au chevron I K, en plan par terre.

Pour trouver la coupe du chevron de l'autre partie du comble C D F, on opère de même, comme on le voit dans la coupe du chevron d'emprunt A C' C.

Pour faire la herse de la partie du comble C D F, on prend la longueur du chevron d'emprunt A C' qu'on porte de A' en C'v, prolongement de A'C; après avoir mené A' F', C'v D'v parallèles à C D, on descend F en F', D en D'v parallèles à A' C. On joint C'v F', qui est la ligne-milieu de la noue; D'v F', qui est la ligne-milieu de l'arêtier. Après, on prend sur le faîtage C D, en plan, l'épaisseur de la noue et de l'arêtier qu'on porte sur C'v D'v, on mène ces deux épaisseurs parallèles aux lignes de milieu, on met la panne, et la herse est faite. Ceci étant fait, on met les chevrons à la distance qu'on trouve convenable; une fois qu'ils sont sur ligne, on fait paraître sur le lattis la face de l'arêtier, la ligne de milieu de la noue, sa face, le faîtage et la panne. On fait un quartier aux chevrons, et on place sur chaque ligne la sauterelle qui lui appartient, et qui se trouve sur le chevron d'emprunt A C', tel qu'on le voit échassé en herse. On opère de même pour l'autre herse, etc.

PARIS. —IMPRIMERIE DE MADAME VEUVE BOUCHARD-HUZARD, RUE DE L'ÉPERON, 5.

Pl. 9.

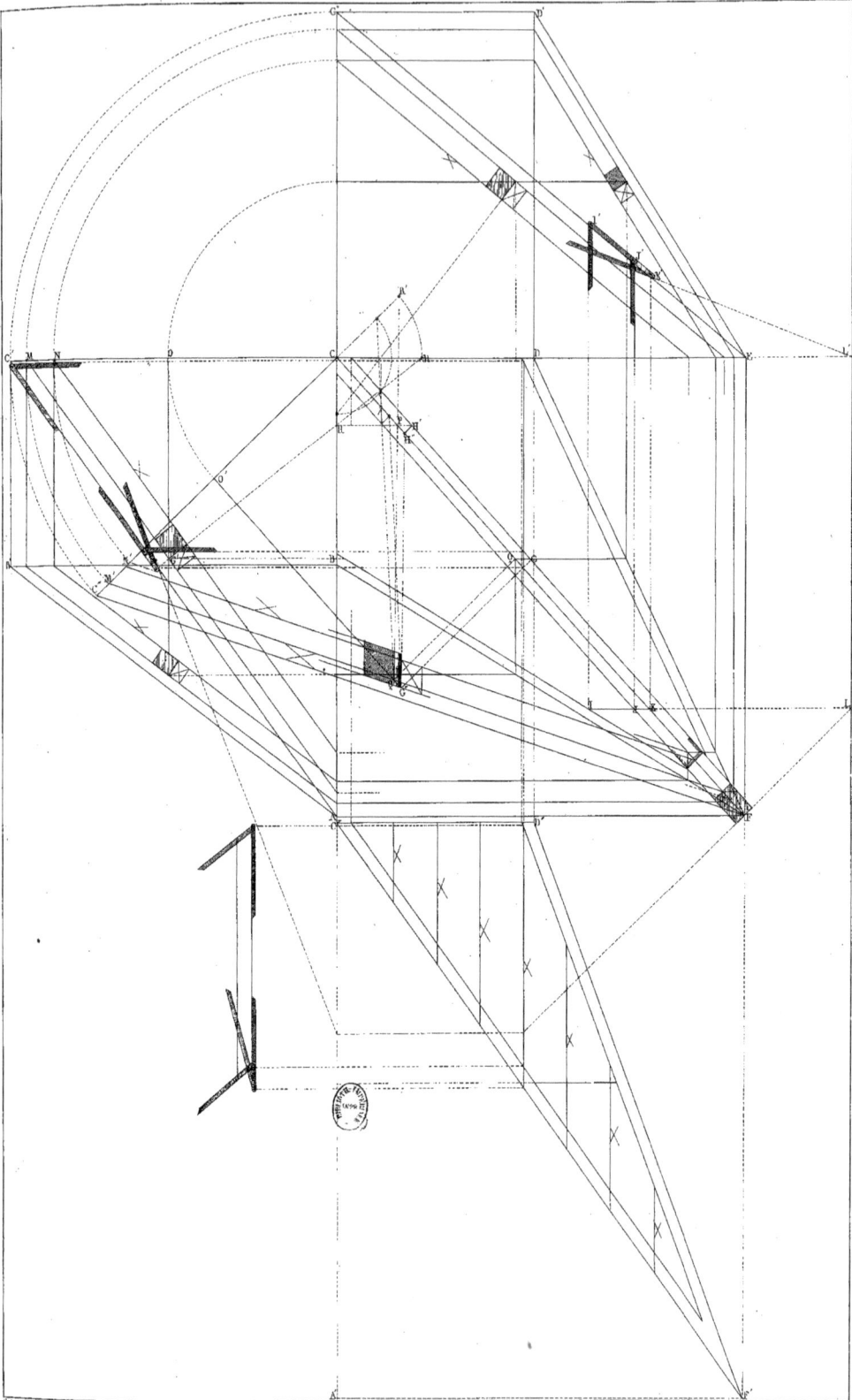

Imp.te Lemercier, Rue de l'École des Arts, 23, Paris.

COMBLE BIAIS DONT LES PANNES SONT ASSEMBLÉES PAR LES NIVEAUX.

Soit (planche 10°) le plan par terre du bâtiment A B C D E F. On commence premièrement d'espacer convenablement les fermes, de manière qu'elles ne soient pas en porte-à-faux ni trop écartées les unes des autres, de peur que les pannes ne plient. Après cela, on trace le faîtage dans le milieu du bâtiment; on y figure, de chaque bout, une croupe. Les arêtiers en plan sont A H, B H, C N, D S, E S et la noue F N. Bien entendu qu'on peut faire les croupes plus ou moins rapides, en rapprochant ou en écartant la première ferme de la sablière.

Ceci étant fait par le point H, on élève une ligne T U perpendiculaire aux deux sabliers A F, B C. On met sur le poinçon H H' la hauteur du comble. On figure la grosseur du chevron, la ligne d'assemblage T K, U K passant à 0ᵐ,10 du lattis de la panne (on peut mettre plus ou moins de 0ᵐ,10, si l'on veut). On figure la grosseur du faîtage vu de bout; on fait en sorte de ne délarder qu'un peu dans les arêtes, tel qu'on le voit tracé; on figure les pannes vues de bout, et un trait ramèneret au croisillon des pannes. Le chevron d'emprunt T K U de cette partie du comble étant fait, on en fait autant pour les autres parties, comme on le voit dans l'épure. Bien entendu que tous ces chevrons d'emprunt doivent avoir la même hauteur; seulement on les a sortis de l'épure, pour éviter la confusion des lignes. Après, on descend de chaque chevron d'emprunt les pannes en plan par terre. La ligne d'assemblage, quand elle coupe le plan horizontal, on la mène parallèle à la sablière. Les pannes en plan, ainsi que les lignes d'assemblage, doivent se rencontrer, soit sur les arêtiers, soit sur la noue, pour que l'opération soit bonne.

Après cela, on fait les élévations des fermes, en commençant par celle qu'on juge convenable. Pour cela, où le faîtage H N coupe le milieu de la ferme G R, on élève une perpendiculaire H H'' à cette ligne. On prend sur le chevron d'emprunt T K U le couronnement H', qu'on porte en H'', la ligne d'assemblage K en K', l'entrait V' en V. On joint G H'', R H'', on a le lattis du chevron; on joint K' avec les points où la ligne d'assemblage en plan coupe la ferme : ces deux lignes doivent être parallèles. On mène l'entrait V parallèle à G R. On fait un trait ramèneret sur chaque arbalétrier, à la rencontre de l'entrait avec la ligne d'assemblage. On met les arbalétriers sur ligne de niveau et de dévers; on rembarre, de chaque bout, la ligne de croisillon; on fait paraître le trait ramèneret sur chaque arbalétrier, qui sert, plus tard, pour mettre sur ligne en herse. Bien entendu que, si l'arbalétrier fait chevron, on met le dessus sur la ligne R H''; alors il se trouve délardé depuis la ligne d'assemblage. S'il ne faisait pas chevron, on mettrait le dessus sur la ligne de dessus des pannes.

Pour le poinçon, on le met sans être déversé; il faudra donc le déverser avec le faîtage, et l'on y parvient en mettant le niveau sur la ferme G R. Le faîtage H N ligne, un trait carré déverse. On peut établir sur la même élévation l'autre ferme L M; seulement, comme le pied de l'arbalétrier s'assemble dans la noue, pour le couper de longueur, on mène L', rencontre de la noue et de la ferme, parallèle à A F, jusqu'à la rencontre de la ferme G R; on mène ce point parallèle à H H'. En coupant l'arbalétrier carrément sur cette ligne croisée, il sera assez long pour l'établir en herse dans la noue.

Pour les autres fermes, on fera comme pour celle-ci. Pour les arêtiers et la noue, on opère, comme il a été dit, en faisant sur chacun d'eux un trait carré à la rencontre de la ferme et du faîtage, et mettant sur ce trait carré ou perpendiculaire les mêmes hauteurs de la ferme H H''.

Pour établir les deux faîtages avec les poinçons, on fera un trait carré au faîtage en plan sur chaque poinçon, on mettra sur chaque perpendiculaire la hauteur H H' du couronnement. H K, croisillon du faîtage. Une fois que les poinçons seront sur ligne et déversés comme il vient d'être dit, on mettra le faîtage après y avoir fait paraître une ligne de trave, de la même distance qu'il y a du dessus M' au croisillon K. On n'oubliera pas, en même temps, de mettre l'arbalétrier de croupe sur ligne, en opérant comme pour la ferme, et on terminera en mettant des liens dans le faîtage pour tenir le roulement des poinçons.

Pour faire la herse de la partie du comble A F N H, on prend la longueur T K, qu'on porte en T K''. On mène K'' N' parallèle à H N, on mène O O', N N' d'équerre à H N; on joint Y K'', ligne-croisillon de l'arêtier, Z K'', ligne-croisillon de la ferme, L O', croisillon de l'autre ferme, et X N', croisillon de la noue. On fait tourner la panne par le même procédé; on la mène parallèle à la sablière. A la rencontre des lignes de croisillon, on fait un trait ramèneret comme on le voit sur la herse. On met la noue et les arêtiers sur ligne, lignés et déversés, comme il a été dit. Pour les arbalétriers, on en fait le niveau en faisant un trait carré P Q à la ferme en plan. On élève P R' d'équerre à R H''. On fait tourner R' en R'', et l'on joint Q R'', qui ligne et délarde la ferme. Un trait carré à cette ligne l'établit. La panne sera lignée comme elle est figurée sur le chevron d'emprunt T K. On opère de même pour les autres parties.

Pl. 10.

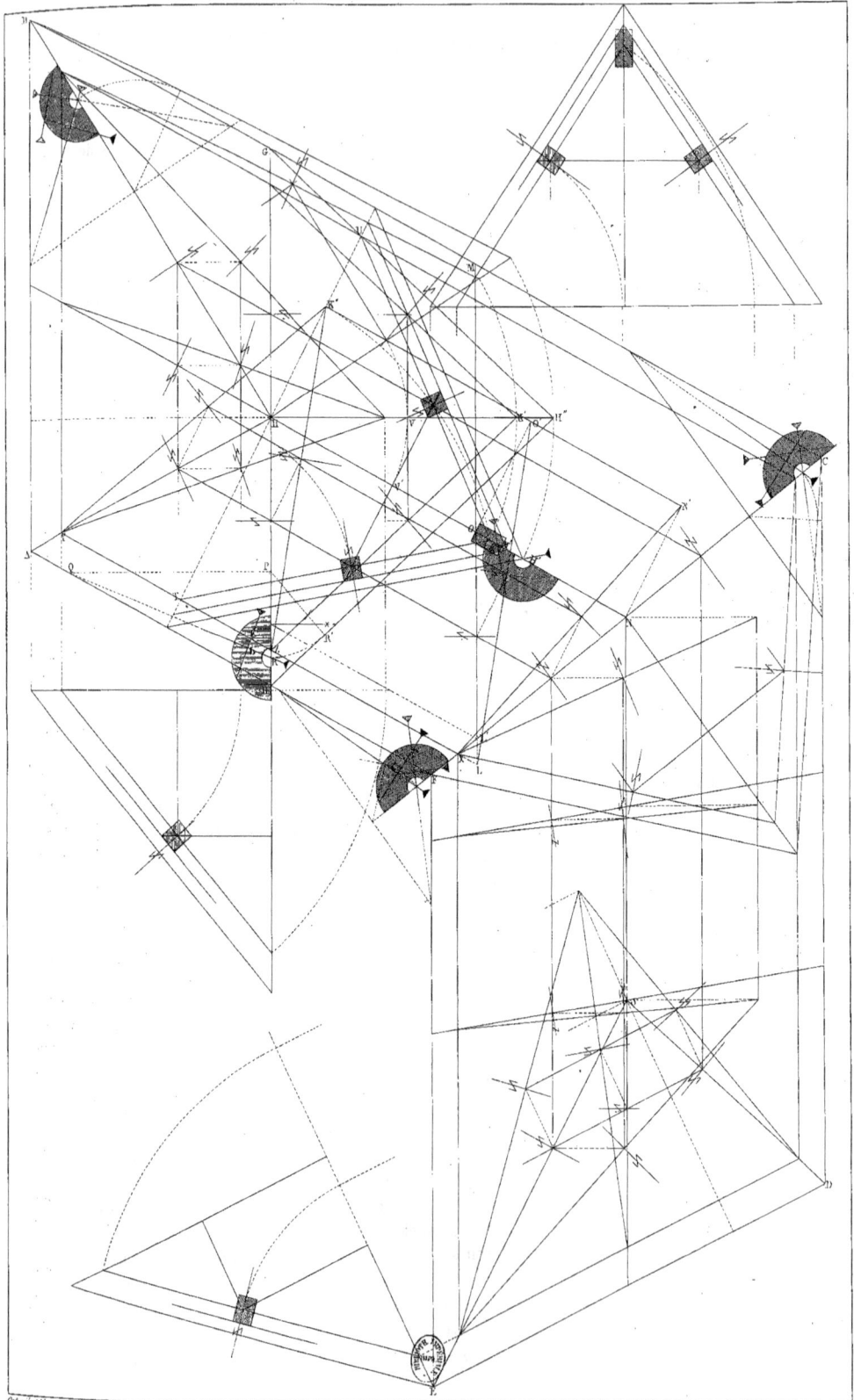

PAVILLON-MANSARDE ÉTABLI PAR NIVEAUX DE DÉVERS.

Pour établir ce pavillon, on commence (planche 11ᵉ), sur un plan horizontal, de tracer le plan par terre A E F H ; sur un plan vertical, l'élévation de la ferme A B′ C′ D′ E, le chevron de coupe G I C″ C et l'arêtier C H J′ C″. On fait paraître sur la ferme et sur le chevron de coupe la panne de brie vue de bout ; une ligne de trave M″ N″, P′ Q, parallèle au-dessus, qui sert quand on établit les pannes en plan avec les entraits. On fait paraître aussi sur les arbalétriers les lignes d'assemblage L M″, O N″, Q R parallèles au lattis ; sa rencontre avec la ligne de trave donne le croisillon de la panne qui sert à mettre en herse. On descend en plan par terre le croisillon M″ en M′ M, N″ en N′ N et Q en N M. On mène aussi en plan la ligne d'assemblage O S R T L, car c'est sur cette nouvelle sablière que se feront les herses pour assembler les liens-mansarde. On termine les élévations en faisant paraître, à une hauteur quelconque, un trait ramèneret, soit sur les arbalétriers, soit sur l'arêtier.

Pour établir la ferme, on met d'abord l'entrait sur ligne, après y avoir fait paraître une ligne d'assemblage par le milieu et une ligne de trave au même affleurement des pannes. Ensuite on met les arbalétriers, en y faisant paraître dessus les lignes d'assemblage L M″, O N″ et les traits ramènerets figurés sur la croupe. Bien entendu que les arbalétriers font chevron. On termine en mettant les aisseliers et en faisant paraître sur l'entrait la ligne-milieu C C′, et une plumée tant sur l'entrait que sur les arbalétriers.

Pour la croupe, on opère comme pour la ferme, seulement on fait un trait ramèneret sur l'entrait qui sert pour l'assembler en plan par terre dans l'entrait du long pan.

Pour l'arêtier, on met l'entrait sur ligne comme les autres, en y faisant paraître une ligne de trave au même affleurement, une ligne d'assemblage par le milieu, et un trait ramèneret, l'entrait étant obligé de revenir sur ligne en plan par terre. On a soin, si l'entrait s'assemble dans un gousset, de le figurer en plan, de le remonter en élévation, pour ne pas donner à l'entrait plus de longueur qu'il ne faut. Ensuite on met l'arêtier sur ligne, après l'avoir ligné par le milieu ; on le met de niveau et de dévers ; on rembarre des deux bouts la ligne du croisillon T M‴ qui sert pour mettre sur ligne en herse. On met l'aisselier et l'on rembarre le trait ramèneret.

Pour établir les liens-mansarde , il faut déverser les arêtiers et les pannes de brie en herse, les liens sans être déversés. Bien entendu qu'on met les liens de la longueur qu'on veut ; seulement on met, autant que possible, le même about des aisseliers.

Soit pour faire la herse du long pan A H J B, on prend la longueur L M″ de la ligne d'assemblage, qu'on porte de M′ en A′ ; on mène A′ T′ parallèle à A H, et T T′ parallèle à A′ C ; on joint T′ M, qui est la ligne de croisillon sur laquelle tombera le croisillon de l'arêtier qui est figuré de chaque bout. On prend, à partir du point L, le trait ramèneret U, qu'on porte, à partir du point A′, en U′ ; on mène parallèle à A′ T le trait ramèneret U′ en U″ à la rencontre de l'arêtier T′ M, on fait un trait ramèneret d'équerre à l'arêtier : c'est sur ce trait ramèneret que doit tomber le trait ramèneret déjà paru sur l'arêtier.

La herse étant faite, on met le croisillon de la panne M″ sur la ligne M M′ lignée avec la ligne L M″ parue sur le niveau B′ et déversée par un trait carré à cette ligne. Il ne faut pas oublier de faire paraître le trait ramèneret Y, qui sert pour revenir sur ligne en plan par terre. Ensuite on met le croisillon de l'arêtier sur T′ M, ligné et déversé comme il a été démontré. Bien entendu que le lien-mansarde ne sera pas déversé. On y fera paraître une ligne d'assemblage du même affleurement du lattis A B′ à L M″. On opère de même pour l'autre long pan. Pour la croupe, on prend la ligne R Q, qu'on porte en R′ Q′ ; on mène T″R′S′ et M‴Q′N‴ parallèles à H F ; on descend, d'équerre à M N, M en M″, T en T″ ; on joint T″M‴, puis N en N‴, S en S′. On joint S′ N‴. Ensuite on prend le trait ramèneret R X, qu'on porte en R′ X′, qu'on mène parallèle à T″S′ ; en V, Z, et on a les traits ramènerets des arêtiers. On fait paraître un trait ramèneret sur chaque panne pour les établir en plan par terre avec les entraits. Après, on met le croisillon Q de la panne sur M‴ N‴ lignée avec la ligne G I parue sur le niveau I et déversée par un trait carré à cette ligne. Les arêtiers, comme il a été démontré ; les liens de niveau et de dévers, en faisant paraître, à partir du lattis, une ligne d'assemblage au même affleurement X X″, et mis à volonté pour l'écartement. Pour la herse des chevrons, on prend G I, qu'on porte en G′ I′. On mène, par ces deux points, deux lignes parallèles à H F. On descend F en F′, D en D″, H en H′ et J en J″. On joint H′ J′, F′ D″. On figure la face de l'arêtier et l'alignement du dessous de la panne de brie. Pour les sauterelles, elles sont figurées sur la croupe ainsi que sur le long pan.

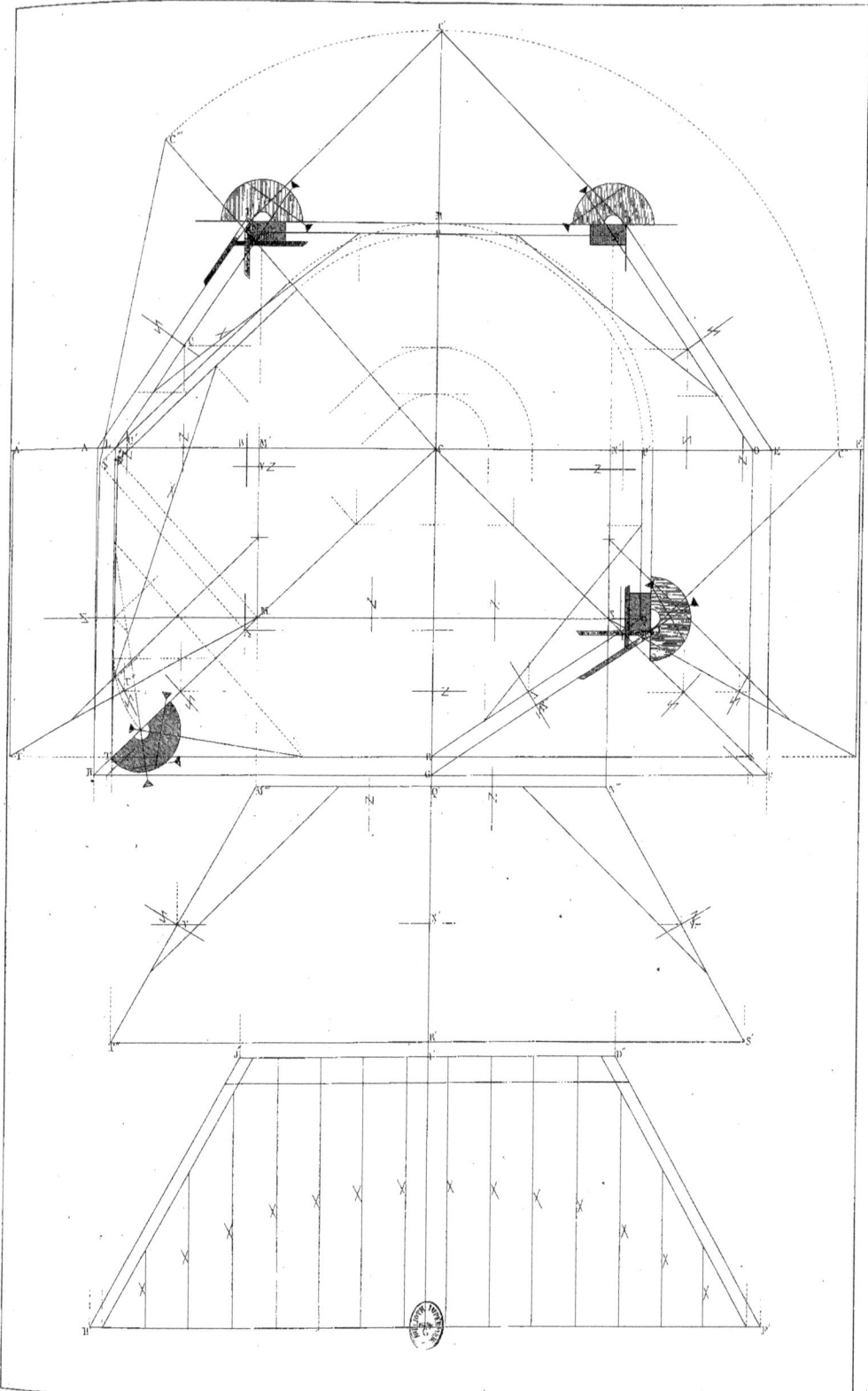

COMBLE BIAIS, MANSARDE, FORMANT UN RETOUR D'ÉQUERRE,

ÉTABLI PAR NIVEAUX DE DÉVERS.

On commence (planche 12ᵉ) de tracer sur un plan horizontal la forme du bâtiment A B C D E F G H I. Bien entendu que les faces du bâtiment A D, G I se prolongent plus loin, si l'on veut, ainsi que les deux autres D E, G F. Après, on espace les fermes en plan par terre, comme on le juge convenable, en faisant en sorte qu'elles ne soient pas en porte à faux. On tire, de l'angle D à l'angle G, une ligne qui est l'arêtier et la noue en plan. Ensuite on fait la ferme carrée JKLM. On donne la pente qu'on veut à la mansarde. On fait paraître sur chaque arbalétrier une ligne d'assemblage J K, L M parallèle au lattis, ainsi qu'une ligne de trave K L parallèle au-dessus de l'entrait, la forme des pannes de brie K, L vues de bout, les aisseliers et traits ramènerets tels qu'on les voit figurés. On mène parallèles à chaque sablière les lignes d'assemblage J D, M G, D E, G F, car ce sera sur ces nouvelles sablières que les herses se feront, puis les croisillons K N S R, L O des pannes en plan par terre.

Pour faire l'élévation de la ferme B H O' N', on élève, par le point N et par le point O, ligne de croisillon de la panne en plan avec la ferme, les perpendiculaires NN', O O'; on prend sur le chevron d'emprunt la hauteur de la ligne de trave Z K qu'on porte de N en N' et de O en O'. On joint N' O'; on a la ligne de trave de l'entrait de la ferme ; B N', H O', les lignes de croisillon des arbalétriers. On termine en faisant paraître le dessus de l'entrait, le lattis de l'arbalétrier, les aisseliers et traits ramènerets tels qu'on les voit figurés. L'élévation étant faite, on met l'entrait sur ligne de niveau et de dévers, en y faisant paraître une ligne d'assemblage, une ligne de trave, une plumée et un trait ramèneret, attendu qu'il est obligé de revenir sur ligne en plan pour s'assembler avec les pannes de brie ; ensuite les deux arbalétriers de niveau et de dévers tels qu'ils sont figurés, toute l'épaisseur en contre-bas, et par ce moyen ils ne seront délardés que depuis la ligne d'assemblage. On rembarre des deux bouts la ligne de croisillon B N', H O', et le point de rencontre avec la ligne d'assemblage sert pour mettre sur ligne en herse. On fait paraître une plumée et un trait ramèneret sur chacun. On met ensuite les deux aisseliers, et la ferme est établie. Bien entendu que toutes les fermes de cette partie du comble s'établiront sur la même épure, attendu qu'elles sont parallèles et du même reculement.

Pour l'arêtier et la noue D G Q P, on opère comme pour la ferme ; seulement, pour la noue, si l'on ne veut pas avoir de barbe aux liens, on la relève de son rengraissement.

Pour faire la herse de la partie du comble A D R T, il faut prendre la longueur de la ligne d'assemblage du chevron carré J K. Pour cela, du point J comme centre, on fait tourner K en K'; par le point K' on mène une ligne K' R' parallèle à la panne en plan T R. La ligne K' R' sert pour mettre le croisillon de la panne K en herse. Ensuite on mène d'équerre à la panne en plan T en T', N en N'', S en S' et R en R'. On joint A T', B N'', CS' et DR'; ces lignes servent pour mettre le croisillon des arbalétriers et de l'arêtier. Après, on met les liens-mansarde à la distance qu'on trouve convenable, en faisant en sorte, autant que possible, que les abouts des liens soient les mêmes que ceux des aisseliers, comme on le voit en herse. On met aussi en herse le trait ramèneret sur chacun, et l'on y parvient en le faisant tourner sur le chevron carré comme il est fait sur l'épure. Après, on met la panne sur ligne, lignée avec la ligne JK figurée sur le niveau K, et déversée, en faisant un trait carré à cette ligne. On ne manquera pas de faire un trait ramèneret sur chaque panne, vu qu'elles sont obligées de revenir sur ligne pour s'assembler dans les entraits. On met l'arêtier comme il a été dit plusieurs fois, et les arbalétriers comme il a été démontré (planche 10ᵉ). D'ailleurs on voit le niveau fait sur la ferme B H qui sert pour ligner et déverser tous les arbalétriers de cette partie du comble (les liens ne sont pas déversés) : lignés au même affleurement du chevron carré.

Pour faire le niveau, on fait un trait carré V Y à la ferme dans un endroit quelconque et une perpendiculaire Y X à l'arbalétrier B N'. On se met au point Y comme centre ; on fait tourner X en X'; on joint V X'. Cette ligne ligne l'arbalétrier ; un trait carré le déverse.

Pour faire la herse de l'autre partie du comble, on se met au point M comme centre. On fait tourner L en L'; on mène L' parallèle à la panne en plan ; on termine la herse, comme il vient d'être dit, tel qu'on le voit sur l'épure.

Pour la partie du comble D E F G, il faudra faire un chevron carré en prenant les mêmes hauteurs du chevron J M L K et opérer la même chose.

Pour la herse des chevrons, on se jugera du lattis, au lieu de la ligne d'assemblage, en opérant de même.

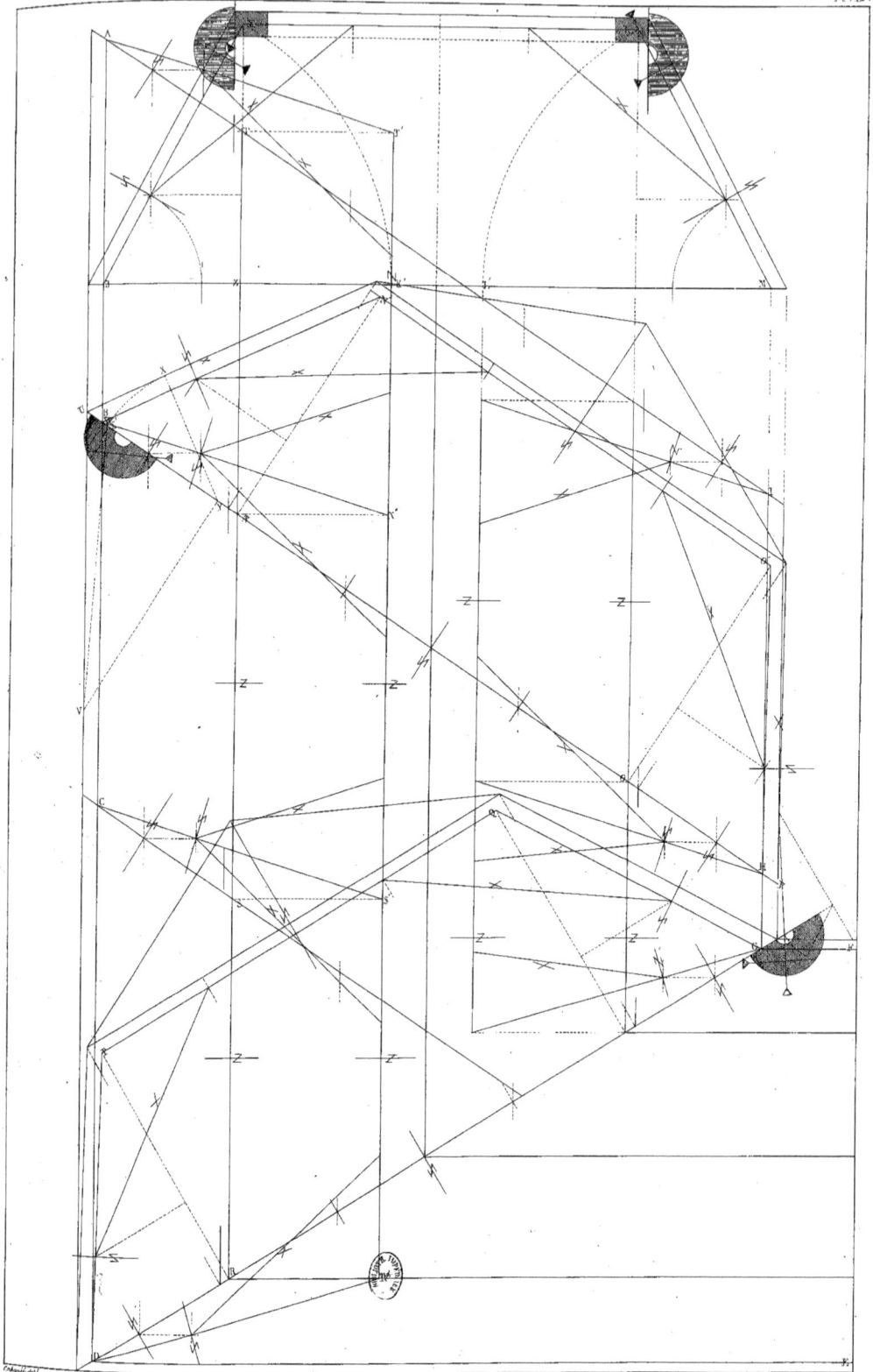

Pl. 12.

COMBLE-MANSARDE, AVEC UN RETOUR D'ÉQUERRE,

DONT LES LIENS SONT COUPÉS A LA FAUSSE ÉQUERRE ET PAR OCCUPATION DE BOIS.

Soit (planche 13ᵉ) le bâtiment A B C D E F G sur un plan horizontal. On commence premièrement de figurer l'arêtier A H, le chevron de croupe G H, la demi-ferme J O, la noue C F, l'autre demi-ferme D E et le faîtage E F H. On fait paraître ensuite les épaisseurs, en plan par terre, de l'arêtier, de la noue et des deux demi-fermes. Après, sur un plan vertical, on trace la demi-ferme BTLJ'. On figure la retombée de l'arbalétrier, de l'entrait et de l'aisselier. On en fait de même pour l'autre demi-ferme D M N E. Bien entendu que, pour faire l'élévation de l'arêtier et de la noue, on opère comme il vient d'être dit (planche 12ᵉ).

Pour faire la herse (car c'est sur la herse que les liens-mansarde seront coupés), il faut prendre la longueur B J' du lattis de la demi-ferme et la porter, en prolongeant O J, de B' en J''; par le point B' et par le point J'', on mène une parallèle à A C. On descend, perpendiculaires à A C, A A', I I'; on joint A' I', qui est la ligne-milieu de l'arêtier. Où la face de l'arêtier en plan M' N' et l'alignement du dessous E'D' coupent le lattis A C, on descend M' M'', E' E'' parallèles à A A' jusqu'à la rencontre de la ligne A' C'. On mène M'' N'', E'' E''' parallèles à A' I', et l'on a en herse la face de l'arêtier et l'alignement du dessous sur le lattis.

Pour la noue, on descend, d'équerre à A C, K K', C C'; on joint C' K', on a la ligne-milieu de la noue. Où la face de la noue O' D'' en plan coupe le lattis A C, on mène O' O'' parallèle à C C' jusqu'à la rencontre de A' C', et O''O''' parallèle à C' K', et on a la face de la noue. Ensuite on prend sur la demi-ferme le démaigrissement BP, qu'on porte de B' en P'; B Q, de B' en Q'; B R de B' en R', et B S de B' en S'. On mène par ces points des parallèles à A C, et ces quatre lignes, en les rembarrant l'une avec l'autre, donnent la coupe à plomb et la coupe de dessous de la panne de brie.

Pour la noue et pour l'arêtier, il nous manque deux lignes; pour les avoir, on descend, sur le démaigrissement P' X' et d'équerre à A C, la rencontre du dessous X et de la face G' de l'arêtier avec l'alignement de la face et du dessous de l'arbalétrier en X', G', et X' X'', G''G''' parallèles à A' I'. Pour la noue on mène F', rencontre de la face de la noue et de la gorge de l'arbalétrier, en F'', parallèle à CC', et F''F''' parallèle à C' K'. De même que H' rencontre de dessus la noue avec la gorge de l'arbalétrier en H'' parallèle à C C', et en H'' H''' parallèle à C' K'.

La herse étant faite, on met les liens sur ligne de niveau et de dévers à l'écartement qu'on veut, et autant que possible au même about de l'aisselier; on fait paraître dessus les lignes du lattis, et dessous les lignes du dessous. On fait quartier aux liens; on rembarre une ligne par l'autre, comme on le voit en herse, et en ayant soin que les liens soient de la même retombée, sans quoi il faudrait l'observer en les rembarrant.

On vient de couper les liens par occupation de bois, on a eu besoin des lignes de dessus et de dessous; en les coupant à la fausse équerre, on n'a besoin que des lignes du dessus, c'est-à-dire du lattis.

Soit à couper sur le trait le lien V Y. On commence premièrement d'en faire le dévers de pas en prenant un point U à volonté, qu'on remonte, parallèle à la sablière, jusqu'à la rencontre U' du lattis de la demi-ferme; on fait un trait carré U'T au lattis BJ'; par le point T, ligne de niveau, on mène une ligne TT' parallèle à la sablière AC jusqu'à la rencontre U T' d'équerre à A C; on joint V T', on a le dévers de pas du lien. Pour avoir trois points d'alignement, on a fait un autre dévers de pas M''' Y. Sur la tête du lien, il est nécessairement parallèle au premier, et on le prolonge jusqu'à la rencontre de la face M''' D'' de la noue et de l'alignement K K'', du dessus d'équerre à la noue en plan.

Pour mettre ces coupes sur un plan horizontal, il faut faire un trait carré YZ au dévers de pas VT', prendre la hauteur de la panne de brie et la porter de Y en Y', joindre ZY'. Ensuite on se met au point Z comme centre, on fait tourner Y' en Y'', on mène M'''Y''K'''; cette ligne est le dévers de pas sur le brie rabattu sur le plan horizontal. En menant M''' M'ᵛ, K'' K''' parallèle à Z Y'', on joint D''M''', N''' K''', on a la coupe à plomb et la barbe sur la noue. En joignant U''Y''', on a la coupe à plomb sur la panne de brie. Le dessous étant de niveau, la coupe suivra le dévers de pas. La ligne V Y'' doit être la longueur juste du lien, et c'est sur cette ligne qu'on doit placer la fausse équerre, comme on le voit dans l'épure.

Paris. — Imprimerie de madame veuve Bouchard-Huzard, rue de l'Éperon, 5.

13

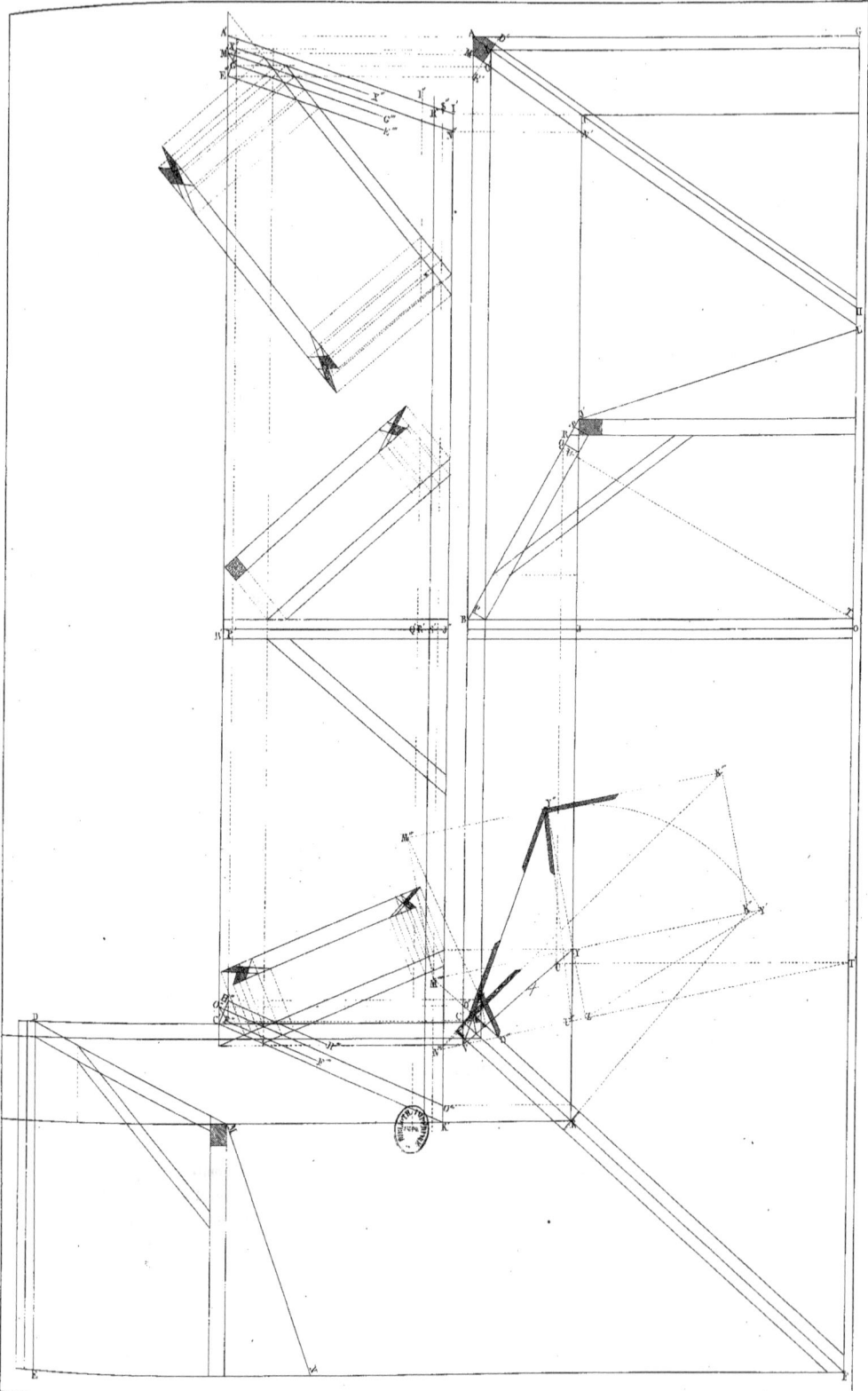

Pl. 13.

NOULET DROIT OU COMBLE DE LUCARNE.

On commence premièrement (planche 14ᵉ) de tracer sur un plan horizontal la sablière AB du vieux comble; sur un plan vertical le rampant B C' du même vieux comble. Après, on trace sur le plan horizontal la ligne de milieu E C de la lucarne et les deux sablières A G, BI ; sur un plan vertical passant par F H, la fermette F S' H et les deux arêtiers en plan par terre A S, B S. Ensuite, sur le plan vertical où le rampant du vieux comble se trouve figuré, on met la hauteur B E' du chapeau de la lucarne. On mène par le point E' une ligne E' I' parallèle à B D ; cette ligne est le dessus de la sablière de la lucarne sur laquelle reposeront les chevrons du noulet. On remonte S en S'' parallèle à la sablière A B ; on met la hauteur de la fermette SS' de P en S'', et en joignant E' S'' on a le rampant du chevron de croupe. Bien entendu qu'on met la retombée que l'on veut, et toujours un peu moindre que le bois qu'on doit employer, à cause du rembarrement. Par le sommet S'' on mène le faîtage S'' C' de niveau jusqu'à la rencontre du vieux comble B C'.

Pour avoir les branches de noue en plan par terre, on descend le point I' parallèle à la sablière A B jusqu'à la rencontre I, G des sablières en plan ; le point I et le point G sont le pied des branches de noue. On descend C' en C, rencontre du faîtage, et on a la tête. En joignant C I, C G on a les noues en plan par terre.

Ceci étant fait, on saura que les arêtiers et les noues sont à dévers, et qu'on est libre de faire faire lattis dans le long-pan ou dans la croupe. Dans l'épure, l'arêtier A S fait lattis dans le long-pan, et l'arêtier B S fait lattis dans la croupe.

Pour faire le dévers de pas de l'arêtier B S qui fait lattis dans la croupe, on mène par le sommet S'' une ligne S'' L' perpendiculaire à E' S''; on descend L' en L; on joint B L, qui est l'alignement du bois ou dévers de pas. Pour l'arêtier A S, on opère de même en faisant un trait carré sur le sommet de la fermette S' et en le prolongeant, comme pour la croupe, jusqu'en Y, ligne de niveau. On joint le point Y avec le point A, et on a le dévers de pas du long-pan.

Pour faire la herse de la croupe sur laquelle se coupent les chevrons et l'arêtier B S, on prend la longueur E' S'' qu'on porte de E en S'''; on joint A S''', B S'''. On prend le démaigrissement E' Q qu'on porte de E en Q'; on mène cette ligne parallèle à A B, et en rembarrant l'une par l'autre on a la coupe du pied des empanons et de l'arêtier. Seulement, pour la coupe du pied des empanons, il est bien plus simple de ne faire paraître que la ligne A B dessus et de se servir de la sauterelle Q qui est au pied de la croupe. Quant à la tête des empanons et de l'arêtier, en rembarrant la ligne A S''' par R' R'' on a la barbe, et en rembarrant T T' par U' U'' la barbe de dessous. Il est encore plus simple, pour les empanons, de ne faire paraître que A S''' et T' sur le lattis, et de se servir des deux sauterelles placées au sommet de la croupe S''. L'arêtier est échassé pour faire voir la manière de rembarrer : R R', U U' sont d'équerre à A B et R' R'' U' U'' parallèles à A S'''.

Pour faire la herse du long-pan on prend F S', qu'on porte de F en S'ᵛ; on mène par le point F' et par le point S'ᵛ une parallèle à A G ; on descend A A', G G', C C'; on joint A' S'ᵛ; on a la face de l'arêtier, la largeur en dedans, et en joignant G' C' on a la noue. On figure la largeur de l'arêtier et de la noue; on les met sur ligne ainsi que les empanons ; on fait paraître sur le lattis des empanons, de la noue et de l'arêtier la sablière A G', le faîtage S'ᵛ C''; on prend la coupe du pied sur la fermette, qu'on porte sur la ligne A' G' après avoir fait quartier; de même pour la tête. Quant à la coupe des empanons dans la noue et dans l'arêtier, on les coupera carrément, suivant la face.

Pour la coupe du pied de l'arêtier et de la noue, on rembarrera le lattis par le démaigrissement ; la même chose pour la tête de la noue. Pour la tête de l'arêtier, on la coupera carrément sur la ligne F' S'ᵛ. On opérera de même pour la herse de l'autre long-pan. Pour la coupe des chevrons dans l'arêtier B S, on n'a qu'à regarder la ferme H S'.

Pour avoir le délardement sur le vieux comble, on mène le point X, rencontre du démaigrissement avec le vieux comble en V, parallèle à G' C''; on rembarre G' C'' par X V. Pour cela il faut que la noue soit de la même épaisseur que la fermette, sans quoi il faudrait l'observer.

Pour couper sur le trait la noue G C, on en fait le dévers de pas en menant Y parallèle au faîtage E C jusqu'en D, ligne d'équerre au faîtage ; on joint G D, on a le dévers de pas. Ensuite on fait un trait carré C M au dévers de pas ; on prend le reculement C M qu'on porte de M' en Z ; on prend Z C', qu'on porte de M en C''; on joint G C''', O C''', et la noue est coupée. La sauterelle C''' est la coupe de la tête, et la sauterelle G celle du pied.

Paris.—Imprimerie de madame veuve Bouchard-Huzard, rue de l'Éperon, 5.

11

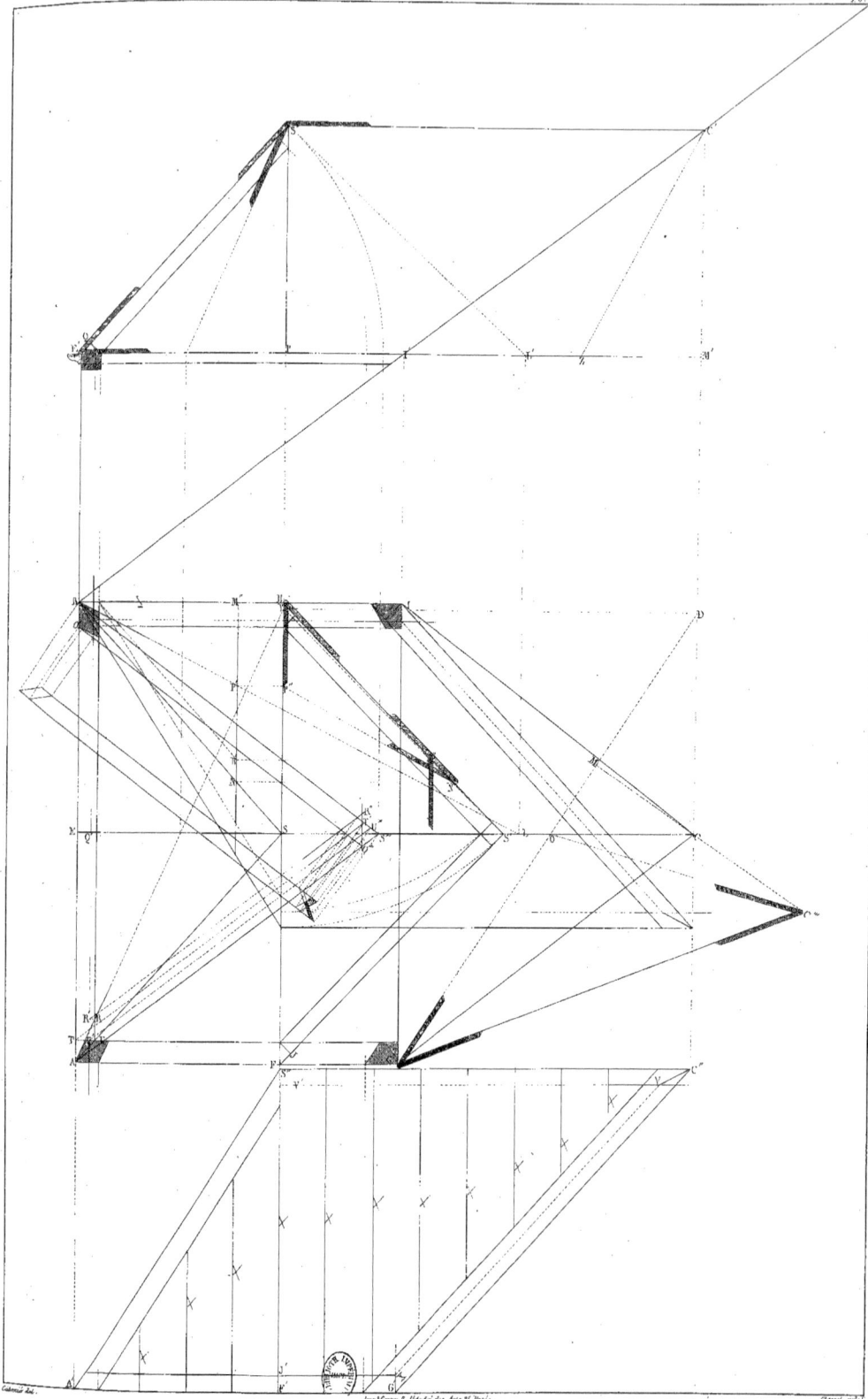

Pl. 14

NOULET DONT LES NOUES SONT CHALATTÉES.

On commence (planche 15e), comme dans la planche précédente, de tracer la face A B du vieux comble sur le plan par terre, ainsi que son élévation A S′ sur un plan vertical. Ensuite on figure en plan par terre la ligne-milieu D S du faîtage, ainsi que les deux sablières A C, B E. On fait ensuite l'élévation de la fermette A D′ B, la hauteur du chapeau A A″, ainsi que celle du faîtage A′ D″; bien entendu de la même hauteur que la fermette D D′. On mène horizontalement D″ S′ jusqu'à la rencontre A S′ du vieux comble. Le point S′, descendu en S, donne la tête des noues en plan, et le point C′, descendu en C et en E, donne le pied des noues; en joignant C S, E S on a en plan par terre l'arête des deux noues.

Les noues se coupent sur le vieux comble, attendu que la partie la plus large de la chalatte F H (fig. 2) est appliquée dessus. On fait donc la herse pour couper les noues en se plaçant au point C comme centre, on fait tourner S′ en S″ et descendre en S‴. On joint C S‴, E S‴, qui est l'arête de la chalatte F vue de bout (fig. 2). On figure aussi en herse l'arête I ramenée d'équerre sur le dessous en G, ainsi que la troisième arête H. On met les deux chalattes sur ligne; l'arête F sur C S‴ et sur E S‴, l'arête I sur C″ T, etc. On obtient la coupe de la tête des noues en les coupant carrément sur la ligne S S″. Pour le pied, on prend (fig. 2) G I qu'on porte de C′ en I′; on mène I′ Q parallèle à C′ S′. On fait un trait carré C′ I′; on prend R I′ qu'on porte de C en C″; on tire C″ E″: cette ligne doit paraître sur l'arête I de la chalatte et rembarrée avec la ligne C E parue sur le dessous F H.

Pour avoir la coupe du pied des chevrons dans la chalatte, il faut premièrement trouver l'occupation en plan par terre des chalattes étant au levage. Pour cela, où la ligne du milieu de la chalatte T C″ coupe la ligne E″ C″, on mène le point C″ parallèle à A C jusqu'à la rencontre U de la ligne C‴ E‴; on joint U C, U J, on a l'occupation en plan de la noue. De même pour l'autre. On prolonge ces alignements jusqu'à la rencontre du chevron M O mis à volonté en plan par terre. On peut faire le dévers de pas de la chalatte en faisant le niveau de dévers de la noue avec le vieux comble. Une fois l'angle rabattu en plan, la chalatte vue de bout dessus, on prolonge ses faces jusqu'à la rencontre du trait carré qui sert pour faire le niveau. Dans la pièce qui va suivre, l'opération sera faite des deux manières.

Les dévers de pas des chalattes faits et prolongés jusqu'au chevron M O, on mène la rencontre M en M′, ligne de niveau de la fermette; le point N en N′. On joint M′ N′, on a la barbe du chevron sur la face U M. On mène O en O′, ligne de niveau de la ferme et toujours parallèle à D S; on prolonge O U jusqu'à la rencontre du lattis A C; on mène C‴ L parallèle à C S; on remonte L en L′, lattis de la fermette; on joint L′ O′, et on a la barbe sur la face U J. On opère de même pour l'autre côté, malgré qu'on pourrait s'en dispenser, vu que les chalattes sont les mêmes et que les sauterelles, d'un côté, peuvent servir pour l'autre.

Pour faire la herse pour couper les chevrons, on prend le rampant de la fermette B D′ qu'on porte de B′ en D‴, on mène par le point B′ une parallèle à B E, ainsi que par le point D‴. On descend ensuite E en E′, S en S^iv; on joint E′ S^iv, on a la pointe de la barbe; on descend le point P, rencontre du dévers avec le lattis, en P′; on mène P′ V parallèle à E′ S^iv, ainsi de suite, comme on le voit sur l'épure, et la herse est faite. Après, on met les chevrons à la distance qu'on trouve convenable, de niveau et de dévers; on fait paraître sur le lattis B′ E′, D‴ S‴, E′ S^iv et P′ V, on fait quartier un aux chevrons; on met sur chaque ligne la sauterelle qui lui correspond. On peut aussi le tracer en rembarrant une ligne par l'autre, comme on le voit sur le chevron échassé.

Pour l'autre herse, on opère de même, en faisant tourner le sommet D′ de la fermette, du point A comme centre, en D^iv; on mène D^iv S^v parallèle à D S, S S^v perpendiculaire à D S; on joint C S^v et C‴ V parallèles à C S^v, et la herse est faite.

On peut aussi, si l'on veut, couper les chalattes sur le trait, en faisant un trait carré sur le dévers de pas, comme il a été démontré dans la figure précédente: seulement on serait obligé de le couper une fois sur une face et une fois sur l'autre; mais, comme l'opération deviendrait trop longue dans la pratique, on opérera par occupation de bois, comme il est démontré dans l'épure.

Paris. — Imprimerie de madame veuve Bouchard-Huzard, rue de l'Éperon, 5.

15

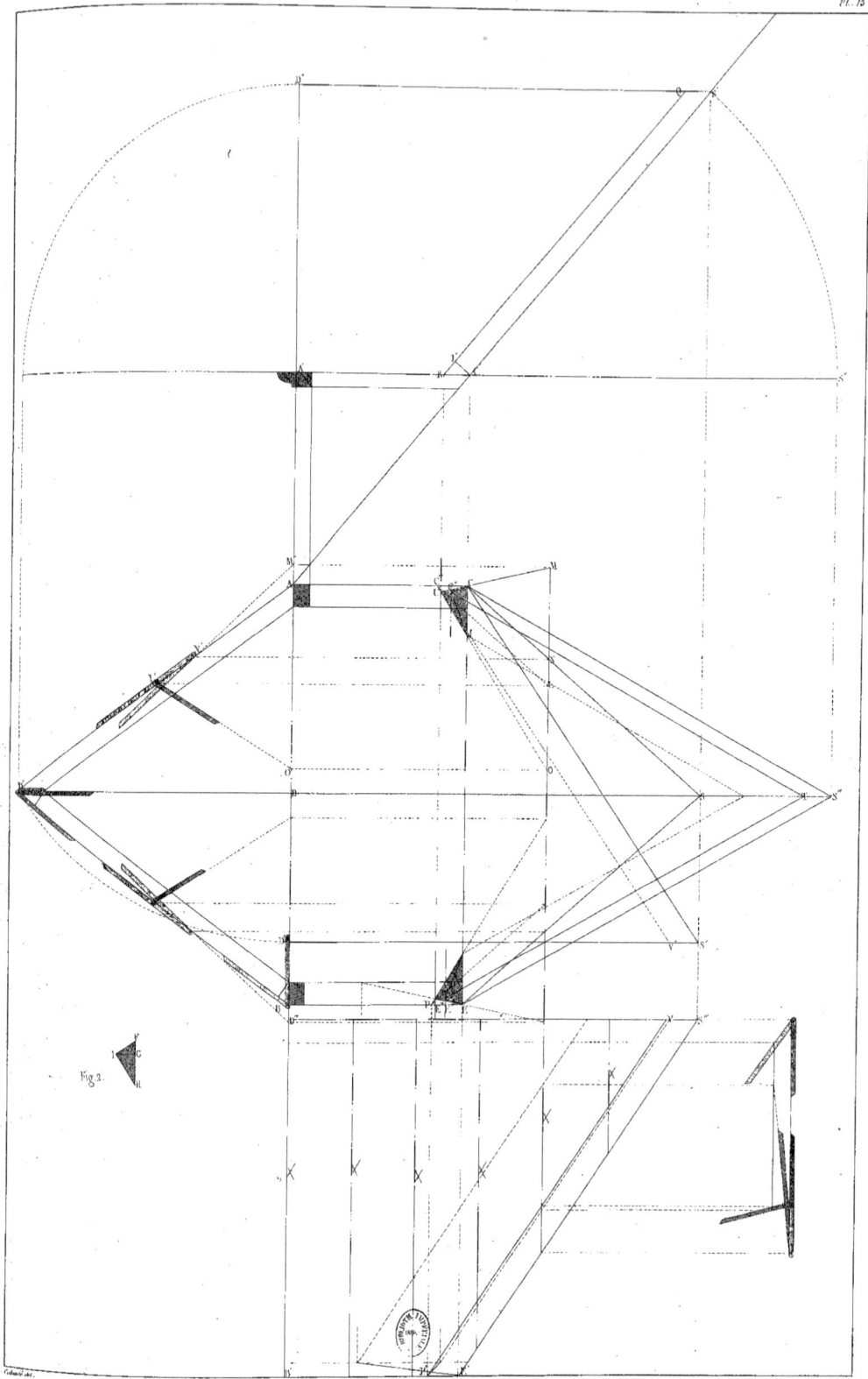

Pl. 13.

Fig.3.

Imp. Lemercier, rue de Seine du Arts, 34, Paris.

NOULET-FRONTON DONT LES NOUES SONT CHALATTÉES.

On trace sur un plan par terre (planche 16e) la sablière A B du vieux comble, ainsi que son élévation A O. On figure ensuite la ligne du milieu du faîtage C S et les deux sablières A D, B E ; l'élévation de la fermette A C′ B, la hauteur du chapeau A A′ et celle du faîtage A′ C″ de la même hauteur de la fermette C C′. On mène le faîtage C″ S′ de niveau jusqu'à la rencontre A O du vieux comble. On descend en plan par terre (après avoir porté M N, épaisseur de la chalatte vue de bout (figure 2), en M′ N′, sur le rampant du vieux comble A O) D′ en D, E parallèle à A B, rencontre des deux sablières. On descend aussi S′ en S, on joint D S, E S, et on a l'arête en plan par terre de la chalatte N vue de bout.

Pour couper les chalattes, on en fait la herse en se plaçant au point D′ comme centre, avec une ouverture égale à D′ S′. On fait tourner S′ en S″ et descendre en S‴ parallèle à A B ; on joint D S‴, E S‴. On fait tourner le démaigrissement D′ N′ en N″ et descendre, parallèle à A B, en N‴ N‴. La herse étant faite, on prend la chalatte, on la met sur ligne en faisant attention que l'arête N tombe exactement sur les lignes D S‴, E S‴. Étant ainsi sur ligne, on les coupe carrément sur la ligne S S‴, et on a la coupe de la tête. On fait paraître sur l'arête N la ligne D E ; sur le dessous, la ligne N‴ N‴. On rembarre une ligne par l'autre, et on a la coupe du pied des chalattes sur la sablière.

Pour faire le dévers de pas de la chalatte, c'est-à-dire pour trouver son occupation en plan par terre, on fait premièrement l'élévation de la noue, en faisant sur le sommet S un trait carré S S‴ à la noue en plan D S. On met sur ce trait carré la hauteur du faîtage A′ C″ ou fermette C C′ ; on joint D S″, et l'élévation est faite. Ensuite on fait un trait carré P Q à la noue en plan D S, sur un point pris à volonté ; par le point R, on élève un trait carré R R′ au rampant de la noue ; on fait tourner R′ en R″, on joint P R″. Du point T, rencontre du trait carré avec le vieux comble, on mène une ligne T U parallèle à P R″. On prend la chalatte vue de bout (figure 2), on la porte en R″, en faisant en sorte que le dessous M Z suive parfaitement la ligne T U du vieux comble, l'arête N en R″. On trace son occupation, et l'on prolonge l'alignement des deux faces jusqu'à la rencontre du trait carré en Q et en V. On joint D V, D Q, et le dévers de pas ou occupation est terminé. Malgré cela, l'opération est faite aussi comme dans la planche précédente. On voit que les deux procédés donnent exactement le même résultat.

Dans cette épure, on a voulu qu'il n'y eût qu'une barbe aux empanons, tandis qu'à la pièce précédente il y en a deux. Pour n'avoir qu'une barbe, on a fait tomber l'arête de la chalatte à l'about du chevron ; seulement la chalatte ne suit pas l'alignement du comble. Il peut y avoir trop de bois, comme dans celle-ci, ou en manquer ; mais, si l'on désire qu'elle suive l'alignement des chevrons, il faut la débiter exprès. On parvient à la tracer en prolongeant A D en Y, rencontre du trait carré P Q, et en joignant Y R″.

Pour faire la herse des chevrons, on prend le rampant de la fermette B C′ qu'on porte de B′ en C‴. On mène B′ E′, C‴ S‴ parallèles à B E. On descend E en E′, S en S‴ ; on joint E′ S‴. On prend le démaigrissement du pied de la fermette qu'on porte en herse. Où la gorge en plan U V′ touche le dévers de pas en V′ on descend V′ en V″, rencontre du démaigrissement du pied des chevrons en herse. On mène V″ X parallèle à E′ S‴ et on a la ligne du dessous des chevrons, et en rembarrant l'une par l'autre on a la coupe sur la face E V′ de la noue. Par ce procédé, on pourrait se dispenser des coupes à la fausse équerre.

La herse étant faite, on espace les chevrons, on les met sur ligne ; on fait paraître sur le lattis le faîtage C‴ S‴, la sablière B′ E′, l'arête de la noue E′ S‴ et V″ X sur le dessous. On fait quartier aux chevrons et on place les sauterelles comme on le voit en herse. L'opération est faite aussi par occupation de bois, et l'une et l'autre donnent le même résultat. On opère de même pour l'autre herse.

Pour trouver la coupe des chevrons à la sauterelle, on suppose un chevron en plan tel que F G ; on prolonge le dévers de pas jusqu'à la rencontre du chevron en G. On remonte parallèle au faîtage G en G′, ligne de niveau de la ferme, et F en F′, lattis de la fermette ; on joint G′ F′, et on a la coupe des chevrons à la fausse équerre. En herse, on voit un chevron échassé pour faire voir comment il faut placer les sauterelles figurées sur la fermette, et la manière de rembarrer les lignes pour se dispenser de la fausse équerre.

Paris. — Imprimerie de madame veuve Bouchard-Huzard, rue de l'Éperon, 5.

16

Pl. 16.

Fig. 2.

NOULET DROIT SUR UN COMBLE-MANSARDE.

On figure (planche 17e), sur un plan horizontal, la sablière A B du vieux comble ; sur un plan vertical l'élévation A E′ S′ du même vieux comble. On figure ensuite la panne de brie E F, la ligne-milieu du noulet G S, et les deux sablières A D, B H sur un plan horizontal. On trace aussi en plan la première fermette I J, son élévation I C′ J et les arêtiers en plan A C, B C. Sur un plan vertical on met la hauteur du chapeau A G′ ; on mène par ce point une ligne de niveau G′ C‴, qui est le dessus de la sablière. On remonte le point C en C″ ; on met sur cette ligne, à partir du dessus de la sablière C‴, la hauteur de la fermette C C′ en C‴ C″. On joint G′ C″ et la retombée parallèle, et on a le chevron de croupe ; on mène par le point C″ le faîtage de niveau jusqu'à la rencontre S′ du vieux comble.

Pour avoir les branches de noue en plan par terre, on descend D′ en D′ H parallèle à A B ; ensuite on mène E′ en E″ de niveau ; on le fait tourner du point C‴ en E‴ et descendre en E‴ et en F′, rencontre du lattis de la fermette. On descend en plan, et parallèles au poinçon de la fermette, E‴ en E, F′ en F, rencontre de l'arête de la panne de brie en plan. On joint D E, H F ; ensuite on descend S′ en S, on joint E S, F S, et on a en plan les deux noues D E S, H F S.

Pour faire la herse de la croupe, on prend la longueur du chevron G′ C″, qu'on porte de G en C″ ; on joint A C″, B C″. Où le dessous de l'arêtier coupe la ligne A B en K, on mène K K′ parallèle à B C″. Après, on met l'arêtier sur la ligne A C″, la largeur en dedans telle qu'elle est figurée ; on fait paraître sur le lattis la ligne B C″, K K′, et l'about de la sablière A B : ces trois lignes servent pour placer les sauterelles, comme on le voit sur l'arêtier échassé dans l'épure. Pour les chevrons qui sont compris depuis A jusqu'en G, ils se coupent carrément sur la face de l'arêtier, attendu que l'arêtier A fait lattis dans la croupe. Pour ceux qui sont compris depuis G en B, on fait paraître sur le lattis les lignes B C″ K K′ et la sablière A B ; puis on trouvera la coupe à la fausse équerre pour placer sur chacune des lignes, comme il a été démontré.

Pour couper l'arêtier A sur le trait, on en fait le dévers de pas comme il a été dit ; après, on fait, passant par le sommet C, un trait carré C N au dévers de pas A L ; on mène C C′ d'équerre à C N ou parallèle à A L. On fait tourner la hauteur de la fermette C′ en C‴, et l'on joint N C‴. On se met au point N comme centre ; on fait tourner C‴ en C‴, rencontre du trait carré C N ; on joint A C‴. Pour que l'opération soit bonne, il faut que A C‴ égale A C″. On joint le point M, rencontre des deux dévers de pas, avec C‴, et on a la barbe de l'arêtier. Pour la barbe du dessous, on mène le point K en K″ parallèle à B C, et K″ K‴ parallèle à C C‴ ; on joint K‴ L, et on a la barbe du dessous de l'arêtier. La coupe du pied est la sauterelle A formée par l'angle L A C‴. Ces trois sauterelles se placeront chacune à chacune sur les trois lignes du lattis figurées sur l'arêtier A C‴, comme on le voit échassé en herse.

Pour faire la herse du long-pan, dans laquelle l'arêtier, la noue et les chevrons sont coupés, on prend la longueur de la fermette I C′, qu'on porte en I′ C‴. On prend aussi, sur la fermette I C′, I F′, qu'on porte en I′ F‴ ; on mène par chaque point une ligne parallèle à B′ I′. On descend B en B′, H en H′, F en F‴ et S en S‴. On joint B′ C‴, on a l'arêtier, H′ F‴, F‴ S‴ la noue, et la herse est faite ; puis on met l'arêtier sur la ligne B′ C‴, la largeur en dedans, de niveau et de dévers. On coupe la tête carrément sur la ligne I′ C‴. On fait paraître B′ I′ sur le lattis et P O dessous ; on rembarre l'une par l'autre, et on a la coupe du pied sur la sablière.

Pour la noue, on la met sur les lignes H′ F‴, F‴ S‴ ; on met la largeur en dedans, de niveau et de dévers ; on fait paraître sur le lattis B′ I′, et sur le dessous P O ; on rembarre l'une par l'autre, et on a la coupe sur la sablière ; puis on fait paraître sur le lattis F″ F‴ et sur le dessous Q R, on rembarre l'une par l'autre et on a la coupe de la tête de la noue H′ F‴, et la coupe du pied de la noue F‴ S‴. Après, on fait paraître C‴ S‴ sur le lattis, T U sur le dessous, on rembarre l'une par l'autre et on a la coupe de la tête ; après, on prend le délardement V X qu'on porte sous la noue H′ F‴, et le délardement X Y qu'on porte sous la noue F‴ S‴, toujours à partir de l'arête du lattis. On rembarre la ligne V X, X Y de dessous avec l'arête du lattis H′ F‴, F‴ S‴, et on a le délardement sur le vieux comble ; ensuite on espace les chevrons comme on le juge convenable, et toujours à partir de I′ C‴, vu que les arêtiers se coupent suivant cette face ; on les coupe carrément suivant la face de l'arêtier et de la noue. La coupe sur la sablière et du faîtage s'opère comme il a été démontré. On opère de même pour l'autre long-pan.

Paris.— Imprimerie de madame veuve Bouchard Huzard, rue de l'Éperon, 5.

Pl. 17.

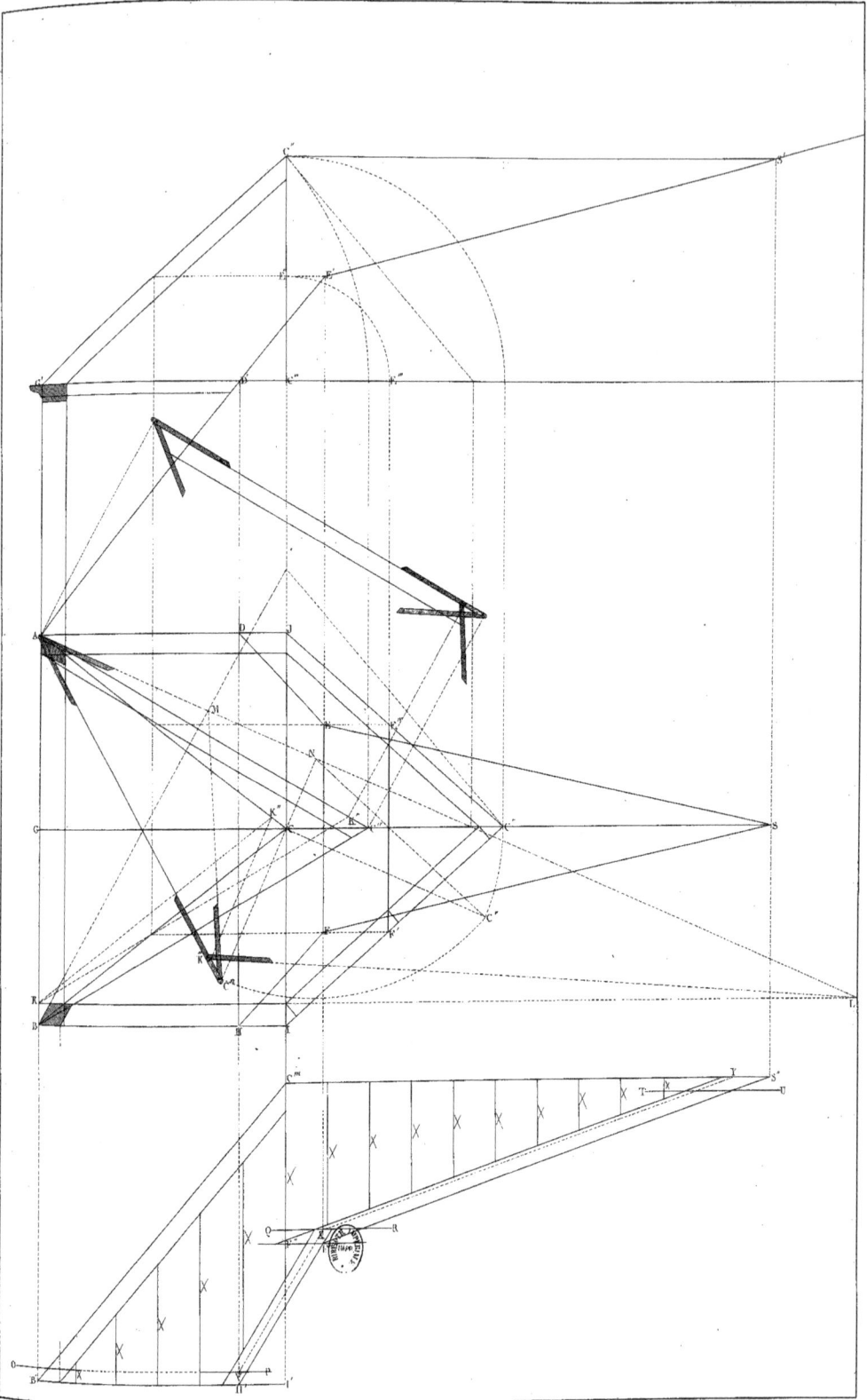

NOULET-FRONTON PLUS HAUT QUE SON COMBLE.

On commence (planche 18e), sur un plan horizontal, de tracer la sablière A B du vieux comble, ainsi que son élévation A S′ O sur un plan vertical. Après, on figure la ligne-milieu du faîtage C S en plan par terre ainsi que les deux sablières A D, B E; sur un plan vertical, passant par la ligne A B, l'élévation de la fermette A C′ B. Ensuite on prend la hauteur de la fermette C C′, qu'on porte de A′ en C″. On mène par le point C″ une ligne de niveau C″ F′ jusqu'à la rencontre du rampant du vieux comble O S′ prolongé en F′.

Pour avoir les deux noues en plan et les deux arêtiers à la tête des noues, il faut descendre D′ en D, E parallèle à A B, et on a le pied des noues; ensuite on descend, en plan par terre, la ligne du milieu de faîtage du vieux comble S′ en G, H parallèle à A B. Après, on mène S′ de niveau en S″, qu'on fait tourner du point A′ en S‴; on le descend en S‴ et en Sᵛ. On mène S‴, Sᵛ, parallèles au faîtage C S, jusqu'à la rencontre G, H du faîtage du vieux comble. On joint D G, E H, et on a les deux noues en plan; on descend F′ en F, on joint G F, H F, et on a les deux arêtiers.

Pour faire la herse du long-pan, on prend la longueur de la fermette B C′, qu'on porte de B′ en C‴. On mène B′ E′, C‴ F‴ parallèles à B E. On prend la longueur B Sᵛ, qu'on porte en B′ Sᵛⁱ; on mène cette ligne parallèle à B′ E′. On descend E en E′, F en F′, H en H′, parallèles à A B. On joint E′ H′; on a la noue en herse; en joignant H′ F″ on a l'arêtier. La noue et l'arêtier faisant lattis, on les met de niveau et dévers, la face de la noue sur la ligne E′ H′ et la largeur en dedans; l'arêtier sur la ligne H′ F″. On prend le démaigrissement B I au pied de la fermette, qu'on porte en B′ I′; le démaigrissement Sᵛ J, qu'on porte en Sᵛⁱ J′, et celui de la tête K C′ en K′. On mène les lignes I′ I″, J′ J″ et K′ K″ parallèles à B′ E′. La ligne B′ E′ parue sur le lattis, celle I′ I″ parue dessous, et rembarrées l'une par l'autre, donnent la coupe du pied sur la sablière; la ligne Sᵛⁱ H′ parue sur le lattis, celle J′ J″ parue dessous, et rembarrées l'une par l'autre, donnent la coupe de la tête de la noue et la coupe du pied de l'arêtier. La ligne C‴ F‴ parue sur le lattis, celle K′ K″ parue dessous, et rembarrées l'une par l'autre, donnent la coupe de l'arêtier contre l'autre. On le coupe ensuite carrément contre la fermette F″ Fᴵᵛ. Pour le délardement sur le vieux comble, c'est la rencontre I″ du démaigrissement avec le vieux comble menée parallèle à E′ H′; cette ligne, parue sous la noue, doit être délardée à l'arête du lattis E′ H′. Après, on espace les chevrons à un écartement quelconque, en commençant par F″ Fᴵᵛ. Une fois les chevrons sur ligne, à peu près de niveau et de dévers, on les coupe carrément sur la face de la noue et de l'arêtier; la coupe du pied sur la sablière et celle de la tête sur le faîtage, on en prendra la coupe sur la fermette B C′.

Pour couper l'arêtier H F sur le trait, on en fait premièrement le dévers de pas en faisant un trait carré C′ L au rampant de la fermette B C′; on mène L L′ parallèle au faîtage jusqu'à la rencontre F L′, parallèle à A B; on joint H L′ et on a le dévers. Ensuite on fait un trait carré F M à H L′; on prend le reculement F M, qu'on porte de F′ en M′; on prend M′ C′, on le porte en M Fᵛⁱ; on joint H Fᵛⁱ : cette longueur doit égaler H′ F″ ou H F‴. L'angle Fᵛⁱ H L′ donne la coupe du pied de l'arêtier sur la tête de la noue; en joignant N Fᵛⁱ, on a la coupe à plomb sur la ligne du faîtage, c'est-à-dire le joint d'un arêtier contre l'autre.

Pour faire la herse de la petite croupe au-dessus du grand comble, on prend S′ F; on le porte en S F‴; on joint G F‴, H F‴; on a à la pointe de la barbe des empanons sur le dévers H L′. On mène la gorge des chevrons Q, Q′ P P′ parallèle au faîtage, et Q′ R parallèle à H F‴ et P′ R parallèle à G F‴. Ces deux lignes doivent paraître sur le lattis des empanons, vu qu'elles sont l'alignement du dessous des arêtiers. C'est donc sur les lignes H F‴, Q′ R, G F‴ et P′ R que se placeront les deux sauterelles figurées sur le chevron de croupe F.

Pour trouver la coupe des chevrons à la fausse équerre, on remonte N, rencontre du dévers de pas avec la croupe, en N′, ligne de niveau. On joint N′ F′; on a la coupe de la barbe sur l'arêtier. Pour le dessous, on doit voir que les chevrons en plan sont parallèles aux lattis et dessous des arêtiers; il s'ensuit donc que la coupe de dessous des empanons est de niveau.

Pour couper la noue E H sur le trait, on en fait le dévers de pas en menant Sᵛ T d'équerre à B Sᵛ; on descend T T′ parallèle à B E et H T d'équerre; on joint E T′; puis on mène H U d'équerre à E T′ et H H″ parallèle. On fait H H″ égale à C Fᵛ; on joint U H″; on fait tourner, du point U, H″ en H‴; on joint E H‴. L'angle T E H″ donne la coupe du pied de la noue sur la sablière. La tête de la noue devant être de niveau pour recevoir le pied de l'arêtier, sa coupe doit être parallèle au dévers de pas, comme on le voit dans l'épure. On opère de même pour l'autre noue et pour la herse de l'autre long-pan.

Paris. — Imprimerie de madame veuve Bouchard-Huzard, rue de l'Éperon, 5.

Pl. 18

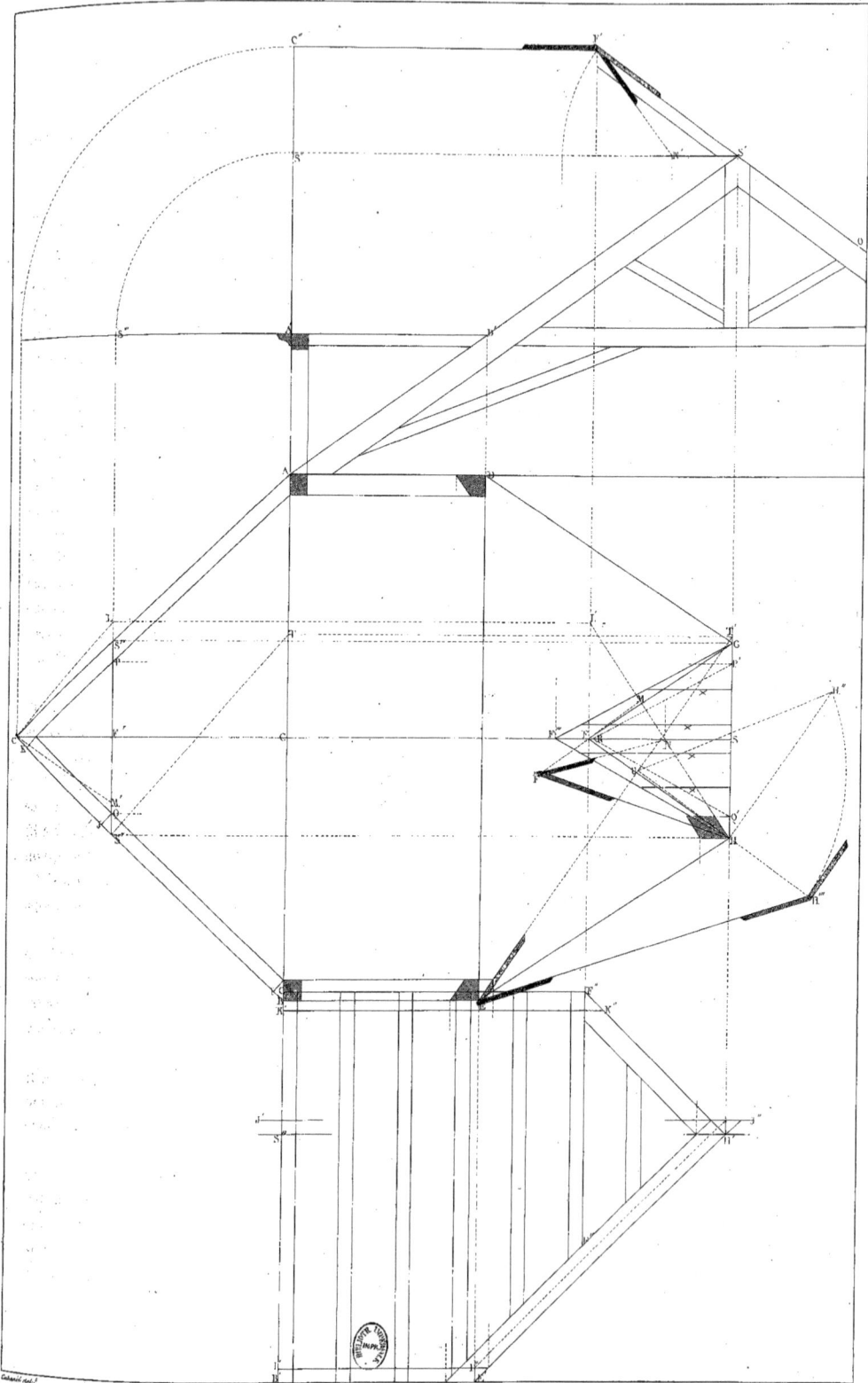

Imp. Crenou, rue St André des Arts. 43, Paris.

NOULET DROIT SUR UN ARÊTIER.

On trace (planche 19ᵉ), sur un plan horizontal, les sablières A B, A C du vieux comble, et sur un plan vertical l'élévation de l'arêtier A' S'. Après cela, on figure l'arêtier A S en plan par terre, qui est en même temps la ligne-milieu du faîtage. On figure ensuite les deux sablières de la lucarne E F, G H. Sur un plan vertical, on trace la ferme du fronton E D' G. On met la hauteur du chapeau G G', qu'on mène de niveau en I' H' (cette ligne est le dessus de la sablière de la lucarne); on prend la hauteur de la fermette D D', qu'on porte en G' D''; on mène D'' S' parallèle à G' H' jusqu'à la rencontre de l'arêtier S'; on descend, parallèle à G D'', S' en S, ligne de milieu du faîtage, et l'on a en plan par terre la tête des noues. Pour le pied, on descend I' en I parallèle à G D''; on mène, par le point I, une ligne I H parallèle à A C et I F parallèle à A B. Il est clair que les lignes I H, I F sont les deux sablières du vieux comble à la hauteur G' H' de la sablière, et que la rencontre H et F des sablières du vieux comble avec celle de la lucarne est le pied des noues en plan par terre. On joint donc H S, F S, et on a les deux noues en plan.

On pourrait aussi trouver le point H et F en menant par le point G, rencontre du vieux comble avec la sablière de la lucarne, une ligne G H' parallèle à A' I' jusqu'à la rencontre H' de la sablière en élévation ; la ligne H', marquée par un trait ramèneret, est la longueur de la sablière, et G H' la coupe sur le vieux comble, d'un sens seulement. Pour l'autre, on met la sablière en plan, le point H' en H, et tracée suivant H I et menée parallèle à la ligne G H'. On pourrait aussi, pour plus de précision, mettre le chapeau sur ligne, en plan par terre, ainsi que les sablières, les piquer dans le chapeau, et, avant de les déranger, faire paraître sur le dessus I H, I F. On prendrait la coupe sur l'autre sens, en mettant la grosse lame de la sauterelle sur la sablière I' H' et la petite fermée suivant H' G. La coupe étant prise, on porterait la sauterelle sur les lignes I H, I F parues sur le dessus des sablières.

Pour faire la herse, on prend la longueur de la fermette E D', qu'on porte, en prolongeant D E, de E' en D''; on mène, par chaque point, une parallèle à E F. Ensuite on descend F en F', S en S''; on joint F' S'', et on a la noue en herse. On figure en dedans la largeur de la noue, et c'est sur cette ligne ou face qu'on coupe les chevrons carrément, après les avoir espacés comme on le voit dans l'épure.

Pour avoir la coupe du pied, de la tête, et le délardement de la noue sur le vieux comble, on prend le démaigrissement du pied et de la tête de la fermette E D', qu'on porte au pied et à la tête en herse, chacun à chacun. Ensuite, où la gorge du chevron K J, menée parallèle à E F, coupe le vieux comble I F en J, on descend J en J', rencontre du démaigrissement en herse ; on mène J' L, et on a le délardement de la noue sur le vieux comble.

La herse étant faite, on met la noue sur ligne de niveau et de dévers, on fait paraître sur le lattis les lignes E' F', D''' S'', et dessous les lignes M J', N O et le délardement J' L. On rembarre les lignes, chacune à chacune, le dessus avec le dessous, et la noue est tracée.

Pour la herse de l'autre long-pan, on fait tourner du point G, comme centre, D' en D''; on mène D'' S''' parallèle à D S. On mène S en S''' d'équerre au faîtage D S, on joint H S''', on a la face de la noue, l'épaisseur en dedans. On fait tourner du point G le démaigrissement soit du pied, soit de la tête. On mène le démaigrissement du pied parallèle à G H jusqu'à la rencontre de la gorge du chevron sur le vieux comble, on le ramène d'équerre sur cette ligne en P, et on mène le point P parallèle à H S'''. En rembarrant l'une par l'autre, pourvu que la noue soit de la même épaisseur que la fermette, on a le délardement juste sur le vieux comble ; si la noue était plus ou moins épaisse, il faudrait le figurer sur le pied de la fermette, et opérer de même.

Pour la coupe du pied et de la tête de la noue, on rembarre la ligne du lattis par celle du démaigrissement. Les chevrons s'espaceront à volonté ; on les coupera carrément suivant la face de la noue, comme toujours : la coupe du pied et de la tête comme à l'ordinaire.

Pour couper sur le trait la noue H S, on fait D' P d'équerre à D' G, on mène P P' parallèle à G H et S P' d'équerre ; on joint H P', on a le dévers de pas. Ensuite on fait S R d'équerre à H P'. On prend S R, qu'on porte en D R'; on prend D' R' qu'on porte en R Q ; on joint H Q, T Q : la sauterelle H est la coupe du pied, et la sauterelle Q est la coupe à plomb, c'est-à-dire la coupe de la tête.

Pl. 13.

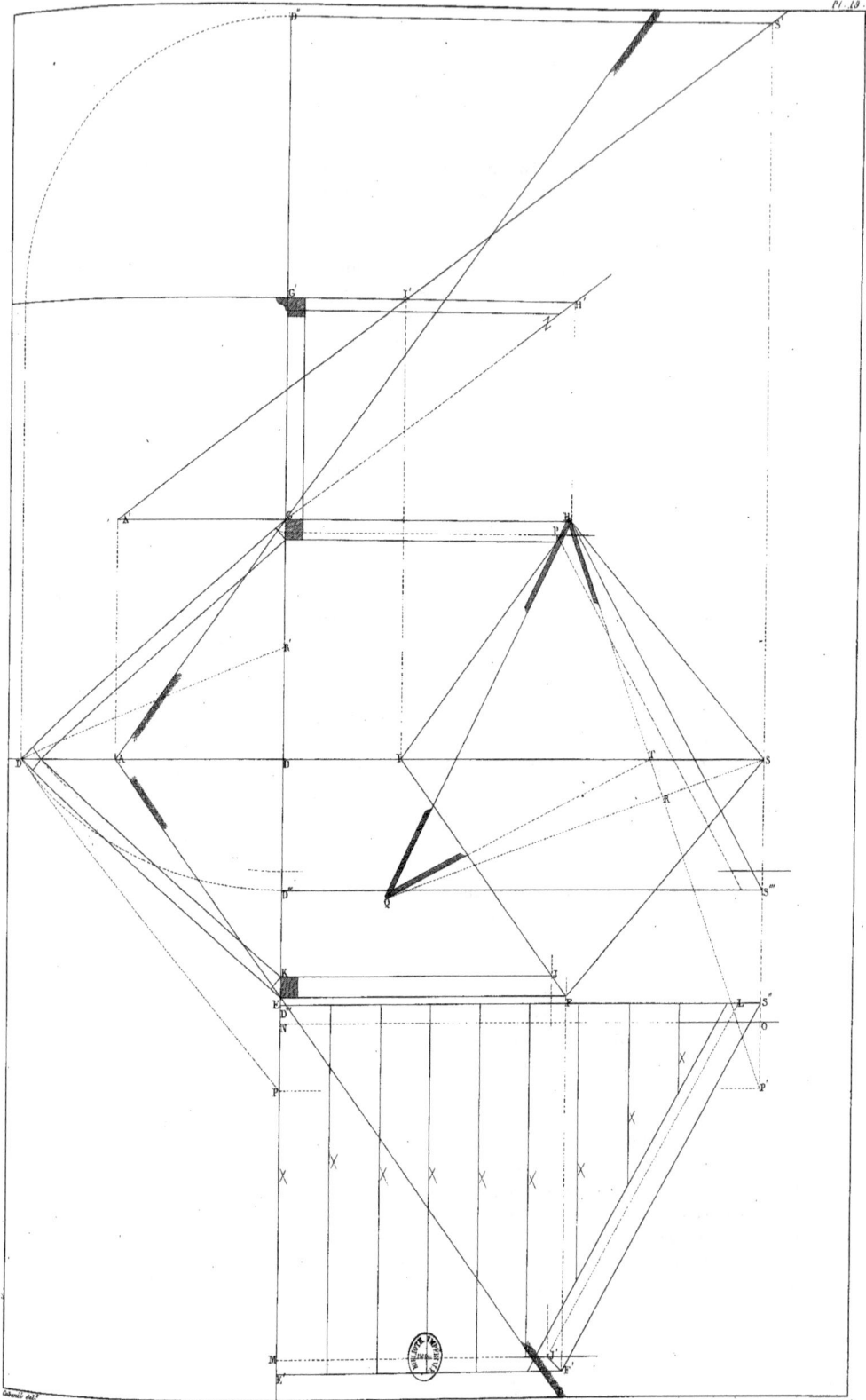

Imp. Gemag Rum St André des Arts, 25, Paris.

NOULET DROIT SUR UNE NOUE.

Après avoir tracé (planche 20ᵉ), sur un plan par terre, les sablières A B, B C du vieux comble ; sur un plan vertical, l'élévation de la noue B' S', on figure, en plan par terre, la noue B S, qui est en même temps la ligne-milieu du faîtage du noulet. On figure aussi en plan les sablières D F, G I. On trace en plan le devant du chapeau D G, en ayant soin que les poteaux portent sur le mur. (Il faut faire un plancher dans la partie triangulaire ou reculer le chapeau ; mais n'importe, l'opération est la même.) On figure ensuite la première fermette E H, et les deux arêtiers D J, G J. On met la hauteur du chapeau G L', qu'on mène de niveau en M', rencontre de l'élévation de la noue. Ensuite on fait l'élévation de la fermette E J' H. On en met la même hauteur à partir de dessus la sablière L' M' en J″ ; on joint L' J″, et on a le rampant de la croupe ; on mène, par le sommet, une ligne J″ S', de niveau jusqu'à la rencontre de la noue en S', et on a le faîtage.

Pour avoir les noues en plan par terre, on descend M' parallèle à G L' en M ; on mène, par le point M, une ligne M I parallèle à B C ; par le même point M, une ligne M F parallèle à A B. Les lignes M I, M F sont les deux sablières du vieux comble et au même niveau des sablières G I, D F de la lucarne ; donc la rencontre I, F de ces sablières donne le pied en plan des branches de noue. On descend S' en S, et toujours parallèle à G L', et l'on a en plan la tête des noues. On joint F S, I S, et les noues en plan sont déterminées.

Les arêtiers font lattis tous les deux dans la croupe. Pour les couper, on en fait la herse en prenant la longueur du chevron de croupe L' J″, qu'on porte de L en J‴ ; on joint G J‴, D J‴. Ensuite on prend L' N, qu'on fait tourner en N' et descendre parallèle à la sablière G D en N″. On prend aussi le démaigrissement O, qu'on fait tourner du point L' en O' et descendre en O″. La herse étant faite, on met les deux arêtiers sur ligne et de dévers ; la face sur les lignes G J‴, D J‴, la largeur en dedans, telle qu'on la voit figurée par deux tirets. On fait paraître D G sur le lattis, N' N″ dessous ; on rembarre l'une par l'autre, et on a la coupe du pied des arêtiers sur la sablière. Pour la tête, on les coupe carrément, suivant la ligne L J‴, et on a le joint d'un arêtier contre l'autre. On fait paraître J‴ P sur le lattis, O' O″ sur le dessous ; on rembarre l'une par l'autre, et on a la coupe du démaigrissement contre la fermette. Les arêtiers étant tracés, avant de les déranger on trace la face de dedans, sur laquelle on coupe carrément les empanons : la coupe du pied comme toujours.

Pour la herse du long-pan, on prend la longueur E J, qu'on porte de E' en J″ ; on mène, par chaque point, une parallèle à D F. On descend D en D', on joint D' J″, et on a la pointe de la barbe des empanons sur l'arêtier ; la gorge Q en Q', et menée parallèle en Q″, donne l'alignement de la barbe de dessous. On descend ensuite F en F', S en S″ ; on joint F' S″, et on a la noue. On met la largeur en dedans, comme on le voit sur l'épure, et les chevrons comme à l'ordinaire, en commençant par le premier E' J″. On fait paraître sur le lattis de la noue les lignes J″ S″, D' F', qu'on rembarre par le démaigrissement, et on a la coupe du pied et de la tête : les empanons sont coupés carrément suivant la face. On délarde la noue sur le vieux comble, comme toujours, en descendant R, rencontre de la gorge du chevron avec le vieux comble, en R' et menée en R″. Bien entendu que la ligne R' R″ qui paraît sous la noue est délardée en tendant à l'arête F' S″. Quant aux chevrons, on fait paraître sur le lattis le faîtage Jᵛ S″, la sablière D' F', l'arêtier D' J″ et l'alignement de dessous Q' Q″. Ceci étant fait, on fait quartier aux chevrons, on prend avec une fausse équerre la coupe du pied sur la fermette, qu'on porte sur la coupe du pied des chevrons ; de même pour la coupe à plomb du faîtage. Pour la barbe sur l'arêtier, on prend la sauterelle sur la fermette, celle dont l'angle est aigu, on la porte sur la ligne D' J″ parue sur le chevron, et la sauterelle dont l'angle est obtus sur la ligne Q' Q″.

Pour avoir les sauterelles qui sont figurées sur la fermette, il faut en faire, premièrement, les dévers de pas, en faisant un trait carré J″ K', qu'on descend en K, parallèle à G L', et en joignant D K, G K. Les dévers de pas étant faits, on n'a qu'à joindre la rencontre T du dévers et de la fermette en plan avec le sommet J', et on a la coupe de la barbe : la coupe du dessous est de niveau, attendu que le chevron en plan est parallèle au dessous de l'arêtier. Il est inutile de dire que l'on opère de même pour la herse de l'autre long-pan.

Paris. — Imprimerie de madame veuve Bouchard-Huzard, rue de l'Éperon, 5.

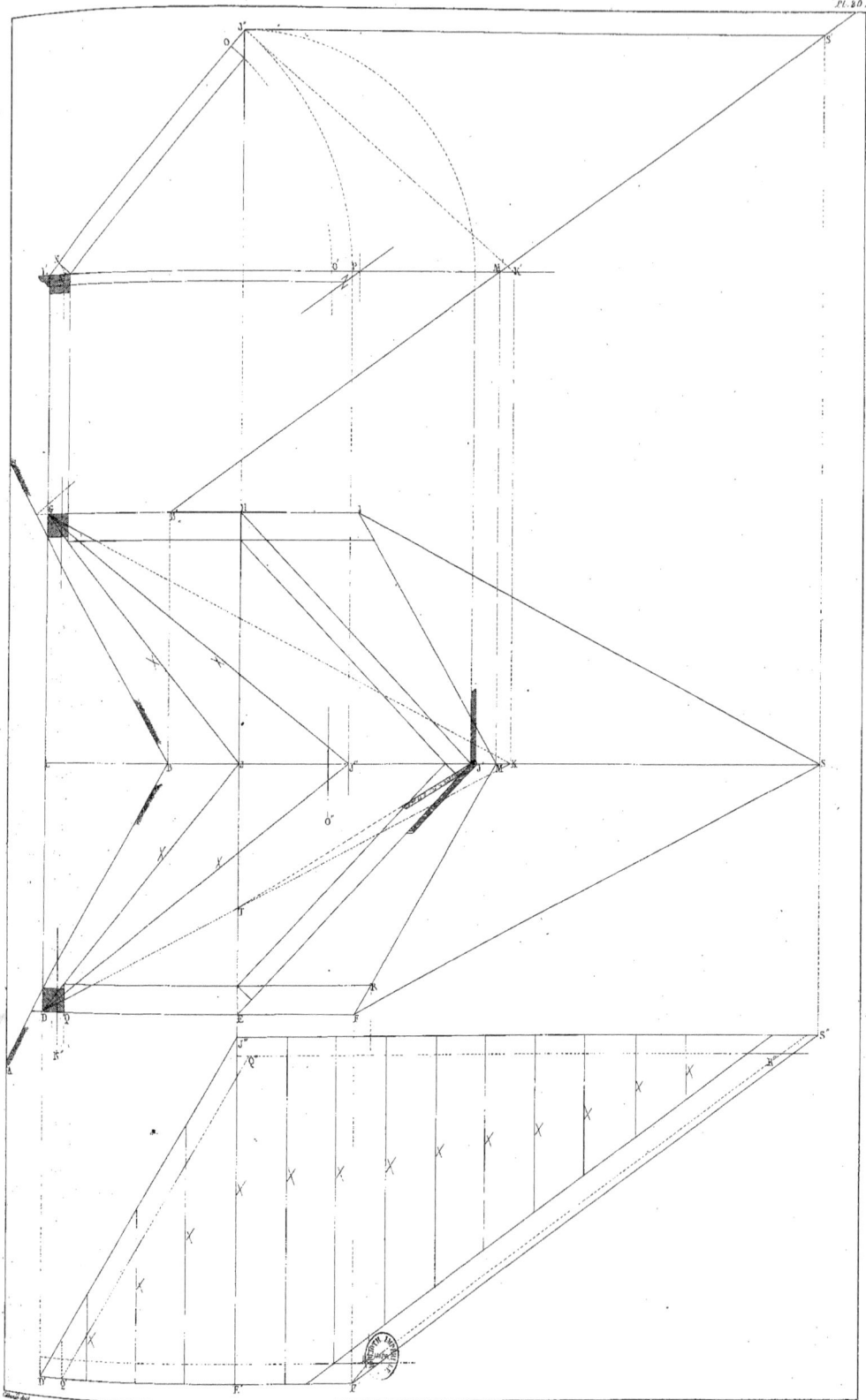

Imp. Bécus, Rue Madame des Arts, 35, Paris.

NOULET BIAIS.

On commence (planche 21e), sur un plan horizontal, de tracer la sablière A B du vieux comble; sur un plan vertical, on en fait l'élévation B S', prise carrément à sa sablière A B. Ensuite on trace la ligne du milieu de la lucarne C S, en lui donnant le biais du bâtiment. On mène les deux sablières B H, A F parallèles à la ligne de milieu C S. On met la première fermette E G en plan parallèle à A B (on la rapproche plus ou moins de A B, suivant le plus ou moins de rapidité qu'on veut donner à la croupe), puis les arêtiers A D, B D. Après, on fait un chevron carré I D' J aux sablières A F, B H et passant par le point D, sommet des deux arêtiers et de la fermette biaise. On remonte D, parallèle à A B, en D" de la même hauteur du chevron carré à partir du dessus de la sablière K' L'. On mène D"S' de niveau jusqu'à la rencontre S' du vieux comble. On joint K'D", et on a le chevron carré de la croupe. On descend L' en H, F parallèle à A B, de même que S' en S; on joint H S, F S, et on a les deux noues en plan par terre.

L'épure étant à peu près faite, on travaille les poteaux tels qu'ils sont figurés en A et en B, on met la ligne d'about des chevrons, figurée sur le dessus du chapeau, sur la ligne A B. Une fois sur ligne, on y met les sablières et on les pique dans le chapeau, en ayant soin que la ligne d'about des chevrons, tracée sur les sablières, tombe exactement sur A F, B H.

Si les chevrons de jouée faisaient lattis avec le vieux comble, on ferait paraître, avant de déranger les sablières, la ligne F H sur le dessus; on placerait sur cette ligne la fausse équerre H', et on aurait la coupe sur le vieux comble. On peut aussi piquer le chevron de jouée dans le poteau, en faisant l'élévation B B'H' : la ligne B H' est le chevron de jouée. On met l'arête du poteau B sur la ligne B B' et la face B H de niveau, attendu que le poteau est travaillé suivant le biais; la sablière sur la ligne B'H', sa retombée en contre-bas, la face de dessus à plomb, et le trait ramènerct T, paru sur la sablière en l'établissant en plan dans le chapeau, sur le trait ramèneret T'; le chevron de jouée sur la ligne B H', ligné avec la ligne B H, parue sur le niveau X, et déversé par un trait carré à B H.

Pour faire la herse de la croupe, on prend la longueur K'D" de la demi-fermette carrée, on la porte en K D"'; on joint A D"', C D"', B D"', on fait tourner le démaigrissement du pied, et la herse est faite. Comme les arêtiers font lattis en croupe, on les met de niveau et de dévers, la largeur en dedans, telle qu'elle est figurée. La coupe du pied s'obtient en rembarrant la ligne du lattis par celle du démaigrissement, et celle de la tête en les coupant carrément sur la ligne C D"'. Les chevrons doivent être mis parallèles à C D"', et pour trouver la coupe du pied on rembarre, comme pour les arêtiers, la ligne du lattis avec celle du démaigrissement; la coupe de la tête s'obtient en les coupant carrément, suivant la face des arêtiers.

Pour trouver la coupe de l'arêtier B D contre la demi-fermette G D, on prolonge le dévers de pas G G' de cette demi-fermette en G', lattis de l'arêtier; on joint G' D"'. Où ce même dévers de pas coupe la gorge de l'arêtier en Y, on mène, d'équerre à A G', Y en Y', démaigrissement; on mène Y' Y" parallèle à G' D"', on rembarre G'D", ligne parue sur le lattis de l'arêtier B D"', par Y' Y", ligne parue dessous, et on la coupe contre la demi-fermette G D. Pour l'autre arêtier A D, contre la demi-fermette E D, on rembarre D"' D"', ligne parue sur le lattis, par Z Z', ligne parue dessous : la ligne D"' D"' tend à la rencontre de N E, A B, et Z Z' à sa gorge, ramenée d'équerre à son démaigrissement.

Pour faire la herse du long-pan, on prolonge le chevron carré D I en I', on prend I D', on le porte de I' en D"'; on mène par chaque point une ligne parallèle à A F. On descend A A' parallèle à D I', on joint A'D"', et on a l'arête de l'arêtier; M M' parallèle à A A' et M'M" parallèle à A'D"' donnent l'alignement du dessous. Puis on descend E E', F F', S S" parallèles à I I', on joint E'D"', on a le chevron en herse (les autres chevrons doivent lui être parallèles). Puis on joint F'S"; et on a la noue. On prend le démaigrissement sur le chevron I D', on le porte en I'D"'; on rembarre une ligne par l'autre, et on a la coupe du pied et de la tête de la noue et des chevrons, toujours en tendant à l'épaisseur du chevron carré I D'. Le délardement sur le vieux comble s'obtient en descendant U en U' parallèle à I' I et en menant U' U" parallèle à F' S".

Pour couper le chevron E D noue, on fait, premièrement, le dévers de pas A V de l'arêtier comme précédemment; pour le dévers de pas de la fermette, on fait un trait carré D' N au sommet et on joint E N. Puis on élève une perpendiculaire D O au dévers de pas E N, on prend le reculement D O, on le porte en D O', on prend O'D', on le porte de O en D", on joint E D" (cette longueur doit égaler E' D"', pour que l'opération soit bonne). On joint la rencontre Q des deux dévers de pas avec D", et on a la barbe sur l'arêtier, P D" la coupe à plomb, la sauterelle E la coupe sur la sablière. Pour la coupe sous l'arêtier, on mène M en R parallèle à A D, R R' parallèle à O D". On prolonge la gorge du chevron M X jusqu'à la rencontre du dévers de pas E N, on joint cette rencontre ou point avec R', et on a la barbe sous l'arêtier. Cette sauterelle se place sur la ligne M'M", parue sur le lattis des chevrons, la sauterelle E sur la ligne A'F'; celle dont la petite lame suit D"P se place sur D" S", et celle qui suit D"Q se place sur A' D"'. On opère de même pour faire la herse de l'autre long-pan, comme on le voit sur l'épure.

Paris. — Imprimerie de madame veuve Bouchard-Huzard, rue de l'Éperon, 5.

21

Pl. 91.

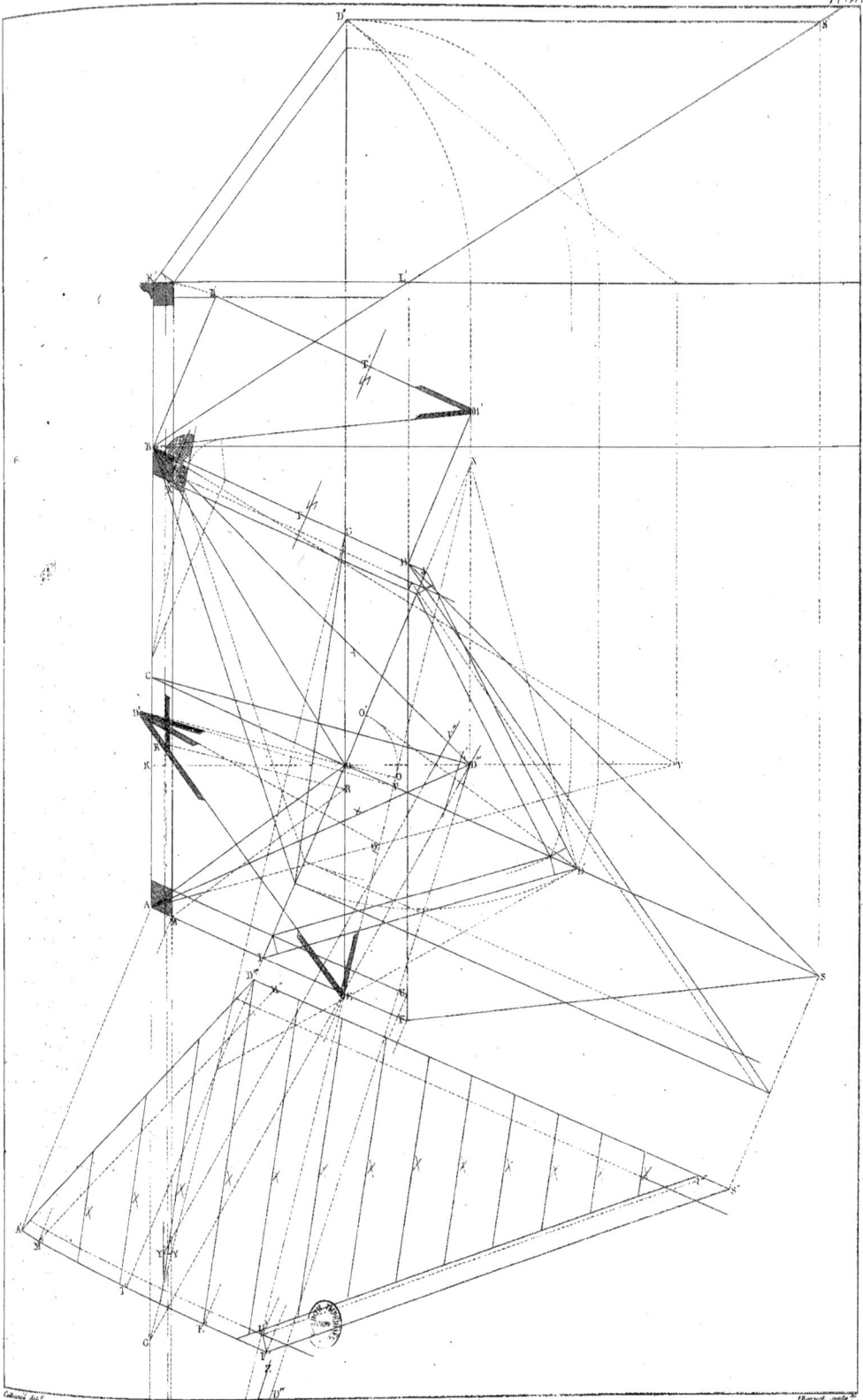

Imp. Bulla, Rue Poupée, 7, Paris.

NOULET-ÉVENTAIL.

On commence (planche 22ᵉ) de tracer sur un plan horizontal la sablière A B du vieux comble, ainsi que son élévation C' S' sur un plan vertical. Ensuite on trace la ligne-milieu C S de la lucarne et les deux sablières A E, B D à l'ouverture qu'on veut. Après, on figure sur un plan vertical la première fermette E F' D et les deux arêtiers A F, B F en plan par terre; on met sur le plan vertical du vieux comble la hauteur C' C'' du chapeau; on mène C'' G' de niveau; on descend G' en G, H parallèle à A B, et on a les pieds des noues en plan. Pour avoir la tête, il faut trouver la pente du faîtage de manière qu'il dégauchisse avec les sablières A E, B D. On y parvient en supposant une demi-fermette S I. On mène le point I, pied de la fermette, en I' parallèle au faîtage F S. Puis on mène I' en I'' parallèle à E F', rampant de la fermette. Donc la demi-fermette F I' I', placée verticalement sur S I, donne la pente du faîtage sur le point S, et la fermette D F' E, placée sur D E, donne la pente sur le point F. Puis on prend (après avoir remonté F F''', S S' parallèles à A C'' ou perpendiculaires à C S), on prend, dis-je, F F', on le porte en P F'', et F I'' en S'' S'. On joint F'' S', C'' F'', et on a la pente du faîtage et du chevron de croupe. On peut, pour vérification, supposer plusieurs fermettes et avoir plusieurs points d'alignement, ou prolonger les deux sablières A I, B J jusqu'à la rencontre du faîtage C S, remonter ce point parallèle à A C'' jusqu'à ce qu'il rencontre C'' G', et celui-ci devra être en ligne droite avec F'' S'. On peut aussi donner la pente du faîtage à volonté, et ouvrir les sablières en conséquence. Ceci étant fait, on établit en plan les sablières dans le chapeau, comme il a été démontré. Pour le chevron de jouée, on le pique dans le poteau, et la sablière, on la pique dans le chevron de jouée. On déverse celui-ci en faisant le niveau, comme il a été dit (planche 21ᵉ).

Pour faire la herse de croupe, on prend C' F'', qu'on porte de C en F'''; on joint A F''' B F''', on a la pointe de la barbe des empanons, attendu que les deux arêtiers font lattis dans le long-pan. On prolonge la gorge du chevron du long-pan jusqu'à la rencontre Q, R, lattis de la croupe. On mène Q Q' parallèle à B F''', et R Q' parallèle à A F''', et on a l'alignement du dessous des arêtiers, qui devra paraître sur le lattis des empanons. Après, on met les chevrons sur ligne, à un écartement convenable; on fait paraître sur le lattis ou dessus les lignes B F''', Q Q', A F''', R Q' et la sablière A B; on fait quartier un aux chevrons, on place sur chaque ligne la sauterelle qui lui correspond, prise sur le chevron de croupe C' F''. La coupe sous l'arêtier n'est pas de niveau, attendu que l'empanon en plan n'est pas parallèle à sa gorge; mais on saura qu'elle suit la pente du faîtage, et, pour s'en convaincre, on met à volonté un empanon T X en plan, on remonte X en X', U en U' parallèles à A C'', on joint U' X', on a la barbe sur le dévers de l'arêtier. On remonte Y, rencontre du chevron avec la gorge de l'arêtier, en Y' parallèle à A C''. On mène R V parallèle à A F, et V en V' parallèle à A C'', on joint Y' V', et on a la barbe sous l'arêtier, qui doit être parallèle au faîtage F'' S'.

Pour faire la herse du long-pan, on fait un chevron carré J S S''' au sommet S de la noue, en faisant S S''' égal à S'' S'; on mène F K' K parallèle à B J : la demi-ferme J K K' est le chevron carré passant par le point F et d'équerre à B D. Ensuite on mène F L et S J' perpendiculaires à B J, et B J' parallèle. On prend J K', on le porte en L F''', et J S''' en J' S'''; on descend B B', D D', H H', on joint B' F'''', on a l'arêtier, D' F'''' la première fermette, H' S'' la noue, et F'' S'' le faîtage. On espace les chevrons à droite et à gauche de D' F'''. On met le tout sur ligne de niveau et de dévers, on coupe les chevrons carrément sur la face de l'arêtier et de la noue, attendu que l'un et l'autre font lattis dans le long-pan. On fait paraître sur le lattis B' H', et le démaigrissement pris au point J et porté en J', on le fait paraître en dessous, on rembarre l'un par l'autre, en tendant à l'épaisseur du chevron carré J S''', on a la coupe du pied de l'arêtier, des chevrons et de la noue sur la sablière : de même pour la tête, en rembarrant le lattis par le démaigrissement; le délardement sur le vieux comble comme à l'ordinaire, en descendant Y, rencontre de la gorge du chevron et du vieux comble, en Y' parallèle à B B' et Y' Y'' parallèle à H' S''.

Pour couper la noue sur le trait, on en fait le dévers de pas en faisant un trait carré S''' M au rampant J S'; la rencontre M du plan horizontal, jointe avec H, donne le dévers. Ensuite on fait un trait carré S O au dévers H M, on prend S O en reculement, on le porte de S'' en O', on prend O' S'', on le porte de O en S'. On joint H S', on a la longueur de la noue, qui doit égaler H' S''; on joint aussi N S', on a la coupe à plomb de la noue H S contre l'autre noue G S. La sauterelle H donne la coupe sur la sablière; cette sauterelle se place sur la ligne B' H', parue sur le lattis de la noue, et la sauterelle S' se place sur la ligne F'' S'', parue sur le même lattis. On opérerait de même pour faire la herse de l'autre long-pan; et, si l'on voulait se servir de la fausse équerre pour couper les chevrons, on couperait un des chevrons sur le trait, en opérant de la même manière qu'il a été démontré (planche 21ᵉ).

Paris. — Imprimerie de madame veuve Bouchard Huzard, rue de l'Éperon, 5.

Pl. 22

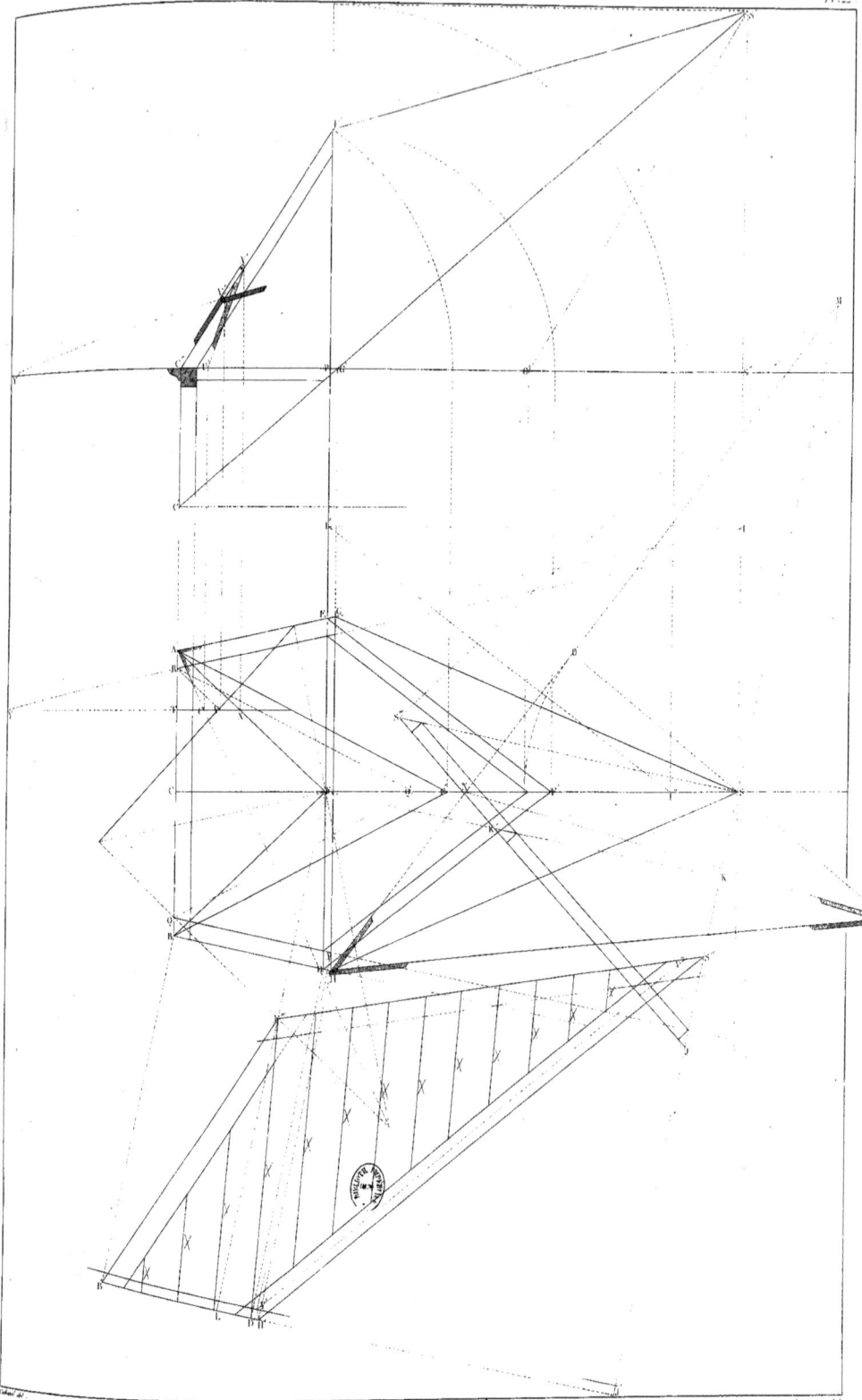

NOULET DONT LA FERME COUCHÉE EST DÉLARDÉE SUIVANT LA FERME DROITE.

On commence (planche 23e) de tracer, sur un plan horizontal, la sablière A B du vieux comble, ainsi que son élévation B S' sur un plan vertical, en ayant soin de figurer l'épaisseur du vieux comble comme on le voit dans l'épure. Ensuite on trace la ligne C S du milieu de noulet, ainsi que l'about de la ferme A et B et son élévation A C'B. On figure sur la ferme l'entrait, les aisseliers et les contre-fiches. On prend la hauteur C C' de la ferme, on la porte en B C''. Puis on prend C D, on le porte en B D, l'about des contre-fiches C E en B E', l'entrait C F en B F', G en G', et l'about des aisseliers C H en B H'. Après, on mène C'' S' parallèle à la ligne de terre B Z jusqu'à la rencontre S' du vieux comble; on descend S' en S parallèle à C C''; on joint A S, B S, et on a l'arête du lattis des noues, c'est-à-dire l'about des chevrons en plan par terre.

Pour faire l'épure de la ferme couchée du vieux comble, on mène D' D'' parallèle à B Z; puis on prend B S', on le porte en C S'', et. B D'' en C D'''; on joint A S'', B S'', on a l'about des chevrons ou arête du lattis de dehors des noues; puis on joint I D''', J D'', et on a la gorge des chevrons ou l'autre arête du lattis. Ensuite on mène un trait carré K K' à la gorge du chevron carré B S' du vieux comble, et du point B comme centre on fait tourner K' en K'', on mène K'' A' parallèle à A B, et A A', J J', I I' d'équerre; puis on mène A' A'', J' J'' parallèles à A S'', et K'' A', I' J' parallèles à B S'', et on a les deux arêtes des noues du dedans du vieux comble : les points A', J'' doivent correspondre avec le dedans du chevron carré B S', en les faisant tourner, du point B, comme on le voit sur l'épure. Pour les aisseliers et les contre-fiches, on opère comme pour les noues, attendu que l'un et l'autre ne forment qu'une ligne en menant H H'', about des aisseliers, et E E'', about des contre-fiches, parallèles à B Z; on fait tourner, du point B, comme centre, H'' en H''', E'' E'''; on mène ensuite H'' M' L' parallèle à A B, et L L', N N', O O', M M' d'équerre. Puis on mène également E''' T' P' parallèle à A B, et P P', Q Q', R R' T T' d'équerre; on joint M' Q', O' P', N' T', L' R', et on a les lignes du lattis des aisseliers et des contre-fiches dans la ferme couchée; de même pour les arêtes du dedans, comme on le voit figuré. Pour l'entrait, on mène F' F'', G' G'' parallèles à C'' S', et du point B comme centre on fait tourner G'' en G''', F'' en F'''; on mène G'' Y' X', F'' V' U'' parallèles à A B, et Y Y', V V', U U', X X' d'équerre. De même pour le dedans, et l'élévation de la ferme couchée est faite. D'ailleurs les lignes pleines sont les arêtes du lattis du vieux comble, et les lignes ponctuées sont celles du dedans.

Pour établir les noues ou arbalétriers de la ferme couchée, on commence de les débiter de l'épaisseur du vieux comble K K' sur un sens, et sur l'autre de la largeur D''' D'''. Ensuite on met la face d'une noue sur la ligne I D''', et la face de l'autre sur la ligne J D''' de niveau et de dévers; on délarde la ligne J D''', parue sur le lattis, par J' J', parue dessous, A S'', parue dessus, par A' A'', parue dessous; de même, pour l'autre noue I D''', par I' J' et B S'' par K'' A''. Ensuite on met le poinçon sur la ligne C A'' de niveau et de dévers. L'entrait, on le débite également de l'épaisseur de K K' du vieux comble sur un sens, et de la largeur Y' Y'' sur l'autre; on délarde la ligne U' V', parue dessus, par X' Y'', parue dessous, etc. Les aisseliers et les contre-fiches, on les débite aussi de l'épaisseur du vieux comble K K' sur un sens, et sur l'autre de la largeur O' O'', et on délarde les lignes pleines parues dessus par les lignes ponctuées parues dessous. Il est bien entendu que le bois doit être délardé avant de le mettre sur ligne, et, une fois sur ligne, les arêtes du lattis doivent tomber sur les lignes pleines, et celles du dessous sur les lignes ponctuées. Après, on pique et on rencontre comme à l'ordinaire; la coupe du pied des noues ou ferme couchée s'obtient en rembarrant A B, ligne parue dessus, par A' K'', ligne parue dessous, et, si toutefois on voulait piquer les pieds de la ferme couchée dans la sablière A B, la ligne B S' lignerait la sablière, et un trait carré à B S' la déverserait, le niveau étant placé sur B Z, si la plumée était dessus, ou sur B C'', si la plumée était à plomb.

Pour faire la herse des chevrons, on prolonge A C jusqu'en A'''; on prend la longueur du rampant A C' de la ferme, on la porte en A''' C'''; on mène C''' S''' parallèle à C S ou d'équerre à A''' C'''. On descend S en S''' parallèle à A C, on joint A''' S''', et la herse est faite. On espace les chevrons, on les met sur ligne, on fait paraître sur le lattis A''' S''' et C''' S'''. On fait quartier un aux chevrons, on prend la sauterelle sur le sommet de la ferme C', on la porte à la tête des chevrons en C', on a la coupe à plomb du milieu du faîtage. Le lattis de la noue étant parallèle aux empanons en plan, la coupe du pied se trouve de niveau. On prend donc la sauterelle A au pied de la ferme, on la porte sur la ligne A''' S''' parue sur le lattis des empanons en A'', et on a la coupe du pied sur le lattis de la noue.

Pour faire l'autre herse, on prend la longueur B C', on la porte en B C'', on mène C'' S'' parallèle à C S, on joint B S'', et la herse est faite. On espace les chevrons, on fait paraître sur son lattis B S'', C'', S'', on fait quartier un aux chevrons, on prend la coupe de niveau au pied de la ferme, ou la porte sur la ligne B S'' parue dessus, et la coupe à plomb du poinçon on la porte sur C'' S'', ligne également parue sur le lattis des chevrons.

Paris. — Imprimerie de madame veuve Bouchard Huzard, rue de l'Éperon, 5.

23

Pl. 23.

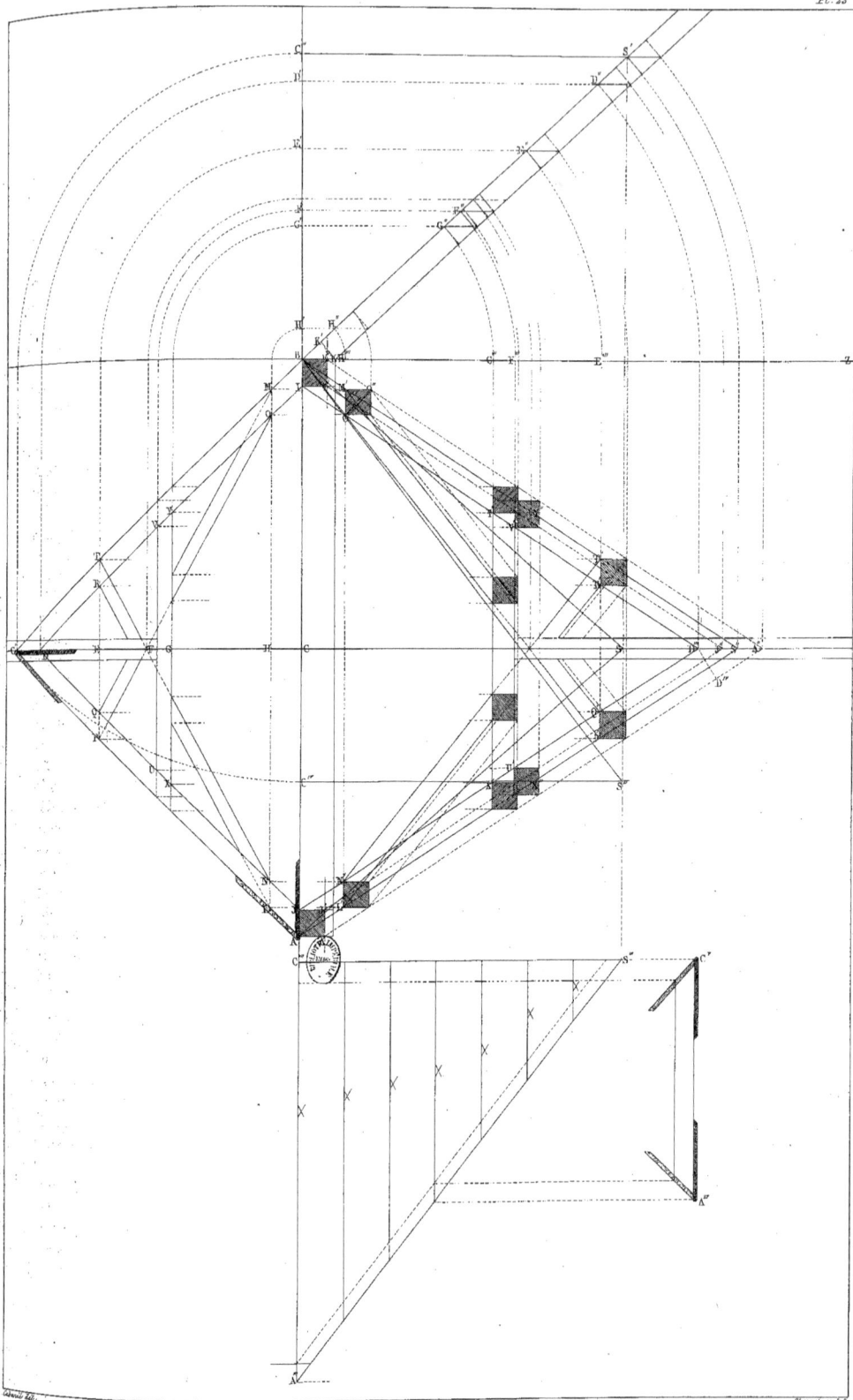

Imp. Lith. Rose Dauphin 7, Paris.

COMBLE DONT LES NOUES SONT A DÉVERS ET SUPPORTÉES PAR LES PANNES.

On commence (planche 24ᵉ) de tracer, sur un plan horizontal, la sablière A B C D et son faîtage E F G ; bien entendu que la sablière et le faîtage se prolongent autant qu'il est nécessaire. Ensuite on fait les deux retours d'équerre B H, C I et le faîtage J F. Le point F, rencontre des deux faîtages, est le sommet des deux noues. Les points B et C, rencontre des sablières, sont le pied des noues ; en joignant B F, C F on a les noues en plan par terre. Puis on espace les fermes et demi-fermes comme on le juge nécessaire. Après, on fait l'élévation de la demi-ferme B E E' ; on y figure l'épaisseur du chevron, la panne et son croisillon vus par bout. On fait aussi l'élévation de l'autre ferme H J' I, en ayant soin de mettre la même hauteur de la demi-ferme B E E'. Les deux élévations étant faites, on descend le croisillon des pannes en plan par terre. Pour que l'opération soit bien faite, il faut que les pannes se coupent sur les noues en un même point O et Q.

Comme les pannes portent les noues, il s'ensuit qu'il faut assembler les pannes l'une dans l'autre. Pour cela on prolonge les deux pannes K O, M Q en L et en N, rencontre du pan de bois du milieu du faîtage : ces deux pannes portent sur la ferme H I et sur le pan de bois E G. Puis on met le croisillon K' sur la ligne K L et le croisillon M' sur M N, lignées avec la ligne K' M' parue sur les niveaux et déversées par un trait carré à cette ligne. Ces deux pannes étant sur ligne, on met le croisillon Y, de la panne vue de bout sur la demi-ferme B E E', sur les lignes R O, P Q, après les avoir lignées avec la ligne V' Y, parue sur le niveau V' et déversées par un trait carré à cette ligne.

Une fois les pannes sur ligne, on fait un trait ramèneret sur chacune, attendu qu'elles doivent revenir sur ligne pour se traver avec les noues, si toutefois elles sont plus épaisses que le chevron : on les pique en y faisant bien attention ; on rencontre même avant de rien déranger, pour s'assurer qu'on a bien opéré.

Pour faire la herse du comble, ayant pour sablière A D, on prend la longueur B E' de la demi-ferme, on la fait tourner en E" ; on mène par ce point une ligne E" G' parallèle à A D, et on a la ligne-milieu du faîtage. On mène F en F' d'équerre au faîtage E G, et on a le sommet des noues ; on joint B F', C F', et on a, sur le lattis des noues, l'about des chevrons. On met la largeur de chaque côté de B F' qu'on veut, en ayant soin de mettre de ce côté-ci de B F' assez de largeur pour qu'on n'ait qu'une coupe de niveau aux chevrons. On fait tourner la panne en herse, ainsi que le démaigrissement du pied et de la tête, et la herse est terminée. On met les noues sur lignes de niveau et de dévers, coupées par démaigrissement au pied et à la tête, et travées sur la panne, si elles sont plus épaisses que le chevron. Dans la partie du comble A B F E" les chevrons sont coupés carrément sur la face de la noue B F' ; dans la partie C D G' F' on a voulu que les empanons eussent une barbe sur le dévers de pas. Pour trouver cette coupe on fait le dévers de pas de la noue en faisant un trait carré J' H' à I J', on mène H' H" parallèle à J F, on joint C H". On mène par le point S, rencontre du dévers avec le lattis, une ligne S S' parallèle à C F' ; ces deux lignes doivent paraître sur le lattis des empanons pour y placer les sauterelles comme on le voit sur le plan. Pour trouver la coupe, on suppose un chevron T X ; on prolonge le dévers de la noue en T, rencontre du chevron en plan ; on remonte T en T', ligne de niveau de la demi-ferme. On mène S V parallèle à C F' ; on remonte V en V', lattis du chevron, on joint T' V', et on a la barbe. Comme les chevrons en plan sont parallèles au lattis I C de la noue, il s'ensuit que la coupe sur le lattis est de niveau. On remonte U en U', on mène par le point U' une ligne de niveau, et on a la coupe sur le lattis. On fait quartier aux chevrons ; la sauterelle U' est portée en U", V' en V" et E' en E".

Pour la partie C I J F on fait tourner J' en J", on mène J" F" parallèle à J F, on joint C F", on mène sa face parallèle, et on coupe les chevrons carrément sur cette face. Pour la coupe du pied et de la tête de la noue on rembarre, comme à l'ordinaire, le lattis par le démaigrissement. Pour la partie B H J F on fait tourner J' en J'", on mène J'" en F'" parallèle à J F, on joint B F'". On fait tourner la panne, on espace les chevrons, on fait paraître sur le lattis B F'". Comme l'arête du lattis de la noue arrive à la gorge du chevron, il n'y a pas de barbe sur les dévers ; les empanons sont coupés de niveau sur le lattis de la noue. On fait quartier aux chevrons ; on prend la sauterelle J' placée sur le rampant I J', qu'on porte sur la ligne J'" F'" parue sur le lattis des empanons ; la sauterelle O' on la porte sur la ligne B F'" également parue sur les empanons, et le comble est établi.

Paris. — Imprimerie de madame veuve Bouchard Huzard, rue de l'Éperon, 5.

Pl. 24.

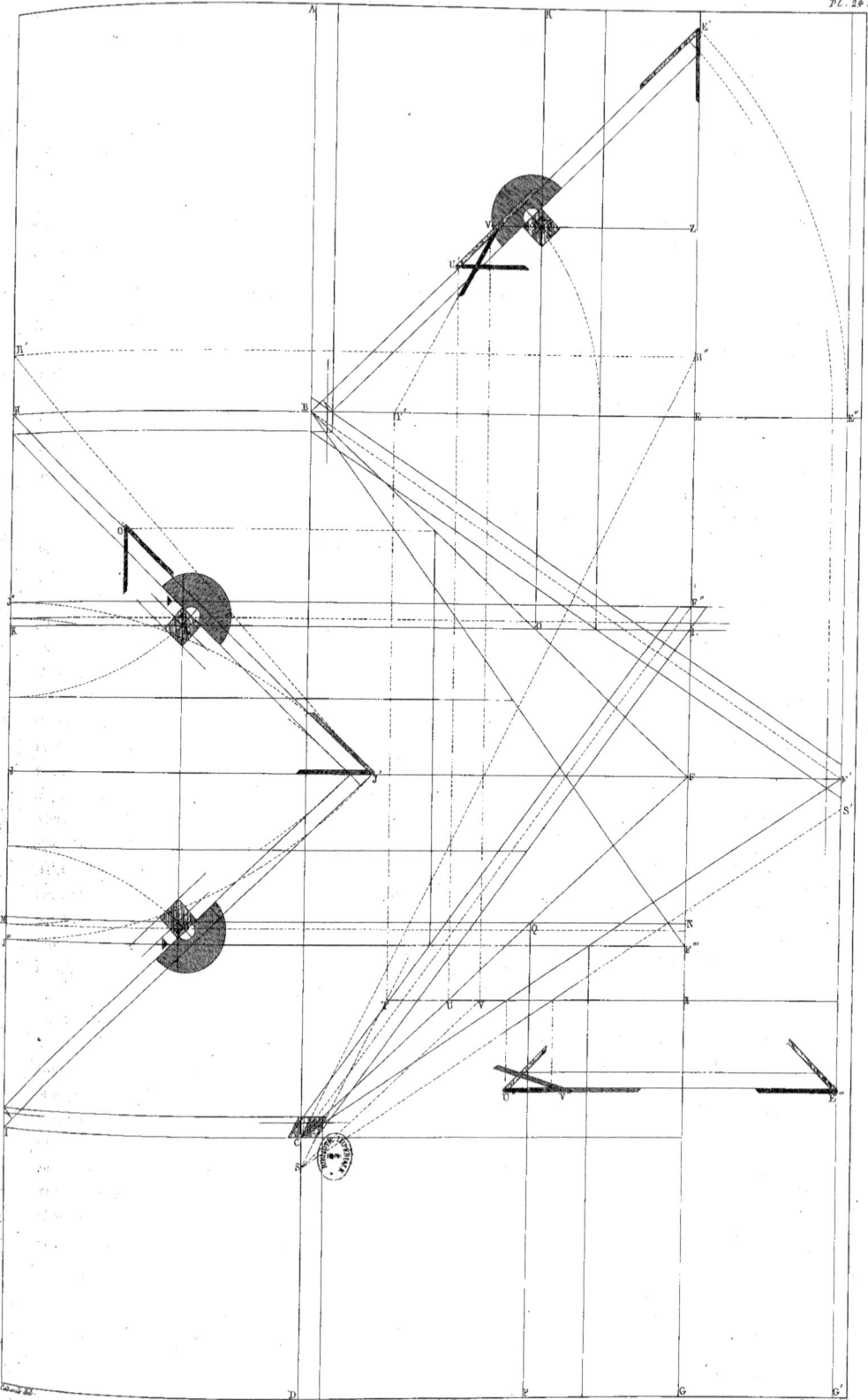

DEUXIÈME PARTIE.

PAVILLON CARRÉ A DÉVERS ÉTABLI AVEC LES NIVEAUX.

On commence (planche 25e) de tracer, sur un plan horizontal, l'about du chevron en plan par terre, ainsi que la ligne d'assemblage A B C D E. Dans l'élévation de la ferme A S′ E, on figure les pannes vues de bout, l'entrait, les aisseliers et les contre-fiches. Sur le chevron de croupe C S S″, on en fait de même. On descend en plan par terre le croisillon des pannes, ainsi que la ligne d'assemblage I J K L des aisseliers et des contre-fiches. Ensuite, sur l'élévation B S S‴ de l'arêtier, on y figure aussi l'entrait, l'aisselier, la contre-fiche et un trait ramèneret. De même pour l'autre arêtier, comme on le voit sur l'épure.

Les élévations étant faites, on met les arbalétriers de la ferme sur ligne, de niveau et de dévers; on y met aussi l'entrait, le poinçon, les aisseliers et les contre-fiches. On fait paraître sur chaque arbalétrier une plumée, un trait ramèneret et la ligne d'assemblage E S′, A S′.

Pour la croupe, on met le poinçon de la ferme sur ligne, après y avoir fait quartier un, et sa plumée, qui était dessus dans la ferme, regardant l'assemblage; l'arbalétrier de niveau et de dévers, ainsi que l'entrait, l'aisselier et la contre-fiche. On fait paraître sur l'arbalétrier la ligne d'assemblage C S″ des pannes, un trait ramèneret et une plumée.

Pour l'arêtier, on en fait le niveau comme à l'ordinaire; seulement, comme l'arêtier est à dévers et fait lattis dans le long-pan A B, il faut le figurer vu de bout. Pour cela, on tourne M en M′, on joint M′ N, O M′. Le plan O M′ N, rabattu en plan, coupe l'arêtier carrément; la ligne M′ N est le lattis de l'arêtier : donc, en menant par l'angle M′ un trait carré à M′ N, on a l'angle de l'arêtier vu de bout. La ligne B S en plan ligne l'arêtier pour l'assembler dans le poinçon, dans le coyer, aisselier, entrait et contre-fiche, et la ligne G H le ligne pour l'assembler dans la panne et les croix Saint-André de la croupe. On prend l'arêtier, on lui fait paraître une ligne d'assemblage parallèle au lattis de l'affleurement T T′. On prend U U′, distance du croisillon à la face M′ M″, qu'on porte de chaque bout d'arêtier sur la ligne d'assemblage, à partir de la face M′ M″, et on a le croisillon qui devra tomber sur la ligne B S‴.

Le croisillon trouvé, on prend le niveau B; la ligne B S, à plomb et regardant la tête, ligne; un trait carré à B S l'établit : le croisillon paru de chaque bout de l'arêtier (l'arêtier étant déversé) doit tomber sur B S‴, et l'arête M′ sur la ligne du lattis. Puis on y fait paraître un trait ramèneret, et l'arêtier est sur ligne. Après, on met le poinçon, ligné et déversé comme il a été dit; le coyer et l'entrait de niveau et de dévers; l'aisselier, on le ligne et on le déverse, comme l'arêtier, avec le niveau J placé au pied de l'aisselier; la contre-fiche, de même que l'arêtier, avec le niveau V qui se trouve au pied. Le bois étant sur ligne, on le pique; mais, comme le bois est à tout dévers, il faut y apporter beaucoup de soin et rencontrer même avant de rien déranger. On opère de même pour l'autre arêtier.

Pour faire la herse de croupe, on trace une ligne B′ C D′; on fait au point C′ un trait carré C′ S′″, on prend la longueur C S″, qu'on porte de C′ en SIV; on prend C B, qu'on porte de C′ en B′, C D en C′ D′; on joint B′ S‴, D′ S‴. On prend le croisillon de la panne C F, qu'on porte de C′ en F′; on mène par ce point la panne parallèle à B′ D′ et à la rencontre des arêtiers, on trace un trait ramèneret : les croix se mettent à volonté. La herse étant faite, on met le croisillon de B S‴ sur B′ SIV; le trait ramèneret X sur X′, ligné avec la ligne G H parue sur le niveau B, et déversé par un trait carré H Y à cette ligne. Pour l'autre arêtier, on met son croisillon sur la ligne D′ S‴ de niveau et de dévers, vu qu'il fait lattis dans la croupe, après lui avoir fait paraître une ligne d'assemblage parallèle au lattis de l'affleurement F F‴, et en faisant le niveau comme il vient d'être dit et tel qu'on le voit sur l'épure. Après, on met la panne sur ligne, lignée à l'affleurement F F″ de la panne de croupe, de niveau et de dévers. Les croix, on les met de niveau et de dévers, et on les fait affleurer avec le lattis du chevron ou avec le lattis de la panne.

Pour la herse du long-pan de droite, on prend E S′, qu'on porte de E′ en P, E D en E′ D″; on joint D″ P. On prend le croisillon de la panne E Q, qu'on porte en E′ Q′ et mené parallèle à E′ D″. Les croix au même about des arêtiers de croupe. L'arêtier ligné et déversé comme il vient d'être dit, on met son croisillon sur D″ P, le trait ramèneret sur le trait ramèneret. La panne, on la ligne à l'affleurement Q Q″ figuré sur l'arbalétrier E S′, mais de niveau et de dévers, aussi bien que les croix.

Pour la herse du long-pan de gauche, on prend A S′, qu'on porte en A′ R et A B en A′ B″; on joint B″ R; puis la panne A T, qu'on porte de A′ en T, et menée parallèle à A′ B″, et le trait ramèneret à la rencontre de l'arêtier et de la panne. Ensuite on met l'arêtier de niveau et de dévers, attendu que celui-ci fait lattis dans le long-pan. La panne de niveau et de dévers et à l'affleurement T T″ de la panne vue de bout, et les croix au même about de l'arêtier de croupe de niveau et de dévers.

Pour les empanons, quand les croix et la panne seront mises dedans, on les espacera dessus et on les piquera, soit dans les arêtiers, soit dans les croix, pour plus de précision. Toutefois on peut faire la herse et en chercher les coupes, comme il va être démontré dans la planche suivante.

FJ. Bahier

Paris.— Imprimerie de madame veuve Bouchard-Huzard, rue de l'Éperon, 5.

25

Pl. 25.

Imp.r Bulla, Rue Pongier, 7, Paris.

PAVILLON CARRÉ A DÉVERS A LA FAUSSE ÉQUERRE.

On commence (planche 26e) de tracer sur le plan horizontal la sablière A B C D E ; sur un plan vertical, l'élévation de la ferme A S′ E, le chevron de croupe C S″ S et les arêtiers B S, D S en plan. On descend, en plan par terre, l'arête de la panne I′ de la croupe et du long-pan H′. On figure en plan par terre la largeur des arêtiers et des croix pour savoir de quel côté ils font lattis. On fait le dévers de pas de l'arêtier qui fait lattis dans le long-pan, en faisant un trait carré F′ F″ d'équerre à la ferme, en descendant F″ en F‴, rencontre de F F‴, d'équerre à D E, et en joignant D F‴. Celui qui fait lattis dans la croupe, en faisant un trait carré S″ G à la croupe, et en joignant G B. Pour l'alignement des pannes en plan, on fait un trait carré H′ H à la ferme ; on mène H H″ parallèle à la panne en plan ; on a l'alignement. Pour la panne de croupe, on élève une perpendiculaire I′ I à C S″, on mène I I″, et on a le dévers de pas de la panne de croupe. Pour le dévers de pas des croix, on remonte le croisillon J parallèle à B D en J′ ; par le point J′ on élève un trait carré J′ J″ à C S″, on joint J″ K, J″ L, et on a les dévers de pas des croix.

Pour faire la herse de croupe, on tire une ligne B′ C′ D′, on fait au point C′ un trait carré C′ S‴ ; on prend la longueur C S″ de la croupe, qu'on porte en C′ S‴, C B en C′ B′, C D en C′ D′ ; on joint B′ S‴, D′ S‴. On figure la largeur de l'arêtier en la prenant sur la ligne B D et en la portant sur la ligne B′ D′. De même de la gorge M, qu'on porte en M′, et menée parallèle en M″. On prend la panne C I, qu'on porte en C′ I‴, parallèle à B′ D′, ainsi que sa largeur. Les croix, pour plus de précision, elles sont prises sur une ligne de niveau en plan, et rapportées sur la même ligne de niveau en herse, telles que K en K′, L en L′, etc.

La herse étant faite, on met l'arêtier, la panne, les croix et les empanons sur ligne de niveau et de dévers ; on coupe carrément sur la face de l'arêtier B′ S‴, la panne, les croix et les empanons, attendu que l'arêtier fait lattis dans la croupe. On fait paraître sur le lattis de l'arêtier, de la panne, des croix et des empanons D′ S‴, M′ M″ et B′ D′ : c'est sur ces lignes qu'on place la fausse équerre, après en avoir pris l'angle sur chaque assemblage coupé sur le trait. La panne du long-pan H′ s'assemble dans l'arêtier B′ S‴ ; il faut donc tracer, à la face de dessous, la rampe de la mortaise. Pour cela, on prend le démaigrissement C N, qu'on porte en C′ N′, qu'on mène parallèle à B′ D′. On prend N″ H″, qu'on porte de N′ en H‴. Ensuite on prolonge O O′ de niveau, jusqu'à la rencontre de H H′ prolongée. On prend sur la croupe C O″, qu'on porte en C′ O‴ ; on mène par ce point une ligne parallèle à B′ D′. On prend O O′, qu'on porte en O‴ O′ᵛ. On joint H″ O′ᵛ, et la rampe est tracée. On cherche un troisième point sur l'arêtier, qui doit se trouver en ligne droite pour que l'opération soit bonne.

Pour la herse du long-pan A B S, on prend A S′, qu'on porte de A′ en S′ᵛ, A B en A′ B″, ainsi que la gorge ; on joint B″ S′ᵛ et la gorge parallèle (la panne comme toujours), on prend la panne et les empanons, on fait paraître sur le lattis B″ S′ᵛ l'alignement de dessous de l'arêtier et la sablière A′ B″.

Pour l'autre long-pan, on prend E S′, qu'on porte de E′ en S′ , E D en E′ D″ ; on joint D″ S′ᵛ. On figure la face de l'arêtier, la panne, la face du poinçon. On met l'arêtier, la panne et les empanons sur ligne ; on fait paraître E′ D″ sur le lattis de l'arêtier et des empanons. La panne et les empanons coupés carrément sur la face de l'arêtier. On prend ensuite au pied de la ferme E S′ le démaigrissement E P′, qu'on porte en E′ P″ ; on mène P″ parallèle à E′ D″. On prend de même E Q′, qu'on porte en E′ Q″, qu'on mène parallèle à E′ D″. Une fois qu'on a en herse la gorge de l'arêtier sur le plan horizontal et la même gorge sur un autre plan horizontal passant par le sommet du comble (on met ce plan à une hauteur quelconque), on fait paraître sur ce nouveau plan les dévers de pas, dont la rencontre avec la gorge est Q‴, Q′ᵛ, Q′ , et celle du plan horizontal P‴, I′, P′ᵛ. On prend P P″, qu'on porte de P″ en P′ ; Q′ᵛ Q‴, qu'on porte de Q″ en Q′ᵛ . On joint P′ Q′ᵛ ; on a la rampe de la mortaise du pied de la croix. On prend P I′, qu'on porte en P″ I′ᵛ ; Q″ Q′ en Q″ Q′ᵛ‴ ; on joint I′ᵛ Q′ᵛ‴, on a la rampe de la mortaise de la panne. On prend Q′ᵛ Q′ᵛ, qu'on porte de Q″ en Q′ˣ ; P P′ᵛ, qu'on porte de P″ sur la même ligne. On joint ce point avec Q′ˣ, on a la rampe de la mortaise de la tête de la croix ; on a un troisième point d'alignement pour chaque rampe.

Pour couper les arêtiers sur le trait, on opère comme il a été démontré (planche 17e), en ajoutant la rampe des barbes, comme on le voit dans l'arêtier D T T coupé sur le trait, ainsi que dans l'autre B R′ R et en ayant trois points d'alignement.

Pour couper les pannes sur le trait, on opère comme il a été dit (planche 5e) ; seulement, au lieu de tendre pour les coupes à la rencontre des faces de l'arêtier en plan, on tend à la rencontre des dévers. D'ailleurs les pannes sont coupées ; on peut voir de la manière qu'on a opéré.

Pour couper la croix K U sur le trait, on fait un trait carré P V au dévers de pas, on prend P V en reculement en s'ouvrant au sommet du comble, on porte cette longueur de V′ en U′, on mène par ces deux points deux traits carrés ; on prend V K, qu'on porte de V′ en K′ ; on joint K′ U′, puis V Y en V′ Y′, et P Q′ᵛ, prolongé jusqu'à la rencontre du dévers de pas de l'arêtier fait sur le même plan, en U′ U″. On joint Y′ U″ ; on a la coupe du pied sur l'arêtier. Ensuite on prend V Z, qu'on porte en V′ Z′, et P U″ en U′ U′ᵛ ; on joint Z′ U′ᵛ ; on a la barbe sur le dévers. Après V P′ᵛ qu'on porte en V′ P′ᵛ , et P Q′ᵛ en U′ Q′ˣ , on joint P′ᵛ Q′ˣ, et on a la barbe sous l'arêtier ; on a un troisième point d'alignement à la rencontre des croix avec les arêtiers. On opère de même pour l'autre croix L X, coupée sur le trait.

Paris. — Imprimerie de madame veuve Bouchard-Huzard, rue de l'Éperon, 5.

26

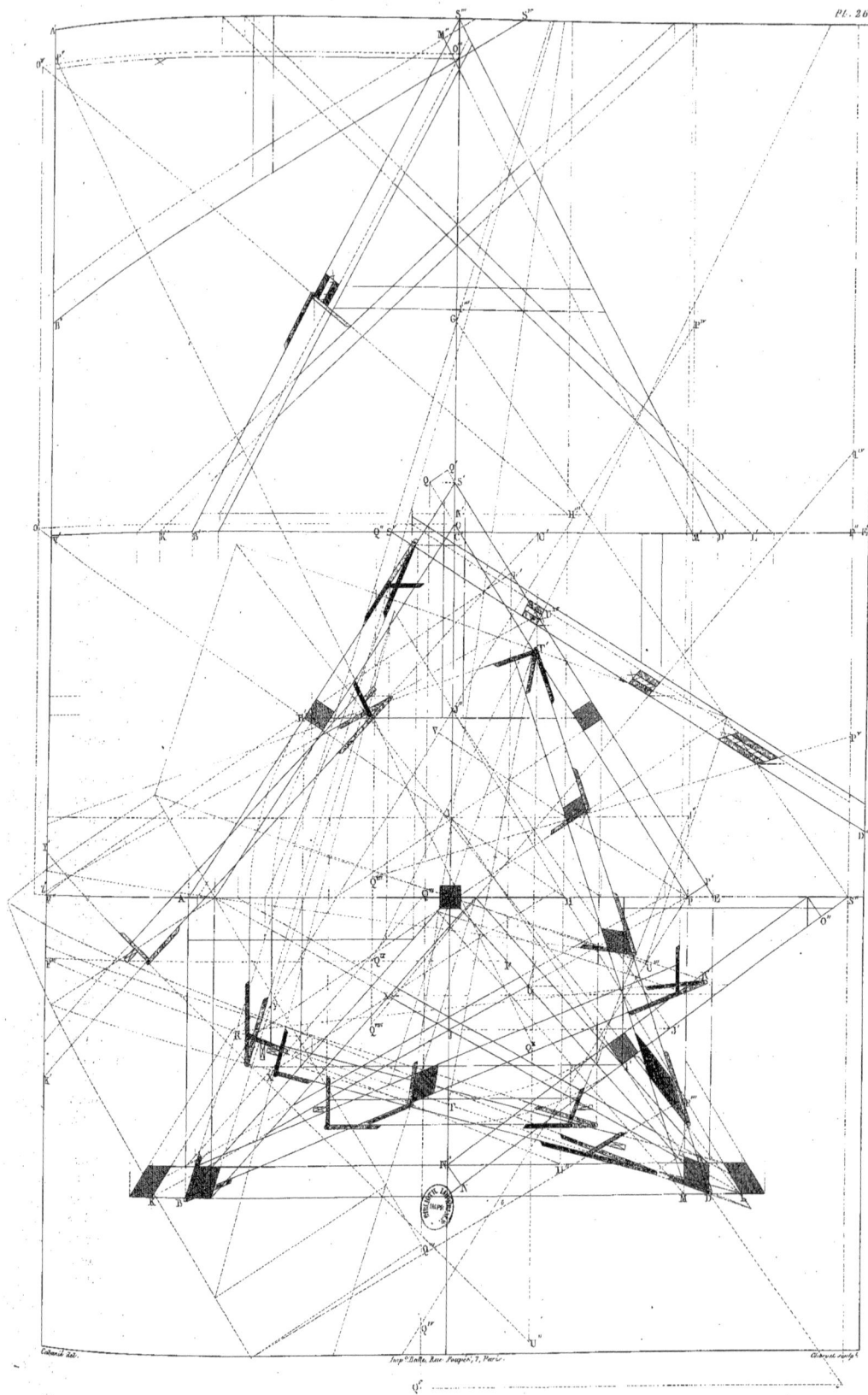

Pl. 26.

ColardeL del.   Imp.ᵉ Bulla, Rue Pavée, 7, Paris.   Gérard sculp.ᵗ

COMBLE A TOUT DÉVERS ÉTABLI AVEC LES NIVEAUX.

On commence, premièrement (planche 27ᵉ), de tracer sur un plan horizontal la forme du bâtiment A B C D E, les arêtiers A C, B D, ainsi que les fermes E F, H G. Ensuite, sur chaque face du comble, on fait un chevron d'emprunt d'équerre à la sablière et passant par le centre du poinçon S. Après, on fait les élévations des fermes, des arêtiers, etc., comme on le voit ci-dessus.

Pour faire le chevron d'emprunt de la partie du comble A D S, on mène du centre S une ligne S I d'équerre à A D. Du même centre S, on mène une ligne S S′ perpendiculaire à S I ou parallèle à A D; on met la hauteur donnée S S′, et l'on joint S′ I, lattis du comble. On figure l'épaisseur du chevron et une ligne d'assemblage J K passant par l'intérieur de la panne L. A la rencontre J de la ligne de terre, on mène une ligne P Q, et on a la ligne d'assemblage en plan. On figure la panne vue de bout; on en descend le croisillon L, en plan par terre, parallèle à la sablière A D; on mène l'entrait M L parallèle à la ligne de terre S I, et le chevron d'emprunt est tracé : on n'a pas mis les aisseliers ni les contre-fiches, pour éviter la confusion des lignes; mais, si l'on voulait en mettre, on opérerait comme il a été dit (planche 25ᵉ). On opère de même pour le chevron d'emprunt S N K′ de la partie du comble C D S et des deux autres parties A B S, B C S.

Pour établir la ferme E F, on commence d'en faire l'élévation en élevant, par le centre S du poinçon, une ligne S S″ perpendiculaire à E F, on prend la hauteur S S′, on la porte en S S″; la ligne d'assemblage K, on la porte en K″; la hauteur de l'entrait M en M′, et menée parallèle à E F. A la rencontre de l'entrait et des lignes du croisillon T K″, R K″, on fait un trait ramèneret, qu'on n'oubliera pas de faire paraître sur chaque arbalétrier, pour que plus tard ils servent pour établir les arbalétriers avec les pannes.

L'élévation de la ferme étant faite, on met le poinçon sur ligne, après l'avoir ligné avec la ligne E F parue sur le niveau S, et déversé par un trait carré à cette ligne. Pour les arbalétriers, on sait que l'arbalétrier E S″ fait lattis à la sablière A D, et l'arbalétrier F S″ à la sablière B C, c'est-à-dire qu'ils sont à dévers; par conséquent, ils doivent être déversés avec le poinçon. Il faut donc en faire les niveaux, comme on les voit au pied E de l'arbalétrier E S″ et au pied F de l'arbalétrier F S″. Ensuite on prend les arbalétriers, et on les ligne, à partir du lattis, au même affleurement qu'il y a du lattis du chevron d'emprunt à la ligne d'assemblage. Après, on prend le niveau R, on le place sur le lattis de l'arbalétrier E S″; la ligne E F, parue sur le niveau, ligne; un trait carré à cette ligne l'établit : on fait en sorte que la ligne d'assemblage passe par le milieu de l'arbalétrier; sa rencontre avec la ligne d'assemblage des pannes donne le croisillon qu'on met sur la ligne R K″. Le niveau F, on le met sur le lattis de l'autre arbalétrier F S″; la ligne F E, parue sur le niveau à plomb et regardant la tête du poinçon, ligne; un trait carré à F E l'établit ou déverse : la rencontre de cette ligne avec la ligne d'assemblage des pannes devra tomber sur T K″. Après, on met l'entrait; on fait paraître sur chaque arbalétrier le trait ramèneret et une plumée.

Pour l'arêtier A C, on fait, comme pour la ferme, un trait carré à l'arêtier en plan et passant par le centre du poinçon S; on met sur ce trait carré ou perpendiculaire la hauteur du couronnement, la ligne du croisillon, de l'entrait, et un trait ramèneret. On ligne le poinçon comme pour la ferme; seulement l'arêtier A C ligne; un trait carré à A C l'établit. On fait les deux niveaux des arêtiers en A et en C, comme il a été dit; la ligne A C, parue sur les niveaux, ligne, pour les assembler dans le poinçon; un trait carré les établit : il ne faut pas oublier que du côté que l'arêtier fait lattis il doit toujours être ligné au même affleurement que le chevron d'emprunt; la rencontre de cette ligne avec la ligne d'assemblage, pour l'assembler dans le poinçon, est le croisillon qui sert pour mettre sur ligne en herse.

Pour faire la herse de la partie du comble A D S, on prend la longueur J K, qu'on porte en J K‴; on joint Q K‴, qui est le croisillon de l'arêtier Q K¹ᵛ; on joint R K‴, on a le croisillon de l'arbalétrier R K″, puis au joint P K‴ on a celui de l'autre arêtier P K′; on fait tourner J L, croisillon de la panne, en J L′, qu'on mène parallèle à P Q; à la rencontre des arêtiers et de l'arbalétrier, on trace un trait ramèneret, et la herse est faite. Le croisillon P K′ se met sur P K‴ sans être déversé, attendu qu'il fait lattis à la sablière A D; le croisillon de l'arbalétrier R K″ se met sur la ligne R K‴ de niveau et de dévers, et le croisillon Q K¹ᵛ de l'autre arêtier se met sur la ligne Q K‴ ligné avec la ligne U Q′ parue sur le niveau A, et déversé par un trait carré à cette ligne; on met aussi le trait ramèneret sur le trait ramèneret. On met la panne de niveau et de dévers, et lignée comme elle est figurée au point L. Pour faire la herse P Y K″, on a fait tourner N K′ en N K″, et on a joint P K⁵ᵛ, X K⁵ᵛ, Y K⁵ᵛ. Puis la panne N O, on la fait tourner en N O′, et on la mène parallèle à C D. On met le bois sur ligne comme il vient d'être dit, et les deux autres herses Y Z K‴, A B K‴ se font comme on le voit sur l'épure.

Paris.— Imprimerie de madame veuve Bouchard-Huzard, rue de l'Éperon, 5.

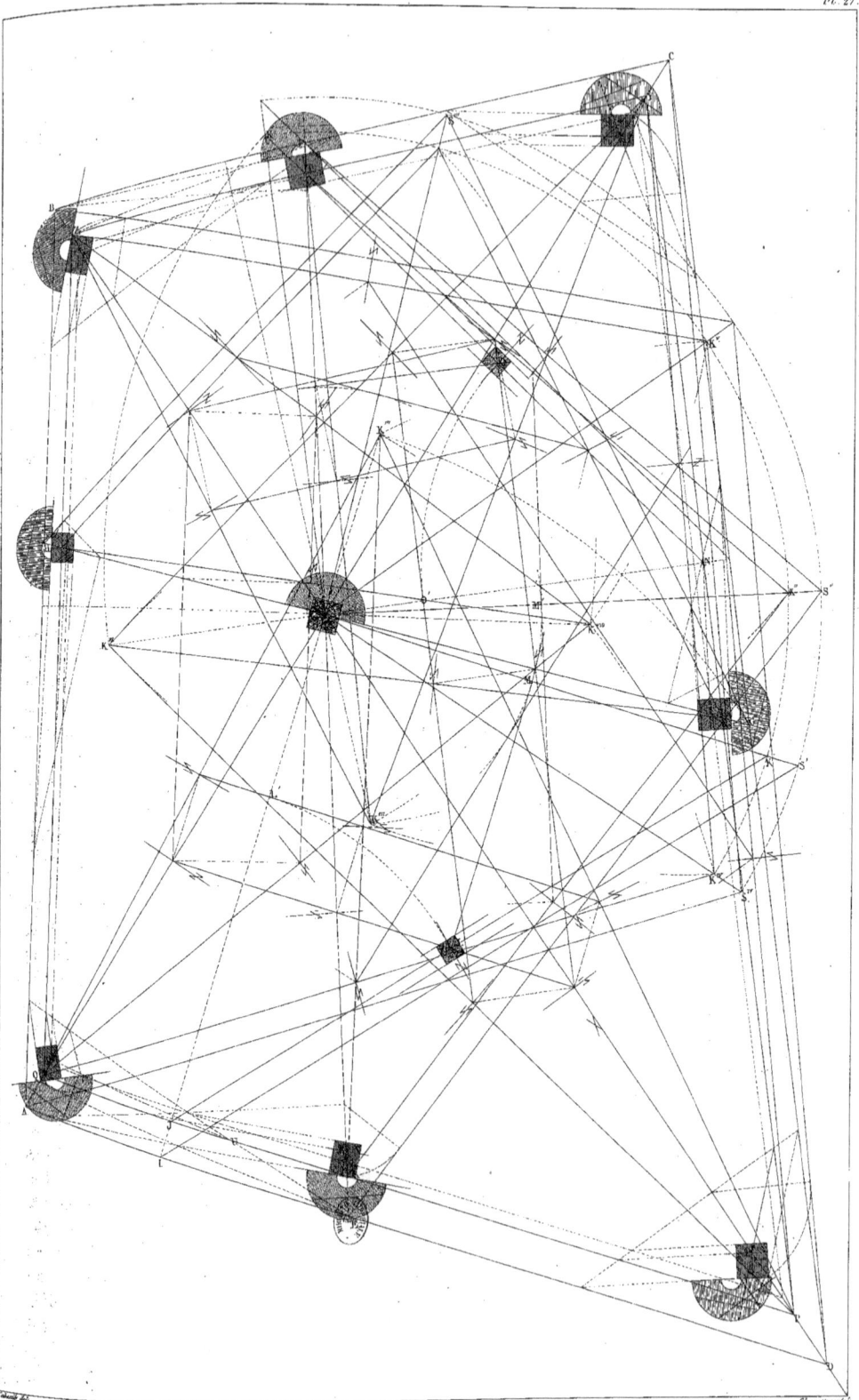

Pl. 27.

ARÊTIER POSITIF DONT L'AISSELIER EST COUPÉ SUR LE TRAIT.

On commence de tracer, sur un plan horizontal (planche 28°), l'angle du bâtiment A B C S; on joint l'arêtier B S et les deux demi-fermes A S, C S. Ensuite on mène par le point S une ligne S D d'équerre à A B; par le même point S, une ligne S S' perpendiculaire à S D. Maintenant il s'agit de déterminer la hauteur du comble S S', de manière que l'arêtier (qui est d'équerre) fasse lattis avec les deux sablières A B, B C. Pour cela, on mène du point C (en sachant que S C est parallèle à A B) une ligne C C', parallèle à S D, jusqu'à la rencontre de l'arêtier B S. De la rencontre C', on mène une ligne C' C'', indéfinie, parallèle à A B. On divise D S en deux parties égales, en E; on se met au point E, comme centre; on décrit le demi-cercle D C'' S. Le point C'', rencontre de C' C'' et du demi-cercle, est la hauteur de l'arêtier au point C, perpendiculaire au plan par terre. La ligne droite passant par D et C'', prolongée en S', donne la hauteur de l'arêtier au point S'.

La hauteur S' étant déterminée, on figure, sur cette demi-ferme auxiliaire carrée, la retombée de l'arbalétrier, de l'entrait et de l'aisselier, en ayant soin de prolonger celui-ci jusqu'à la ligne de terre. On mène par le point F une ligne F G, parallèle à A B, et la sablière des aisseliers est déterminée.

Pour le dévers de pas de l'arêtier et de la ferme, on opère comme il a été dit, et, pour prouver que la hauteur de l'arêtier est bien déterminée, c'est que le dévers de pas suit juste la sablière. Quant au dévers de pas des aisseliers, on opère comme il suit : on abaisse du sommet H' de l'aisselier une perpendiculaire H' H à F H', on prolonge S B en G, S A en I; on joint I H, G H, et les dévers de pas sont déterminés.

Pour tracer l'arbalétrier et l'arêtier A S, B S, on se met au point D, comme centre; on fait tourner S' en S''; en joignant A S'', on a la ligne-milieu de l'arbalétrier, et, en joignant B S'', la ligne d'arête de l'arêtier. On prend au point D (pied de la demi-ferme carrée) le démaigrissement, qu'on porte en A et en B; en rembarrant une ligne par l'autre, on a la coupe du pied de la demi-ferme et de l'arêtier. Pour la coupe de la tête, la face du poinçon étant remontée sur la ferme et tournée en herse, on rembarre de même l'une par l'autre, et on a la coupe à plomb de l'arêtier et de l'arbalétrier sur la face du poinçon parallèle à S C. Pour la face parallèle à D S, on n'a qu'à le tracer carrément sur cette face.

Pour la rampe des mortaises des aisseliers sous l'arêtier et sous l'arbalétrier, on rembarre, d'équerre à D S, l'about et la gorge de l'aisselier. Une fois rembarrés sur cette ligne, on les fait tourner sur la ligne de terre, et ensuite on les mène parallèles à A B jusqu'à la rencontre de l'arbalétrier et de l'arêtier. Pour la direction du dévers, on opère de cette manière : on fait passer un plan H' J', à volonté, parallèle au plan horizontal, on procède sur ce plan auxiliaire de la même manière que sur le premier. La rencontre dans l'espace des dévers de pas et du dedans du comble M, L sur le plan horizontal, joints avec J, K de la même rencontre sur le plan auxiliaire, donne la direction précise, en ayant soin de les ramener en herse, comme J en J'', M en M', en joignant J'' M'; K en K', L en L', et en joignant K' L'.

On fait la herse des aisseliers en prenant F H', en la portant en F' H'', F G en F' G', et en joignant G' H''; F I en F' I', et en joignant I' H''. Bien entendu qu'on prend G V, qu'on porte en G' V', et ainsi de suite. La herse étant terminée, on prend F N about de l'aisselier, qu'on porte de F' N', qu'on mène parallèle à F' G'; ainsi de suite pour la gorge, soit dans l'arêtier, soit dans l'entrait. On les rembarre l'une par l'autre, et on a la coupe des aisseliers sous l'arêtier, sous l'arbalétrier et sous les entraits. Pour la barbe, on prend F O, qu'on porte en F' O'; S P, qu'on porte en H'' P'; on joint O' P'. La même chose pour le dedans du comble et pour l'arbalétrier; on rembarre l'une par l'autre, et les barbes des aisseliers sont tracées.

Pour tracer sur le dévers de l'arêtier l'occupation de la barbe de l'aisselier, on le coupe sur le trait, comme il a été démontré; ensuite on mène P en P'', on joint O P'', Q en Q', et, en joignant R Q', on a l'occupation désirée.

On coupe l'aisselier sur le trait, en prenant T U en reculement, se portant de S en U'; la distance U' H', portée en U T' et jointe en V, donne la coupe du trait. On mène T' Q'' parallèle à V U, on mène X en X', on joint X' Y, Q en Q'', et, joignant R Q'', on a les deux coupes : la coupe sous l'entrait est de niveau; on la mène donc parallèle au dévers de pas V U.

Pour faire la herse de la partie du comble B C S, on mène par le centre S une ligne S Z d'équerre à B C; on prend S Z, on le porte en S Z'; on prend Z' S', qu'on porte en Z'' S''; Z B en Z'' B', Z C en Z'' C'; on joint B' S''', C' S'''. On figure la largeur de l'arêtier, de l'arbalétrier, des croix, et la coupe de la tête de l'arbalétrier, et la herse est faite. On met le bois sur ligne; la coupe du pied de l'arêtier et de l'arbalétrier s'obtient en rembarrant le lattis par le démaigrissement; les croix se coupent carrément sur la face de l'arêtier et de l'arbalétrier.

Paris. — Imprimerie de madame veuve Bouchard-Huzard, rue de l'Éperon, 5.

Pl. 28.

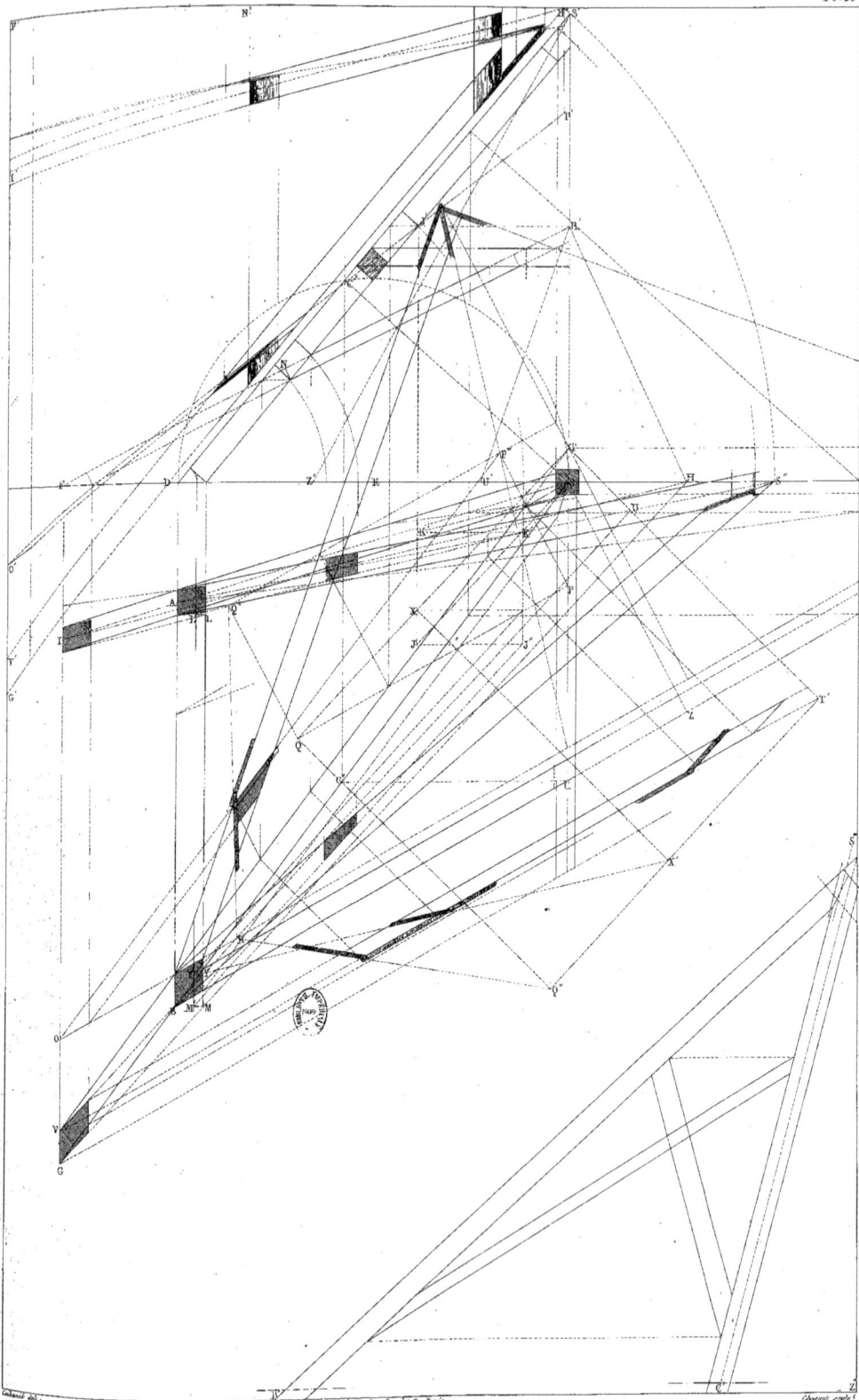

Imp. Bertin, Rue Pinguit, 7, Paris

MANSARDE BIAISE A TOUT DÉVERS ÉTABLIE AVEC LES NIVEAUX.

On commence (planche 29e) de tracer, sur un plan horizontal, la mansarde biaise A B C D E. Sur un plan vertical, on fait l'élévation de la ferme auxiliaire carrée F G′ H′ E′ du long-pan et K I′ S′ de la croupe; on a soin de figurer sur les fermes auxiliaires la ligne de trave de l'entrait, la ligne d'assemblage de l'arbalétrier, les aisseliers et les traits ramènerets, les pannes vues debout, ainsi que le niveau sur chacune d'elles. En plan par terre, on figure, par une largeur ou un tiret, le côté où les arêtiers font lattis. Quant aux arbalétriers, on en met la moitié de chaque côté de la ligne de milieu, comme dans la ferme A E, ou tout d'un côté, comme dans la demi-ferme C S; mais on les met toujours de manière que la ligne d'assemblage avec le poinçon passe par le milieu de la pièce de bois.

Pour faire l'élévation de la ferme, on élève des points G, S, H des perpendiculaires G G″, S S″, H H″ à A E. On prend sur la ferme carrée la hauteur L L′ de la ligne de trave, on la porte en G G″ et en H H″; on joint G″ H″, on a la ligne de trave de l'entrait ; on prend le dessus de l'entrait sur la ferme carrée, et on le porte sur l'entrait de la ferme; puis on joint A G″, E H″, on a le croisillon des arbalétriers. Pour le lattis, on mène parallèle au croisillon, en partant de la rencontre de la ferme A E avec le dehors de la sablière ou lattis du chevron. L'élévation étant faite, on met la ligne de trave, figurée sur l'entrait, sur la ligne G″ H″, de niveau et de dévers; on y fait paraître une plumée de dévers et la ligne S S″, qui sert de trait ramèneret pour l'assembler, en plan par terre, avec les pannes de brie, etc. On figure aussi, de chaque bout de l'entrait, le rampant du comble du bric. Ensuite on prend les arbalétriers, on les ligne au même affleurement de la ferme carrée, on les contre-jauge, attendu qu'ils font lattis avec la sablière ; on divise la contre-jauge, rembarrée des deux bouts, en deux parties égales, et l'on a le croisillon. On prend le niveau A, on le met sur le lattis de l'arbalétrier A G″; la ligne A E, parue dessus, à plomb et regardant la tête, ligne; un trait carré l'établit. Puis on prend le niveau E, on le met sur le lattis de l'arbalétrier E H″; la ligne A E, parue dessus, à plomb et regardant la tête du poinçon, ligne; un trait carré l'établit : la ligne d'assemblage doit passer sur le croisillon de chaque bout des arbalétriers, et ledit croisillon doit tomber, les arbalétriers étant déversés, sur les lignes A G″, E H″. On fait paraître sur chaque arbalétrier un trait ramèneret et une plumée.

Pour les aisseliers, on opère comme pour les arêtiers et les arbalétriers, en faisant, bien entendu, un niveau pour chaque aisselier, attendu qu'ils font lattis comme eux à la sablière. On opère de même pour la demi-ferme C S, transportée en C′ M′ S′, ainsi que l'arêtier D S transporté en D′ I″ S′, pour éviter la confusion des lignes; on a opéré de même pour l'arêtier B J′ S″. On fait ensuite le niveau sur chaque arêtier; on les a figurés vus de bout, pour bien saisir la manière dont ils doivent être lignés.

Les lecteurs comprendront que les liens-mansarde ne peuvent s'établir qu'en herse. Pour cela, on se met au point F comme centre; on fait tourner le croisillon de la panne G′ sur la ligne de terre, on mène par ce point une ligne G‴ J″ parallèle à A B; on mène, d'équerre à G J, les lignes G G‴, J J″; on joint A G‴, on a le croisillon de l'arbalétrier, et B J″ celui de l'arêtier. On fait tourner, du même point F, le trait ramèneret; on met les liens-mansarde, à volonté, de niveau et de dévers, mais, autant que possible, au même about des aisseliers. Après, on prend la panne de brie, on met son croisillon G′, c'est-à-dire la rencontre de la ligne d'assemblage avec la ligne de trave, sur la ligne G‴ J″; le trait ramèneret, qui a été figuré en l'établissant en plan par terre, sur le trait ramèneret, après l'avoir ligné avec la ligne F G′ parue sur le niveau G′, et déversé par un trait carré à cette ligne. L'arbalétrier A G″ n'est pas déversé, attendu qu'il fait lattis avec la sablière; on met donc son croisillon sur la ligne A G‴, le trait ramèneret sur le trait ramèneret; puis le croisillon de l'arêtier B J′, on le met sur B J″, le trait ramèneret sur le trait ramèneret, après l'avoir ligné avec la ligne O N parue sur le niveau B, et déversé par un trait carré à cette ligne.

Pour la herse de croupe, on mène B′D′ parallèle à B D, on prend K I′, qu'on porte en P Q; on mène par le point Q une ligne J‴ I‴ parallèle à B′D′; on descend, d'équerre à B D, B en B′ et J en J‴; on joint B′ J‴, on a le croisillon de l'arêtier; C en C″, M en M″; on joint C″ M″, on a le croisillon de la demi-ferme; D en D′, I en I‴; on joint D′ I‴, on a le croisillon de l'autre arêtier. On descend le trait ramèneret R en R′, puis on prend le trait ramèneret K T, qu'on porte en P T′, qu'on mène parallèle à B′ D′ : la rencontre de cette ligne avec les arêtiers et la demi-ferme donne le trait ramèneret. Les liens-mansarde se mettent à volonté, mais toujours au même about de ceux du long-pan de niveau et de dévers. Le croisillon B J′ de l'arêtier se met sur B′ J‴, mais sans être déversé. Le croisillon C′ M′ de la croupe se met sur C″ M″, également sans être déversé, attendu que l'un et l'autre font lattis à la sablière; mais le croisillon D′ I′ se met sur D″ I‴, après l'avoir ligné avec la ligne U V parue sur le niveau K, et déversé par un trait carré à cette ligne. On opère de même pour la herse de l'autre long-pan D I‴ H‴ E, comme on peut le voir sur l'épure.

Paris. — Imprimerie de madame veuve Bouchard-Husard, rue de l'Éperon, 5.

29

Pl. 29.

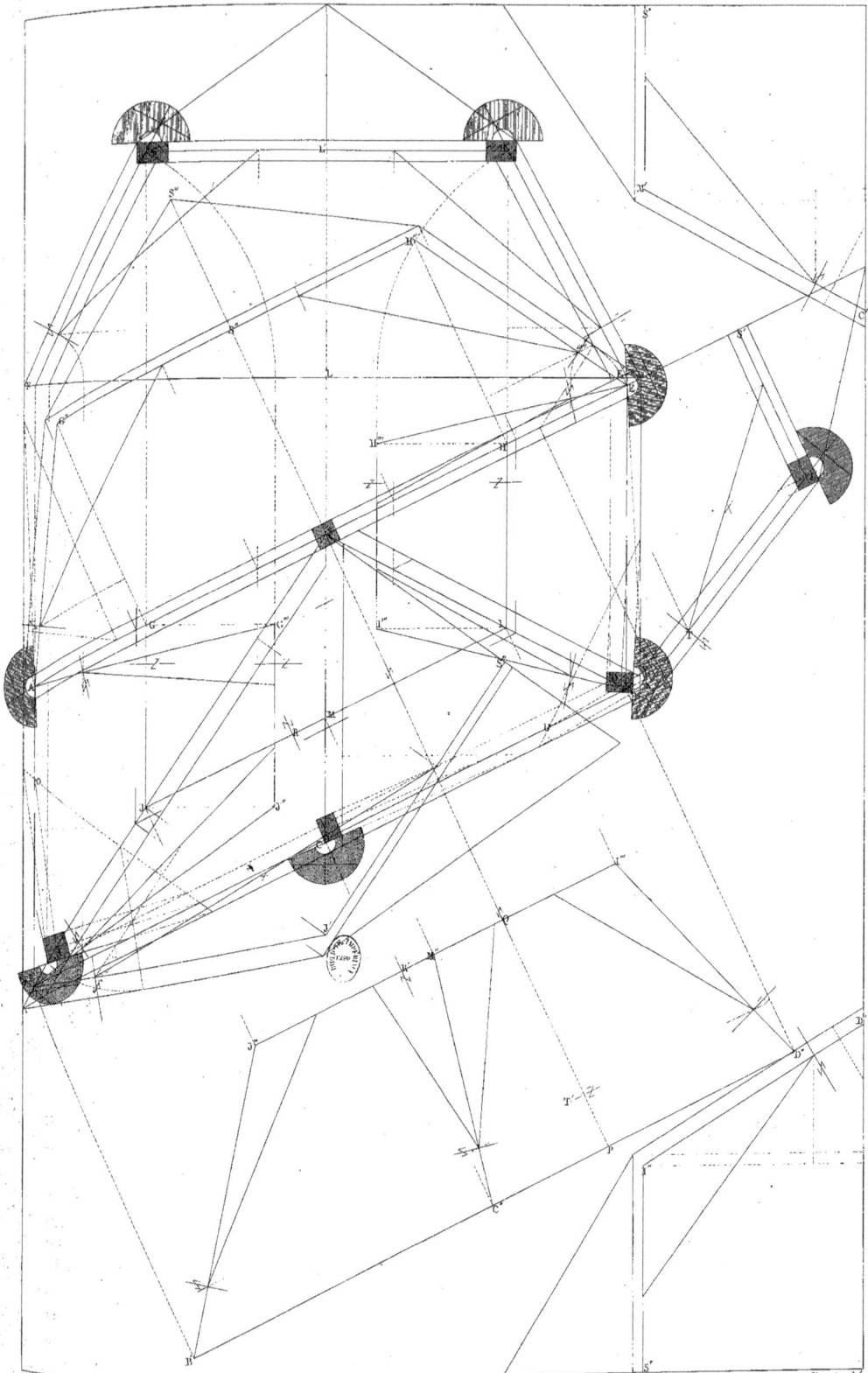

MANSARDE A TOUT DÉVERS DONT LES LIENS SONT COUPÉS A LA FAUSSE ÉQUERRE.

On commence (planche 30°) de tracer le plan par terre A B C D sur un plan horizontal, on joint l'arêtier B D, sa largeur du côté qu'il fait lattis, ainsi que les demi-fermes A D, C D; ensuite, sur un plan vertical, on figure les deux demi-fermes auxiliaires carrées A E′ D′, G H′ D″. Ceci étant fait, on met les liens-mansarde en plan par terre; on fait les dévers de pas en opérant comme il suit : on abaisse E′ F d'équerre à A E, on mène F K′ parallèle à la sablière A B, on mène, d'équerre à A B, E en E″, I en I′, J en J′ et K en K′; on joint A E″, L I′ B K′ et M J′; on a le dévers de pas de l'arêtier, de l'arbalétrier et des liens-mansarde qui font lattis à la sablière A B. Pour les liens et la demi-ferme qui font lattis à l'autre sablière, on mène H′ N d'équerre à G H′, on fait passer par le point N une ligne parallèle à B C, on mène, d'équerre à B C, O en O′, P en P′, et H en H″; on joint R O′, Q P′ et C H″; on a les dévers de pas de la demi-ferme C D et des deux autres liens-mansarde R O, Q P qui font lattis à la sablière B C.

Voulant couper les liens-mansarde à la sauterelle, et par occupation du bois, on est obligé d'en faire les herses; car on doit se rappeler que c'est toujours sur le lattis des bois qu'on fait paraître les lignes sur lesquelles on place la fausse équerre quand on coupe sur le trait, et en rembarrant une ligne par l'autre quand on coupe par occupation de bois. On prend donc le lattis A B de la sablière, qu'on porte en A′ B′ (pour éviter la confusion des lignes). On fait A′ E″′ égal à A E′ et d'équerre à A′ B′; on mène E″′ K″ parallèle à A′ B′. Ensuite on prend, à partir du point A, L et M, qu'on porte à partir de A′ en L′ et M′. Du point E⁴, on prend E, I, J, K, qu'on porte de E″′ en E⁵, I″, J″, K″; on joint A′ E⁵; on a l'arbalétrier, L′ I″, M′ J″, les deux liens-mansarde, et B′ K″, l'arêtier. On prend sur le chevron carré A E′ D′ le démaigrissement de la coupe du pied, ainsi que celui à plomb et de dessous de la panne E′ vue de bout, qu'on porte en herse. On rembarre les lignes pleines du lattis par les lignes ponctuées du dessous (l'épaisseur étant la même que celle du chevron d'emprunt); on a la coupe du pied de l'arêtier et de l'arbalétrier sur la sablière, et la coupe à plomb et celle du dessous de la panne de brie des liens-mansarde, arbalétrier et arêtier. Pour la mortaise du lien-mansarde R O sous l'arêtier B K, on prend S, rencontre du dévers de pas avec le dedans du comble, qu'on porte sur le démaigrissement en S′, la rencontre T du même dévers, fait sur la panne de brie, en T′, et joindre S′ T′. Pour l'occupation parallèle, on prend, en plan par terre, sur la gorge du dévers de pas B, ce qui rentre dans l'épaisseur du comble B C, qu'on porte sur le démaigrissement en herse.

Pour l'autre herse, on prend G H′, qu'on porte de G en G′; on mène, par ce point, une ligne parallèle à B C. On mène, d'équerre à B C, B en B″, C en C′, K en K″, H en H″′; on joint B′ K″′, on a l'arêtier, et C′ H″′ l'arbalétrier. Ensuite, R en R′, O en O″, Q en Q′, P en P″, on joint R′ O″, Q′ P″; on a les deux liens en herse. Après, on fait paraître le démaigrissement du pied et les quatre lignes nécessaires pour le rembarrement de la tête des liens, et la coupe du pied de l'arbalétrier. Pour la coupe du pied du lien dans l'arêtier, on opère comme il est figuré, en ramenant l'arête B de l'arêtier et sa gorge sur le lattis B″ C′, et la rencontre de la gorge du comble B C avec le dévers B K′ et son dessous ramène sur le démaigrissement en herse.

Pour couper sur le trait le lien-mansarde R O, on abaisse, par son sommet, une ligne O U d'équerre au dévers de pas R O′; on prend O U en reculement, on s'ouvre à la hauteur du brie, on porte ce rampant de U en O″′, on joint R O″′. Ensuite, par le point O et par le point O″′, on mène un dévers de pas parallèle au premier; sa rencontre T avec le dedans du comble, mené en T′ V′, et en joignant S T′, X V′ on a les coupes sur l'arêtier. Pour la coupe à plomb de la panne de brie, on joint Y O″′; celle de dessous est parallèle au dévers de pas.

Pour tracer sur l'arêtier la barbe du lien-mansarde, on coupe l'arêtier sur le trait K′ B K⁴, comme il a été démontré. Ensuite, par le sommet K⁴, on mène une ligne parallèle à B K′, on remonte, d'équerre à K V, V en V″, on joint X V″; on a la rampe de la barbe du lien sur l'arêtier : la coupe du pied et de la tête de l'arêtier comme il a été démontré. Pour la mortaise sous la panne de brie, on prolonge sur le chevron carré G H′ le dessous de la panne jusqu'au lattis; on descend ce point en plan jusqu'à la rencontre du lien, et par cette rencontre on mène une ligne parallèle au dévers de pas. Pour l'occupation de la barbe sur la face à plomb, on mène O en O⁴, après avoir fait O O⁴ égal à la hauteur du brie; on joint Y O⁴, et l'occupation est déterminée.

Pour couper sur le trait l'arbalétrier C H ou chevron (car les chevrons sont parallèles à l'arbalétrier et font lattis à la sablière), on tire une ligne C″ H⁴, on prend C Z, qu'on porte en C″ Z′; on mène, par le point Z′, un trait carré Z′ H⁵. Ensuite on prend H Z en reculement, on s'ouvre à la hauteur du brie, on porte cette longueur en Z′ H⁵, on joint C″ H⁵; on a la coupe du pied sur la sablière, et la coupe à plomb sur la panne en joignant le sommet H⁵ avec la rencontre de son dévers de pas avec la face de la panne de brie en plan : la coupe sous la panne de brie étant de niveau, on mène donc par H⁵ une ligne parallèle à C″ Z′

Pl. 30.

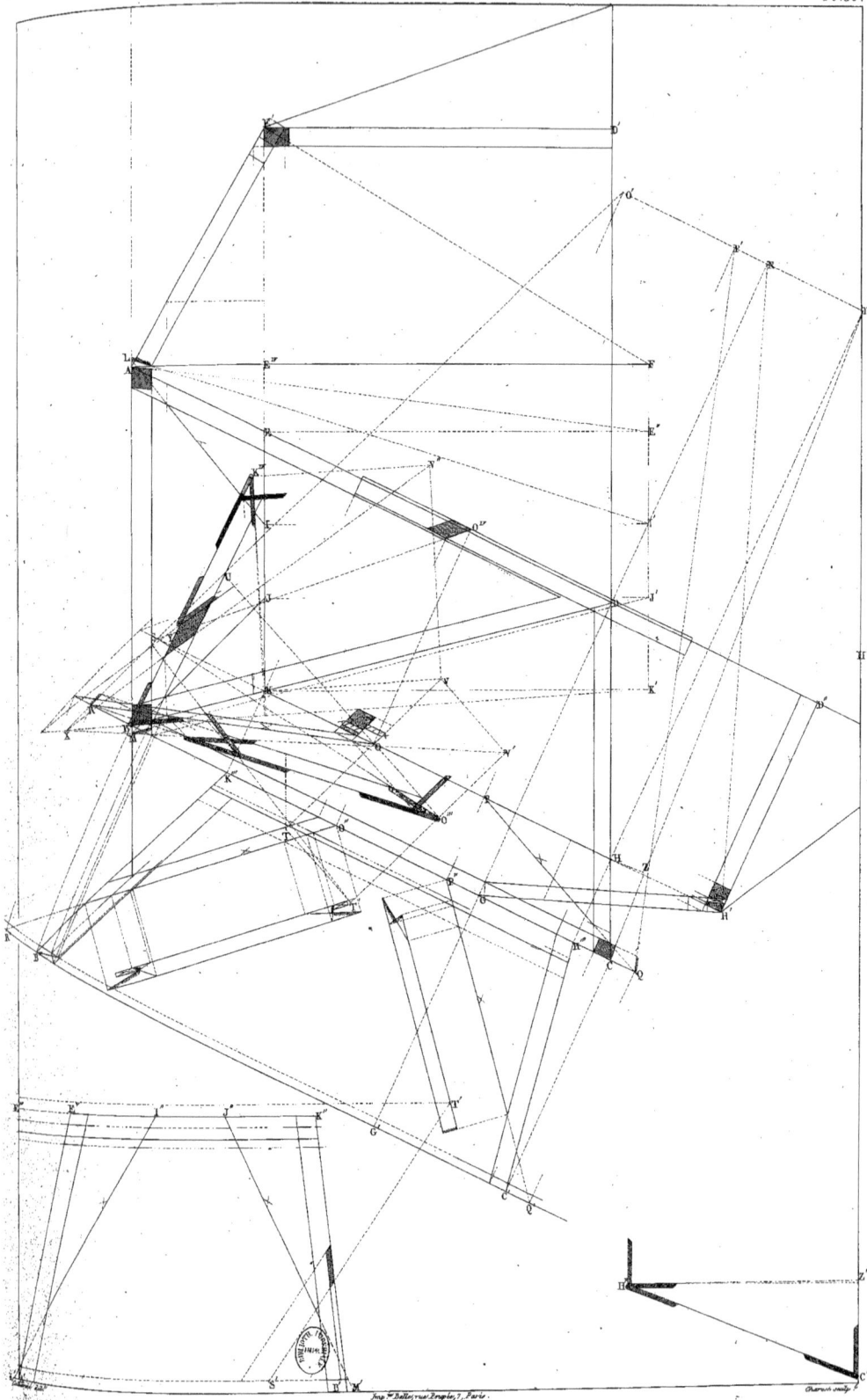

LIENS DE PENTE DANS LES PANNES ÉTABLIS PAR NIVEAUX DE DÉVERS.

Soit (planche 31e) le plan par terre ABCD, ES'F l'élévation de la ferme, et KG', QI' le chevron carré des liens de pente. On commence, premièrement, de tracer en plan par terre le faîtage SL, les arêtiers AS, DS, BL, CL, les liens de pente KG, K'H, SI, LJ et MO, NO, qui tiennent lieu de chevron de croupe, attendu qu'on n'a pu en mettre à cause d'un porte à faux. Malgré cela, on a fait l'élévation du chevron, on a figuré la panne vue de bout et le chevron carré PO' des liens MO, NO. Ensuite on fait la herse pour établir la tête des liens KG, K'H dans la panne GH. Pour cela, on se met au point K comme centre, on fait tourner G' sur la ligne de terre, on mène, par ce point, G″H' parallèle à GH; c'est sur cette ligne qu'on met le croisillon de la panne G', après l'avoir lignée avec la ligne KG' parue sur le niveau G', et déversée par un trait carré à cette ligne. Pour les liens, on mène G en G″, H en H', d'équerre à GH; on joint KG″, K'H', et on a les liens en herse. Pour le trait ramèneret, on le fait tourner du centre K sur la ligne de terre; on mène par ce point une parallèle à GH jusqu'à la rencontre des liens KG″, K'H'. Après cela, on prend les deux liens, on les ligne à un affleurement quelconque, on les met de niveau et de dévers, attendu qu'ils font lattis avec la panne, et lignés par le milieu sur son lattis; c'est cette ligne de milieu qui doit tomber sur les lignes KG', K'II'. On fait paraître le trait ramèneret qui sert pour l'établir avec l'entrait, on rembarre de chaque bout la ligne-milieu; sa rencontre avec la ligne d'assemblage sera le point de croisillon qui devra tomber sur la ligne en l'établissant avec l'entrait, et sur lequel passera la ligne d'assemblage.

Pour établir le lien KG avec l'entrait EF, on opère comme il suit : par le sommet G du lien, on abaisse GR perpendiculaire à l'entrait EF; par le même point G, on élève une perpendiculaire GG″ à GR, on fait GG″ égal à RG', on joint RG″. On se met au point R comme centre, on fait tourner G″ en G'; on joint KG'', qui doit égaler KG″ et KG', rampant du lien, pour que l'opération soit bonne. On fait tourner du point K le trait ramèneret figuré sur KG' jusqu'à la rencontre du lien KG''. La herse étant faite, on met l'entrait sur ligne, en faisant attention que la ligne-milieu SS', parue en l'établissant avec la ferme, tombe sur cette même ligne. Le croisillon (rencontre de la ligne de trave avec la ligne d'assemblage) sur EF, après l'avoir ligné avec la ligne RG′″ parue sur le niveau R (cette ligne d'assemblage doit passer par le croisillon), et déversé par un trait carré à cette ligne. Pour le lien, on met le croisillon, vu de chaque bout, sur la ligne KG'', le trait ramèneret déjà paru en l'établissant avec la panne sur le trait ramèneret figuré sur KG'', après l'avoir ligné avec la ligne TU (le niveau placé sur son lattis et regardant la tête, la ligne d'assemblage passant par le croisillon) parue sur le niveau U, et déversé par un trait carré TU. Il en serait de même du lien K'II.

Pour établir les deux liens SI, LJ, on commence de faire la herse pour l'assembler dans la panne. Pour cela; on se met au point Q comme centre, on fait tourner I' sur la ligne de terre; par ce point, on mène I″J' parallèle à IJ; on mène, d'équerre à IJ, I en I″, J en J'; on joint SI', LJ', on fait tourner le trait ramèneret, et la herse est faite. Ensuite on met le croisillon de la panne I' sur I″J', après l'avoir lignée avec QI', ligne parue sur le niveau I', et déversée par un trait carré à QI'. Les liens comme il vient d'être démontré, attendu qu'ils font lattis comme les autres dans la panne.

Pour établir le pied du lien SI dans le poinçon S, on élève, par le point S et par le point I, une perpendiculaire à SI, lien en plan; on prend SQ, qu'on porte en SQ', J″I' en II'″; on joint Q'I'″, et on a la ligne sur laquelle on met le croisillon du lien. Après, on met le croisillon du poinçon sur la ligne SS″, le trait ramèneret Y sur Y', ligné par SI, ligne parue sur le niveau S, et déversé par un trait carré à SI. Pour le lien, on met son croisillon sur la ligne Q'I'″, après l'avoir ligné avec le lien en plan SI, ligne parue sur le niveau Z, et déversé par un trait carré à SI (le niveau placé sur le lattis du lien et regardant la tête).

Pour les liens MO, NO, on prend PO', qu'on porte en OP'; on mène, par le point P', une ligne parallèle à MN; on descend, d'équerre à MN, M en M', N en N'; on joint M'O, N'O. De même pour le trait ramèneret, en portant PV en P'V'. La panne lignée et déversée par le niveau O' et les liens sans être déversés, attendu qu'ils font lattis à la panne.

Pour assembler les liens MO, NO dans les entraits BL, CL, on opère comme il suit : on fait OZ d'équerre à l'entrait BL et OO' parallèle et égal à OO'; on joint ZO', puis du point Z on fait tourner O' en O″; on joint MO''' et on y place le trait ramèneret. Après, on prend l'entrait, on met son croisillon sur BL, le trait ramèneret sur le trait ramèneret, après l'avoir ligné avec ZO″, ligne parue sur le niveau Z, et déversé par un trait carré à cette ligne; puis on met le croisillon du lien sur MO''', le trait ramèneret sur le trait ramèneret, après l'avoir ligné avec la ligne Z'Z″ parue sur le niveau Z″, et déversé par un trait carré à cette ligne. Le lien XO' devra revenir deux fois sur ligne, une fois dans le poinçon et une fois dans la panne.

Pl. 31.

LIENS DE PENTE DANS LES PANNES ÉTABLIS A LA FAUSSE ÉQUERRE.

On commence de tracer (planche 32ᵉ), sur un plan par terre, la forme du bâtiment A B C D, les arêtiers, les fermes, les chevrons de croupe et leur épaisseur, l'élévation de la ferme et du chevron de croupe, les pannes vues de bout et les chevrons carrés F E′, S′ G′, H I′ des liens de pente. Ensuite on descend les pannes en plan par terre, on y figure les liens F E, J K, S G, L M et N I, O I à volonté, de manière à diminuer autant que possible la portée des pannes, sans toutefois leur donner trop de volée ; car, si les liens étaient trop inclinés, ils perdraient leur force. Ceci étant fait, on se met au point F, comme centre ; on fait tourner E′ en E″, on mène E‴ K′ parallèle à F J. Après, E en E‴, K en K′, d'équerre à K E, on joint F E‴, J K′. On fait tourner le démaigrissement du pied du chevron F E′, ainsi que ceux de la tête, comme on le voit sur l'épure.

La herse étant faite, on met les liens sur les lignes F E‴, J K′, de niveau et de dévers ; on fait paraître F J sur le lattis du lien ; la gorge rabattue dessous, en rembarrant l'une par l'autre (en supposant qu'ils ont la même épaisseur que le chevron carré F E′), on a la coupe de niveau sur l'entrait : on le trace carrément sur la face de l'entrait, pour avoir la coupe à plomb. Pour la tête, on fait paraître les deux lignes pleines sur le lattis, les deux ponctuées dessous ; on rembarre l'une par l'autre, et les liens sont tracés.

Pour couper le lien F E sur le trait, on prend un point quelconque P sur le lien en plan, on remonte P en P′ ; par le point P′ on élève un trait carré P′ Q′ au chevron d'emprunt F E′ ; on descend Q′ en Q, parallèle à F J, et P en Q, d'équerre ; on joint F Q, et le dévers de pas est déterminé. Ensuite, par le sommet E du lien, on élève une perpendiculaire E R au dévers de pas. On prend E R, qu'on porte de S en R′ ; la longueur R′ S″, on la porte de R en E‴ ; on joint F E‴, qui est le lien, sur le trait ; on joint T E‴ ; on a la coupe du dedans de la panne, et U E‴ la coupe de dessous. Pour la coupe de niveau sur l'entrait, c'est la rencontre du dévers Q F avec le lien F E‴. Pour la coupe à plomb, on mène, par le sommet du lien E, un dévers de pas parallèle au premier Q F, on le prolonge jusqu'à la rencontre de l'entrait Q′ S ; on mène, par cette rencontre, une ligne d'équerre au dévers de pas E‴ D′, rabattu sur le plan de niveau ; la rencontre du trait carré avec E‴ D′, jointe avec F, donne la coupe à plomb. Pour vérification, elle doit être d'équerre. On conçoit bien que, une fois les sauterelles déterminées, on est obligé d'en faire la herse, comme on vient de le voir plus haut, pour tracer sur le lattis des liens les lignes sur lesquelles les sauterelles doivent être placées.

Pour les liens S G, L M, on fait tourner, du centre S′, G′ en G‴ et prolongé en G‴ M′, en joignant S G‴, L M′, après avoir mené G en G‴, M en M′, d'équerre à G M ; on fait tourner le point où le lattis S′ G′ coupe la face du poinçon, ainsi que le dessous ; en rembarrant l'une par l'autre, on a la coupe à plomb sur la face du poinçon parallèle à S L. Pour la face parallèle à Q′ S, elle doit être d'équerre. On en fait autant pour la coupe dans la panne G′, en opérant comme pour la panne E′.

Pour couper le lien L M, on en fait le dévers de pas L V, on mène M V d'équerre à L X ; on prend M V, qu'on porte de S′ en V′ ; le rampant V′ S″, on le porte de V en M″ ; on joint L M″ ; on a le rampant du lien, M″ X la coupe de la panne du dedans, et M Y la coupe du dessous. Pour la coupe du pied, on mène, par le sommet M, une ligne M Z parallèle à L X ; la rencontre L′, menée en L″ et jointe en L, donne la coupe de face du poinçon parallèle à S L, et Z, menée en Z′ et jointe avec L, donne l'autre coupe.

Pour tracer les deux liens N I, O I, on prend H I′, qu'on porte de I en H′ ; on mène N′ H′ O′ parallèle à N O ; on descend N en N′, O en O′, d'équerre à N O ; on joint N′ I, O′ I ; on prend le démaigrissement H, qu'on porte en N′ et O′ ; celui de la panne I′ en I : en rembarrant l'une par l'autre, on a la coupe des liens dans la panne et la coupe de niveau sur l'entrait. Pour la coupe à plomb de l'entrait, on descend sur N′ O′ les deux points où la gorge H coupe la face des entraits ; on joint l'un avec I″, et l'autre avec I‴. Où l'about H coupe les mêmes faces des entraits, on les descend en N″ et en O″ ; on mène par chaque point une ligne parallèle, on rembarre l'une par l'autre, et la coupe à plomb est déterminée.

Pour couper le lien N I sur le trait, on en fait le dévers de pas en faisant un trait carré I′ I‴ à H I′, et en joignant N I‴ on a le dévers de pas. Ensuite on fait un trait carré I I‴ au dévers de pas, on prend I I‴ en reculement, on s'ouvre à la hauteur de la panne, et ce rampant on le porte de I′ en I‴ ; on joint N I‴, on a le lien coupé sur le trait ; on joint H″ I‴, on a la coupe sous la panne d'équerre au lattis ; puis on joint H‴ I‴, on a la coupe de la panne sur l'autre sens. Après, on mène par le point I et par le point I‴ un dévers de pas parallèle à N I‴, jusqu'à la rencontre de l'arêtier L′, ramené en L″ ; on joint N L″, on a la coupe à plomb de l'entrait ; la coupe de niveau sur l'entrait est N I‴. Quant au lien L″ I′, on peut le couper sur son élévation même.

PARIS. — IMPRIMERIE DE MADAME VEUVE BOUCHARD-HUZARD, RUE DE L'ÉPERON, 5.

32

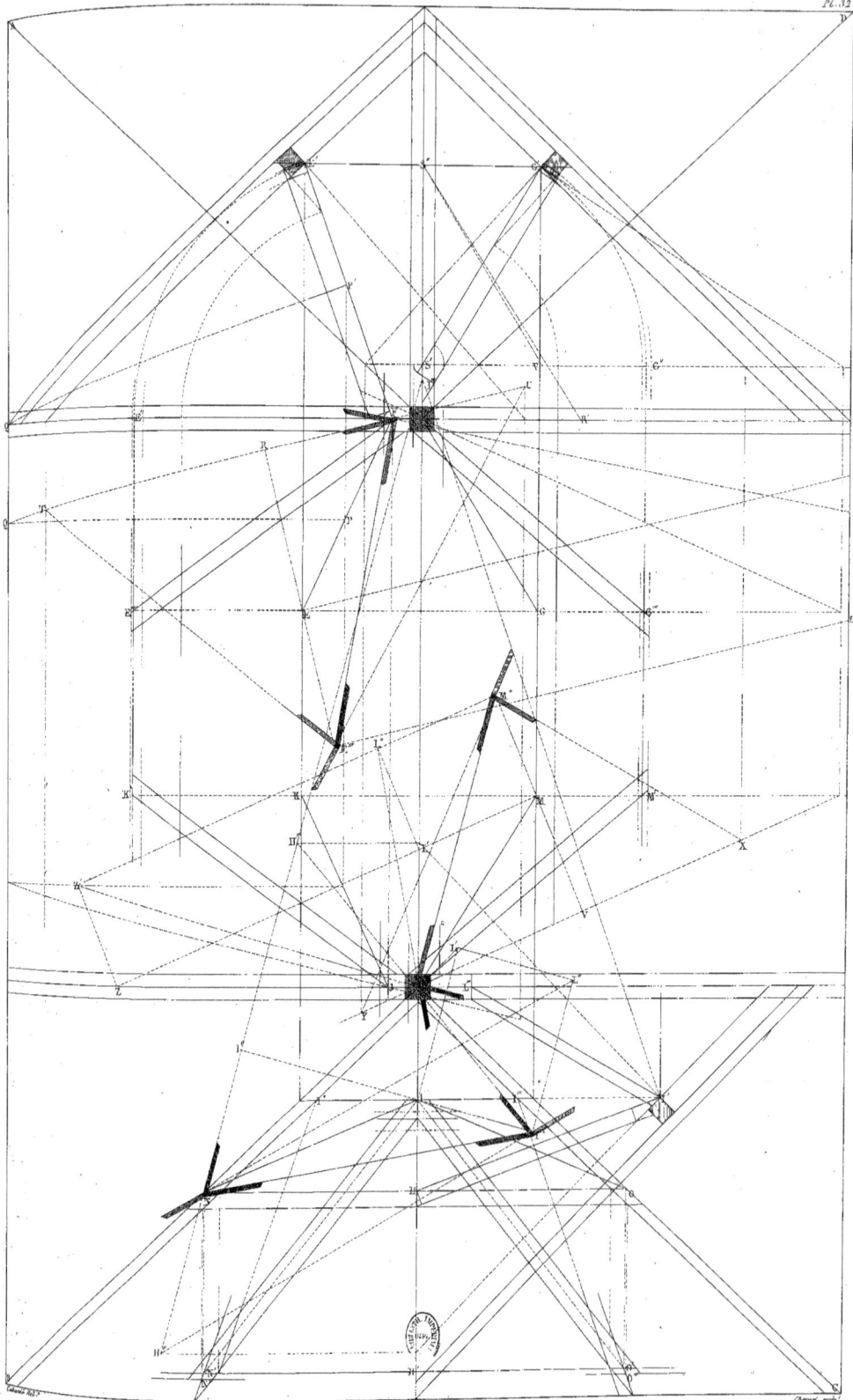

Pl. 32

Imp.te Bertta?, rue Pavgas, Paris

On commence, premièrement (planche 33°), de tracer, sur un plan horizontal, les sabliers A B C D, les fermes E F, G H et les arêtiers A I, D I, B S, C S. Sur un plan vertical on fait l'élévation de la ferme E S′ F de la hauteur qu'on veut; ensuite on mène G G′ H H′ parallèles à S I, et G′ I′ parallèle à E S′, et H′ I′ parallèle à F S′. La hauteur S S′ placée verticalement sur le point S et celle S I′ placée verticalement sur le point I, jointes par une ligne droite, donnent le croisillon du faîtage, qui dégauchit parfaitement avec les sablières A B, C D. Ceci étant fait, on met sur la ferme E S′ F une panne J′ K′. Comme les pannes sont de pente et qu'elles doivent tendre à la rencontre des deux sablières B A, C D et du faîtage S I, il s'ensuit qu'en joignant S J′, S K′ on a la projection du croisillon des pannes; la rencontre L′ de cette ligne avec G′ I′, ligne d'assemblage, donne le croisillon de la panne L′, et la rencontre M′ avec H′ I′ donne l'autre. On descend, perpendiculaires au plan horizontal, J′ en J, L′ en L, K′ en K et M′ en M; puis on mène L en L″, M en M″ parallèles au faîtage S I; on joint J L″, K M″, et on a les pannes en plan. Pour vérification, il faut que les deux pannes se rencontrent au même point où les deux sablières et le faîtage se coupent.

Les pannes étant de pente et faisant lattis à la sablière, on est obligé d'en faire le niveau comme pour un arêtier à dévers. Pour cela, on fait l'élévation en se plaçant au point J comme centre; on fait tourner J′ en J″ après avoir mené J en J″ perpendiculaire à la panne J L″; et du point L comme centre on fait tourner L′ en L″ et mené parallèle à S I en L⁴, après avoir mené L″ L⁴ perpendiculaire à la panne. On joint J″ L⁴, et on a l'élévation de la panne. Pour le niveau, on fait un trait carré N O à la panne J L″. A la rencontre P du trait carré, on élève une ligne P P′ d'équerre à l'élévation de la panne J″ L⁴; on fait tourner, du point P, P′ en P″; on joint N P″; on a la ligne d'assemblage de la panne. Voulant que les liens se dégauchissent et suivent l'alignement S I, on joint O P″; cette ligne ligne la panne; un trait carré à O P″ l'établit. On opère de même pour la panne K M″.

Pour les liens, on les met premièrement en plan par terre, comme I Q, I R, S T, S U, en rapprochant la tête plus ou moins de l'entrait; après, on fait la herse pour les établir dans la panne, et l'on s'y prend de cette manière : on fait tourner, du centre S, J′ en J‴, L′ en L⁵, et mené parallèle à S I en L⁶; on joint J‴ L⁶, on a le croisillon de la panne en herse. On remonte, d'équerre à S I, P en P‴, et on a le trait ramèneret de la panne; ensuite Q en Q′, T en T′, toujours d'équerre à S I; on joint I Q′, S T′. On remonte le trait ramèneret figuré en plan sur le lien en herse d'équerre à la sablière auxiliaire des liens, et la herse est faite. Après, on prend une panne, de manière qu'elle aille d'un arêtier à l'autre; on met son croisillon sur la ligne J‴ L⁶, après l'avoir lignée avec O P″, ligne parue sur le niveau P‴, et déversée par un trait carré à cette ligne. Les liens, on les met de niveau et de dévers, après avoir fait paraître sur le lattis une ligne de milieu qu'on fait tomber sur les lignes S T′, I Q′, et une ligne d'assemblage à un affleurement quelconque parallèle au lattis. Étant ainsi sur ligne, on pique les liens dans la panne, et, avant de les déranger, on fait paraître sur la panne et sur les liens le trait ramèneret figuré en herse ainsi qu'une plumée.

Pour établir le lien I Q dans l'entrait, on en fait l'élévation en élevant Q Q″ d'équerre à I Q et Q Q⁴ perpendiculaire à la panne J L″; on fait tourner, du point Q, Q⁴ en Q″; on joint I Q″; on a l'élévation du lien. Ensuite on mène Q V d'équerre à l'entrait G H, et Q Q‴ d'équerre à Q V; on fait tourner, du point Q, Q⁴ en Q‴; on joint V Q‴. On figure l'entrait vu de bout en V. Du point V, comme centre, on fait tourner Q‴ en Q⁵, prolongation de V Q; on joint I Q⁵, et on a la ligne du lien pour l'établir dans l'entrait. On remonte le trait ramèneret figuré en plan sur I Q″, élévation du lien; on le fait tourner du point I sur la ligne I Q⁵, et, pour vérification, il doit passer sur le trait ramèneret figuré sur I Q′. Ensuite on prend l'entrait, on fait tomber son croisillon V, vu de bout, sur G H; la ligne-milieu du poinçon sur S I, après l'avoir ligné avec la ligne V Q‴, parue sur le niveau V, et déversé par un trait carré à cette ligne.

Pour le lien, on en fait le niveau en faisant un trait carré X Z d'équerre au lien I Q en plan par terre, par le point Y, rencontre du trait carré et du lien, on élève une ligne Y Y′ d'équerre à I Q″; on la fait tourner, du point Y comme centre, en Y″; on joint Z Y″; on a le lattis du lien et X Y″ la ligne d'assemblage du pied du lien. Le niveau étant fait, on met le lien sur ligne, de manière que son croisillon tombe sur I Q′; le trait ramèneret, déjà paru sur le lien en l'établissant dans la panne, sur le trait ramèneret figuré sur I Q⁵, après l'avoir ligné avec la ligne X Y″, parue sur le niveau Y″, et déversé par un trait carré à cette ligne. Étant sur ligne, on le pique dans l'entrait en y apportant toute l'attention possible, à cause que l'un et l'autre sont déversés. On opère de même pour le lien S U, comme on le voit sur l'épure, et ainsi des autres.

PARIS. — IMPRIMERIE DE MADAME VEUVE BOUCHARD-HUZARD, RUE DE L'ÉPERON, 5.

33

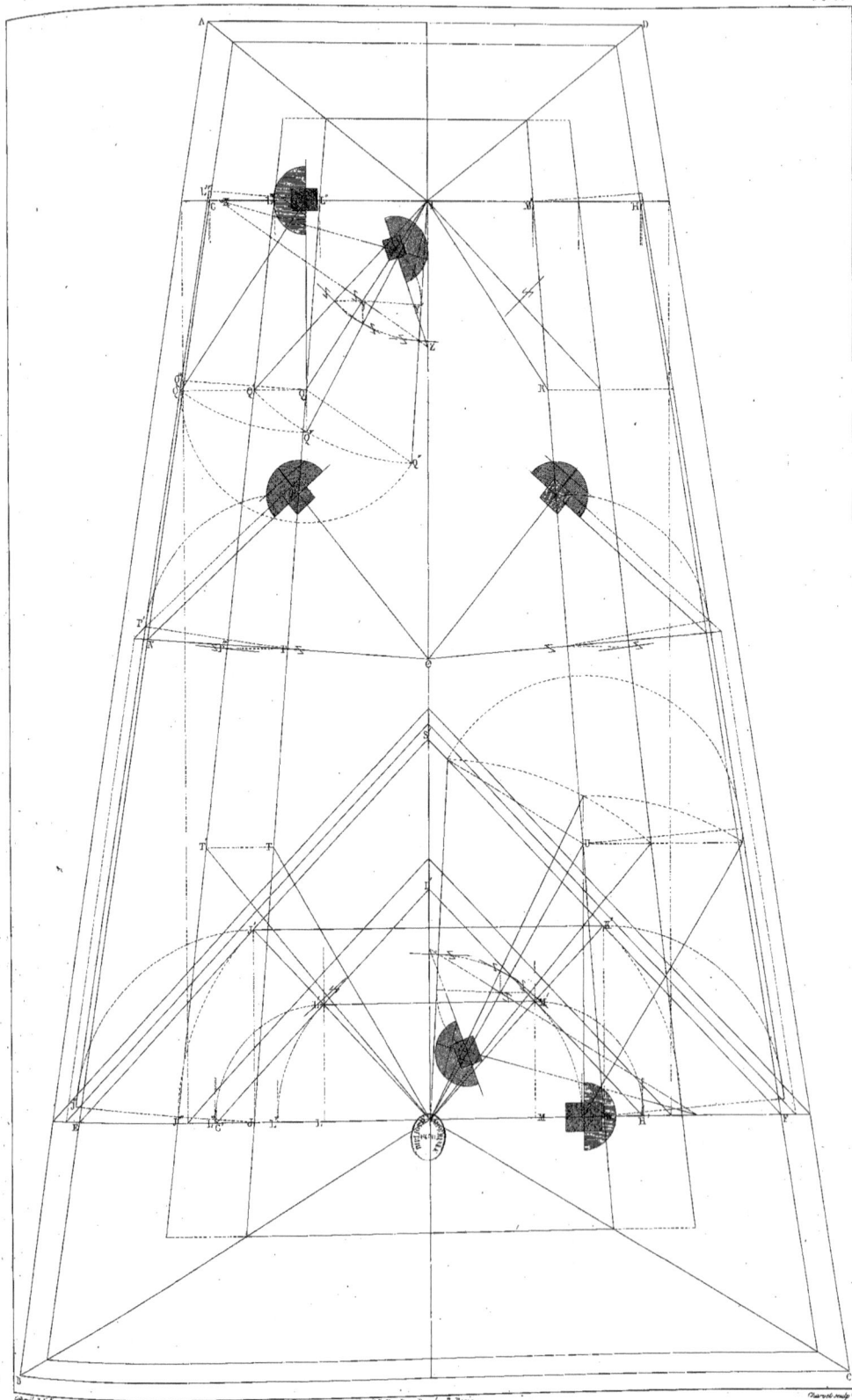

Pl. 33.

Imp.^te Bulla, Rue Pompée, 9, Paris.

ENTRAITS DÉVOYÉS ÉTABLIS AVEC LES NIVEAUX DE DÉVERS.

On commence (planche 34ᵉ), sur un plan horizontal, de tracer le plan par terre A B C D du pavillon, les arê-tiers B S, C S, la ferme A D et le chevron de croupe S E. Sur un plan vertical, on fait l'élévation de la ferme A S' D, du chevron de croupe E S'' S et des arêtiers C S S''', B S S'ᵛ. On figure, sur la ferme et sur le chevron de croupe, l'entrait, les pannes vues de bout, etc.

L'entrait ne pouvant pas suivre l'arêtier C S, à cause d'un obstacle qui l'en empêche, on le met en F G. On fait passer par le point C une sablière auxiliaire C I parallèle à l'entrait dévoyé F G. On figure l'aisselier H' G' sur la ferme, de manière que la tête de l'aisselier qui s'assemble dans l'entrait F G s'aligne avec H' G'. On fait, d'équerre à la sablière auxiliaire H I, un chevron d'emprunt S I S' passant par le point S ; on y fait paraître l'entrait J' G'' de la même hauteur S J de la ferme. On figure l'entrait vu de bout ; ensuite on se met au point I comme centre, on fait tourner S' en S'ᵛ, on joint C S'ᵛ, on a l'arêtier. On fait tourner l'entrait G'' en G''', on le mène parallèle à la sablière C I en F'', on remonte la tête G de l'aisselier en plan en G'ᵛ parallèle à I S'ᵛ, on joint H G'ᵛ, et on a l'aisselier en herse ; on fait paraître le trait ramèneret G sur l'entrait, qu'on remonte en G'', et le trait ramèneret F de l'arêtier remonté d'équerre à C I en F''.

La herse étant faite, on met le croisillon de l'arêtier sur C S'ᵛ, le trait ramèneret sur F'' après l'avoir ligné avec K L, ligne parue sur le niveau L, et déversé par un trait carré à cette ligne. Pour l'entrait, on le ligne par le milieu sur un sens et par une ligne de trave sur l'autre, on met le croisillon de ces deux lignes, c'est-à-dire G'' sur F'' G''', après l'avoir ligné avec la ligne I S', parue sur le niveau G'', et déversé par un trait carré à cette ligne ; on y fait paraître le trait ramèneret G'ᵛ et une plumée, qui servent pour l'établir en plan par terre avec l'entrait de la ferme.

Pour l'aisselier, on met son croisillon sur la ligne H G'ᵛ après l'avoir ligné avec la ligne M N, parue sur le niveau N, et déversé par un trait carré à cette ligne ; après cela, on établit en plan, par terre, l'entrait dévoyé dans l'entrait de la ferme. Bien entendu qu'on met la ligne d'assemblage de l'entrait de la ferme sur A D, la ligne-milieu sur S E, de niveau et de dévers, et la ligne d'assemblage de l'entrait dévoyé sur F G, le trait ra-mèneret déjà paru sur G, également de niveau et de dévers. Les lignes de trave sont les lignes d'assemblage.

Pour l'arêtier à dévers B S, on descend l'entrait O' en O, on mène l'entrait dévoyé O P à volonté, de manière qu'il s'assemble dans l'entrait de croupe. On fait passer par le point B une sablière auxiliaire B Q parallèle à l'entrait dévoyé O P ; on remonte P en P', on fait passer par P' une ligne P' R' à volonté, on descend R' en R, rencontre de B Q, on joint R P, et on a l'aisselier en plan. Ensuite on fait un chevron carré Q S S'ᵛᵐ d'équerre à la sablière auxiliaire B Q, et ayant pour hauteur S S' ; la hauteur de l'entrait S J'' égale S J. On figure sur le chevron carré l'entrait vu de bout pour en obtenir le croisillon. On a sorti la herse hors du plan par terre pour éviter la confusion des lignes, en opérant comme il suit : on prolonge S Q en Q', on mène par le point Q' une ligne Q' R' parallèle à Q R ; on prend Q S'ᵛᵐ et on le porte en Q' S'ᵛᵐ ; on descend B en B' parallèle à S Q' ; on joint B' S'ᵛᵐ, on a le croisillon de l'arêtier. On porte le croisillon de l'entrait Q P'' en Q' P''', on mène P''' O' parallèle à Q' R' ; on descend P en P'ᵛ, R en R' parallèles à S Q' ; on joint R' P'ᵛ. On fait paraître le trait ramèneret O'' pour l'arêtier et P''' pour l'entrait. La herse étant faite, on met le croisillon U de l'arêtier à dévers sur la ligne B' S'ᵛᵐ, le trait ramèneret, déjà paru en l'établissant avec le poinçon, sur O'', après l'avoir ligné avec la ligne T U parue sur le niveau B, et déversé par un trait carré à la ligne T U.

Pour l'entrait, on le ligne par le milieu sur son dessus ; on fait paraître sur sa face à plomb une ligne de trave ; sa rencontre avec la ligne à plomb donne le croisillon, qu'on met sur la ligne P''' O'' après l'avoir ligné avec la ligne Q S'ᵛᵐ (cette ligne doit passer sur le croisillon) parue sur le niveau P'', et déversé par un trait carré à cette ligne. Étant sur ligne, on y fait paraître une plumée et le trait ramèneret P'ᵛ. L'aisselier, faisant lattis avec l'entrait, n'a pas besoin d'être déversé ; on le met sur R' P'ᵛ, de niveau et de dévers. On fait paraître, à partir du lattis, une ligne d'affleurement, de manière que l'aisselier affleure juste avec l'arête de l'entrait : pour cela, on ligne l'aisselier à l'affleurement V X du chevron carré Q S S'ᵛᵐ. Après cela, il ne reste qu'à assembler l'entrait dévoyé dans l'entrait de la croupe ; pour y parvenir, on met l'entrait de croupe par face à plomb, sa ligne d'assemblage sur E S, le trait ramèneret P' sur Y. Pour l'entrait dévoyé, on met sa ligne de dessus sur O P, le trait ramèneret sur P, de niveau et de dévers. Les lignes de trave servent de ligne d'assemblage.

PARIS. — IMPRIMERIE DE MADAME VEUVE BOUCHARD-HUZARD, r. l. DE L'ÉPERON, 5.

34

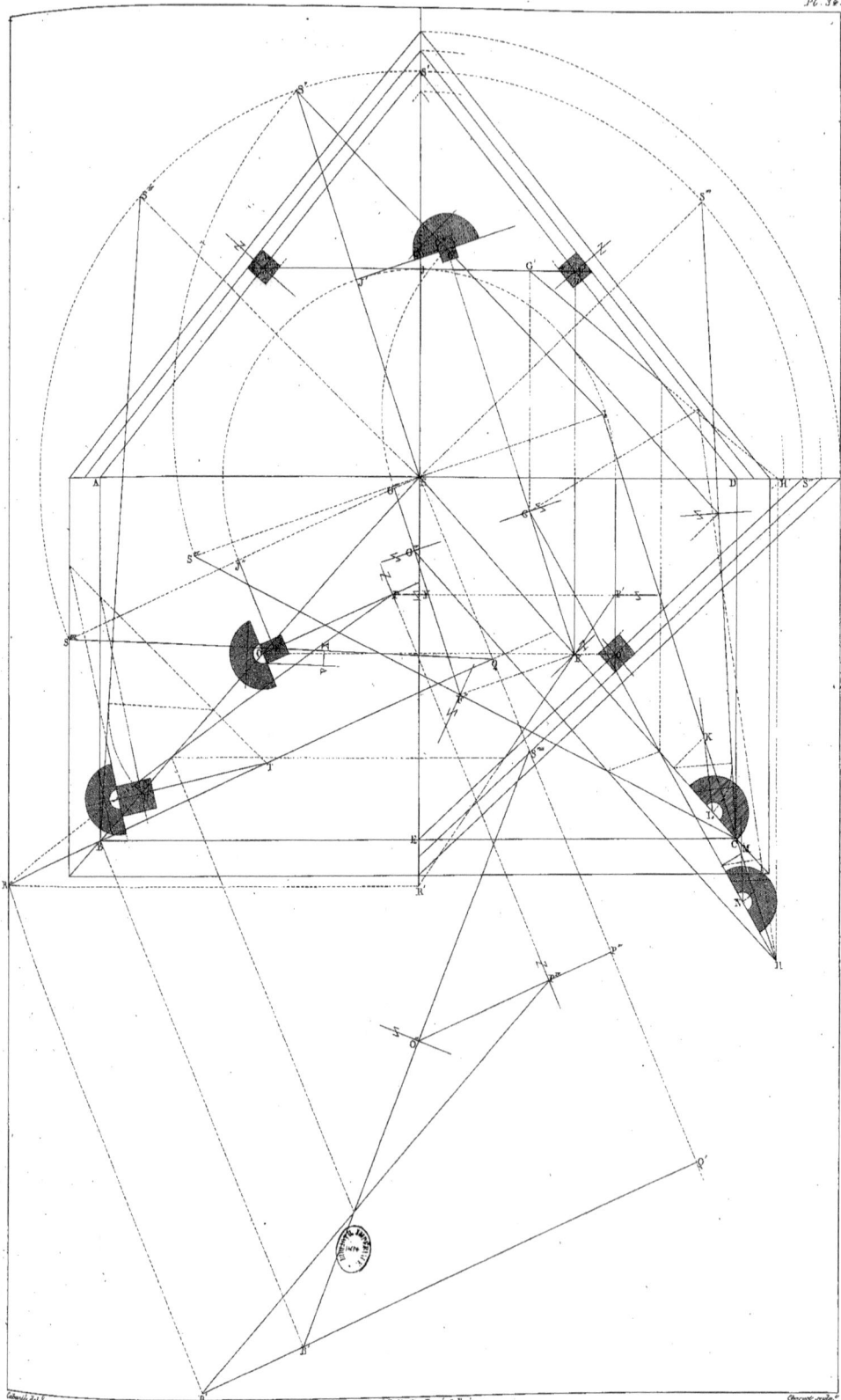

Imp.rie Bollez, rue Pompée 7, Paris.

LIENS DE PENTE SOUTENANT LA TÊTE D'UN ARÊTIER

ÉTABLIS PAR LES NIVEAUX DE DÉVERS.

Sur un plan horizontal (planche 35ᵉ), on trace les deux demi-fermes A S, B S et l'arêtier C S; sur un plan vertical, on figure la demi-ferme A S S', le poteau D D' et le lien de pente D E', mis à volonté. Par les deux poteaux et à la hauteur où le croisillon des liens coupe le croisillon des poteaux, on fait passer une sablière de niveau G F D H. On convient que les liens qui s'assemblent soit dans les arbalétriers, soit dans l'arêtier feront lattis à cette sablière et seront dans un même plan. Pour parvenir à avoir en plan la tête des liens, le lien D E' étant donné, on prolonge C A en H; on descend E' en E; on joint H E et on le prolonge en I, rencontre de l'arêtier; on joint D I, F I, et on a en plan par terre les deux liens qui s'assemblent dans la tête de l'arêtier. On prolonge également C B en G; on joint G I; le point J, rencontre de la demi-ferme B S, est la tête du lien en plan. Ensuite on fait l'élévation de l'arêtier C S S''; on remonte I en I' d'équerre à C S; on joint T I'. La ligne T I' se trouve dans le plan où les liens de pente font lattis; le point I' sert de trait ramèneret pour l'arêtier.

Pour établir la demi-ferme A S S', on commence de mettre l'arbalétrier sur A S', de niveau et de dévers; le poteau sur la ligne D D', en ayant soin d'y faire paraître un trait ramèneret et une plumée, attendu qu'il doit revenir sur ligne avec le lien D I; puis on met le lien sur D E' après l'avoir ligné avec la ligne A S, parue sur le niveau D, et déversé par un trait carré à cette ligne. Bien entendu que le niveau doit être placé sur le lattis du lien X Y ou sur une ligne d'équerre au lattis, après en avoir fait le niveau comme à l'ordinaire telle qu'on voit sur l'épure. Les deux demi-fermes ayant même reculement et même hauteur, on établit l'autre sur cette même épure, en ayant soin de faire le niveau pour déverser le lien qui s'assemble dans l'arbalétrier, en opérant de même.

Pour établir le lien D I dans le poteau D D', on remonte I en I''; on mène une ligne horizontale par le point I''; on fait tourner, du centre D, le point I sur la ligne A S, qu'on remonte en I''' parallèle à S S'; on joint D I'''; on y fait paraître un trait ramèneret P, et l'élévation est faite. On met ensuite le croisillon du poteau sur la ligne D D', le trait ramèneret, paru sur le poteau, sur le trait ramèneret, et ligné avec le lien en plan D I (le niveau placé sur sa plumée) et déversé par un trait carré à cette ligne.

Pour le lien, on en fait premièrement le niveau en faisant, sur un point quelconque du lien D I, un trait carré L K; du point D comme centre, on fait tourner M en M'; par le point M, on élève un trait carré M' N' au lien D I''', qu'on fait tourner, du point M' comme centre, en N', et du point D comme centre on fait tourner N' en N; on joint L N, et on a le lattis du lien sur lequel on met le niveau. Après, on met le croisillon du lien sur D I''', ligné avec le lien en plan D I paru sur le niveau N et déversé par un trait carré à cette ligne. Il ne faut pas oublier de faire paraître sur le lien le trait ramèneret et une plumée, attendu qu'il revient sur ligne pour s'assembler dans l'arêtier.

Pour établir la tête du lien dans l'arêtier, on fait un chevron O S S''' d'équerre à la sablière auxiliaire de niveau C D du plan de niveau qui passe par A D S; on se met au point O comme centre, on fait tourner S''' en S'ᵛ, rencontre de O S; on joint C S'ᵛ, on a l'arêtier; on remonte I en I'ᵛ parallèle à O S'ᵛ; on joint D I'ᵛ, on a le lien, et pour vérification il faut que D I'ᵛ égale D I''' et C S'ᵛ égale C S''. On fait tourner, du centre D, le trait ramèneret P en P', et du centre C le trait ramèneret I' en I'ᵛ. On met ensuite le croisillon de l'arêtier sur C S'ᵛ, le trait ramèneret déjà paru sur I'ᵛ, ligné avec la ligne R Q, parue sur le niveau Q, et déversé par un trait carré à cette ligne. Pour le lien, on met son croisillon sur la ligne D I'ᵛ, le trait ramèneret P paru sur lien sur P', ligné avec la ligne K N, parue sur le niveau N, et déversé par un trait carré à cette ligne. Bien entendu qu'on opère de même pour l'autre lien F I; d'ailleurs le niveau est fait comme on le voit sur l'épure.

Pour mettre des croix Saint-André dans les liens on se met au point T comme centre, on fait tourner I' en I'ᵛ, on joint H I'ᵛ, G I'ᵛ. On remonte E en E'', J en J' parallèle à T I'ᵛ; on joint D E'', D I', F I'ᵛ, F J', et on a les liens en herse. On les met sur ligne sans être déversés, attendu qu'ils font lattis ensemble; on met le trait ramèneret, déjà paru sur chacun d'eux, sur leur trait ramèneret respectif. Les croix, on les met à volonté également sans être déversées, comme on le voit sur l'épure.

Si l'on voulait établir des croix dans l'arbalétrier et dans l'arêtier, on en fera la herse B' C' U en lignant l'arêtier avec V Q et en le déversant par le trait carré à cette ligne; les croix mises de niveau et de dévers et les abouts des croix de niveau, c'est-à-dire parallèles aux sablières.

PARIS. — IMPRIMERIE DE MADAME VEUVE BOUCHARD-HUZARD, RUE DE L'ÉPERON, 5.

35

Pl. 35.

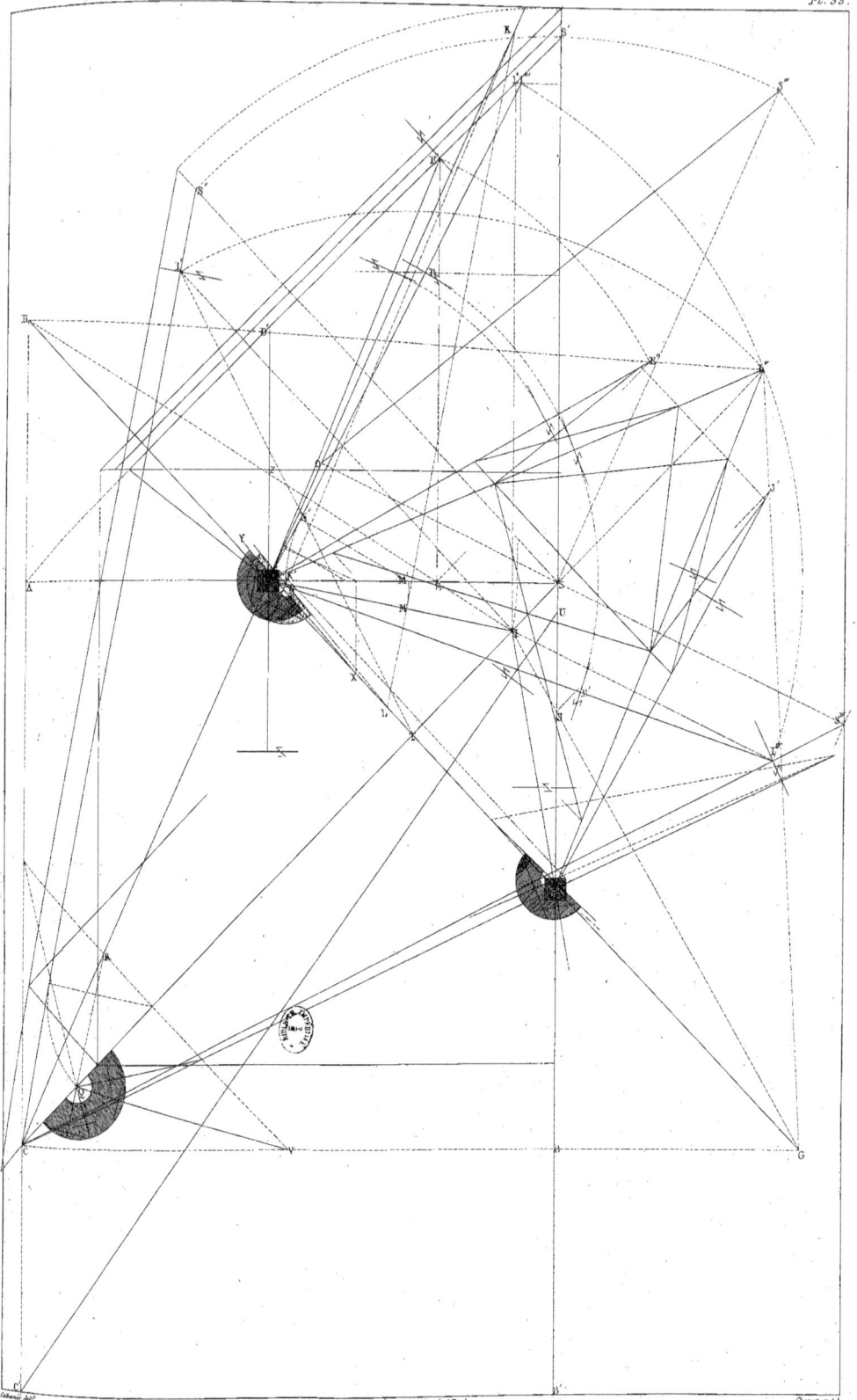

Imp.ᵉ Mulle, rue Neuve-St. Paris.

LIENS DE PENTE SOUTENANT LA TÊTE D'UN ARÊTIER

ÉTABLIS A LA FAUSSE ÉQUERRE.

On commence (planche 36ᵉ), sur un plan horizontal, de tracer les deux demi-fermes A S, B S, l'arêtier C S et leurs épaisseurs ; sur un plan vertical, la projection de la demi-ferme A S S', le poteau D F, le lien de pente D G' et leur retombée. Sur un autre plan également vertical on projette l'arêtier C S S'' et sa retombée. Ensuite on descend G' en G ; on fait passer, par le centre des poteaux, une sablière auxiliaire D H, qu'on prolonge jusqu'à la rencontre de A C, B C. On joint I G prolongé en K ; on joint D K, H K, et les deux liens en plan sont tracés. On tire K J ; le point L, rencontre de la demi-ferme, donne en plan la tête de l'autre lien de pente. Ensuite on remonte K en K' ; on joint M K' ; on figure sa retombée, et le chevron carré est terminé.

Pour faire la herse des liens, on se met au point M comme centre ; on fait tourner K' en K'' ; on joint I K'', J K''. Après, on remonte, parallèles à M K'', G en G'', L en L' ; on joint D G'', D K'', H K'' et H L'. On figure à volonté la largeur des liens ; l'épaisseur doit être comme elle est figurée sur le chevron d'emprunt M K' ; les croix mises à volonté et coupées carrément sur la face.

Pour trouver la coupe de la tête du lien D G sous l'arbalétrier A S, on opère comme il suit : on prolonge la gorge de l'arbalétrier en N, lattis des liens ; on mène par ce point une ligne N N' parallèle à I K''. La même gorge de l'arbalétrier coupe le dessous de la sablière des liens en O ; ce point, rabattu sur son démaigrissement en O' et ramené en O' O'' parallèle à I K'', donnera la coupe cherchée en rembarrant, bien entendu, l'une par l'autre et tendant à la même épaisseur du chevron M K'.

Pour la coupe du même lien dans le poteau, on fait passer, par la tête K des liens, une sablière ou ligne K E parallèle à I J. Par le même point K'' en herse, on mène la même ligne K'' E' ; on remonte E en E' parallèle à M K'' ; on joint le point E' avec le point P, rencontre du lattis des liens D H et de la face du poteau P E. Où la même face du poteau coupe la gorge des liens, on rabat ce point sur son démaigrissement et on le mène parallèle à P E' ; on rembarre l'une par l'autre et on a la coupe du pied. On opère de même pour l'autre lien H L, comme on peut le voir sur l'épure.

Pour la coupe de la tête du lien D K dans l'arêtier, on fait tourner du point M la gorge Q en Q', de même pour l'about ; on rembarre l'une par l'autre et on a la coupe sous l'arêtier. Pour la coupe de la face, on n'a qu'à tracer carrément sur la face de l'arêtier, attendu que le lattis des liens est d'équerre à l'arêtier en plan.

Pour trouver la coupe dans le poteau sur la face P E, la même ligne P E', rembarrée avec celle qui lui est parallèle, donnera la coupe sur cette face ; pour l'autre face P' R, en remontant R en R' et en joignant R' avec P', rencontre de la face P' R et du lattis D H, on a une ligne qui, rembarrée avec T T'', donnera la coupe sur l'autre face. On opère de même pour l'autre lien H K.

Pour couper sur le trait le lien H K, on en fait premièrement le dévers de pas comme il a été démontré précédemment ; ensuite, par le sommet K du lien, on fait un trait carré U K au dévers de pas H U. Après, on prend U K en reculement, on s'ouvre à la hauteur K', on porte cette longueur de U' en K''' et d'équerre à H' U'. On prend U H, qu'on porte de U' en H' ; on joint H' K''' ; on met la même épaisseur que celle du chevron carré. Pour la coupe de dessous l'arêtier, on prolonge le dévers de pas en V, on prend U V qu'on porte de U' sur la ligne U' H' ; on joint ce point avec K''', et cette coupe est trouvée. Pour celle qui est à plomb, on prolonge le dévers de pas H U jusqu'à la rencontre de C K'' ; on prend du point U cette distance, et on la porte du même point U' et on joint ce point avec K''' : pour vérification, elle doit se trouver d'équerre à H' K'''. Pour la coupe du pied, on prend K X qu'on porte de K''' en X' ; on joint H' X'. Pour l'autre, on prend K Y ; on le porte de K''' sur la ligne K''' Y' ; on joint ce point avec H' et on a l'autre. On fait de même pour l'autre lien D K.

Pour le lien D G, on fait, par son sommet G, un trait carré G Z à son dévers de pas, qu'on prend en reculement et qu'on porte en Z' G''' et d'équerre à D' Z''' ; ensuite Z D, qu'on porte en Z' D' ; on joint D' G'''. Après, on prend Z Z'', qu'on porte en Z' Z''' ; on joint G''' Z''. On prend la gorge de l'arbalétrier Z Z^{iv}, qu'on porte en Z' Z^v ; on mène Z^v Z^{vi} parallèle à Z''' G''', et on a la coupe de la tête. Pour celle du pied, on prend G F, qu'on porte en G''' F', on joint D' F', et on a la coupe du pied. On opère de même pour l'autre lien H L.

Pl. 36.

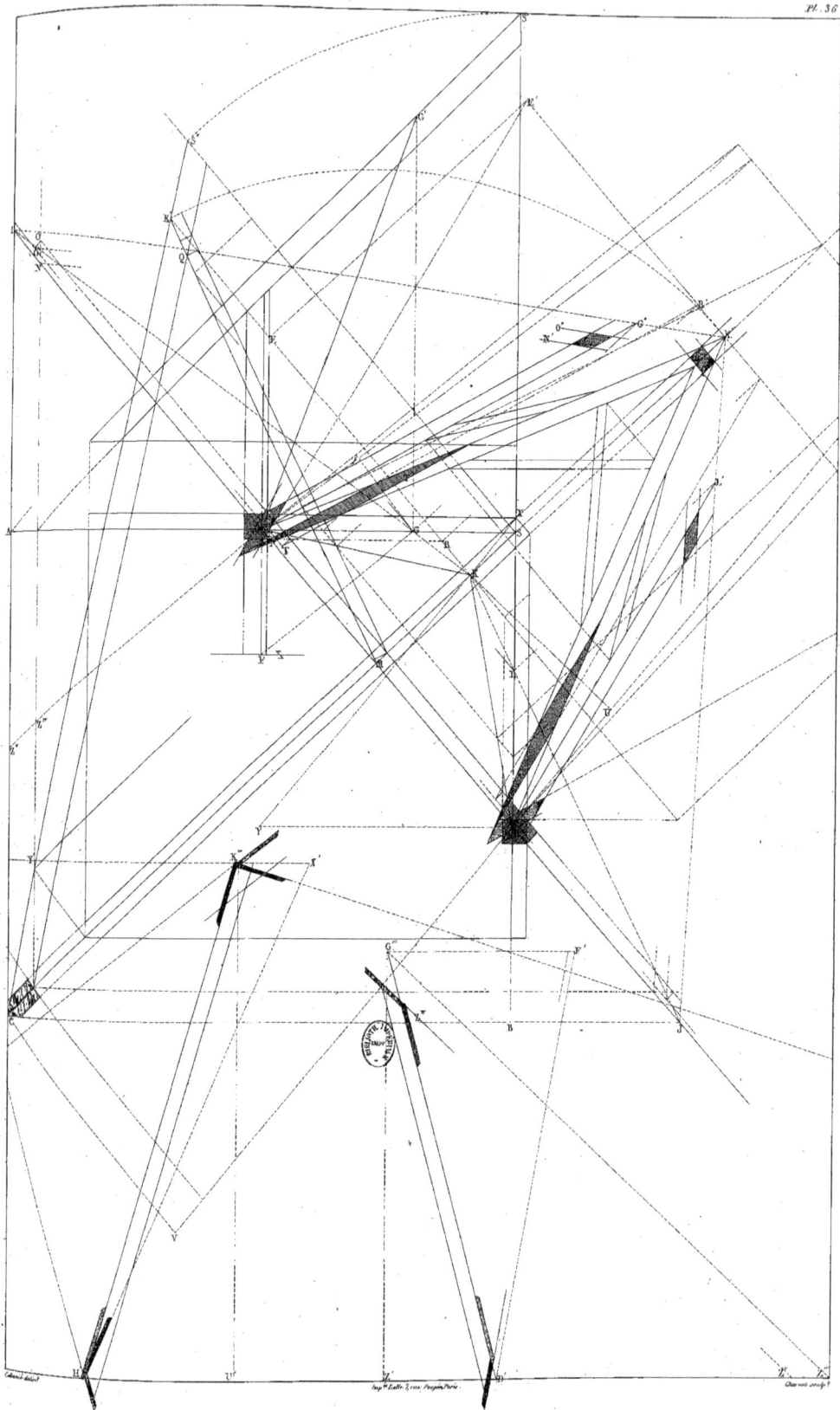

Cahané del.

Imp.ᵉ Lath. Z. rue Prçoin Paris.

Charnô sculp.ᵗ

LIENS DE PENTE ASSEMBLÉS PAR NIVEAUX DE DÉVERS

DANS DEUX ARÊTIERS ISOLÉS.

On commence (planche 37°), sur un plan horizontal, de tracer l'arêtier A B et l'arêtier C S : il est bien entendu que les deux arêtiers sont isolés, c'est-à-dire que l'un est dans un comble et l'autre dans un autre. Ensuite on tire une ligne de terre A′ C′ à volonté. Sur cette ligne on y élève un plan vertical, et sur ce plan on y projette les deux arêtiers A′ B″, C′ S″ (les hauteurs B′ B″, S′ S″ sont prises sur les poinçons B et S). Après, on met en plan par terre le lien D E, et on le projette en D″ E′ ; on prolonge cette projection D″ E′ jusqu'à la ligne de terre A′ C′ en F′, qu'on descend perpendiculaire à A′ C′ en plan par terre en F, prolongation du lien D E (c'est au point F que l'alignement du lien perce le plan horizontal). Les deux arêtiers n'étant pas dans le même plan, il faudra nécessairement que le lien revienne deux fois sur ligne.

Pour établir la tête du lien D dans l'arêtier A B, on commence de chercher les points où l'arêtier et le lien percent le plan horizontal. L'arêtier perce le plan en A, le lien en F ; on joint A F, et on a la sablière auxiliaire. Il peut arriver que le lien et l'arêtier percent le plan horizontal bien près l'un de l'autre ; alors la direction de la sablière n'aurait pas toute la précision désirable. On remédie à cet inconvénient en faisant passer, par un point quelconque du lien, une droite dans l'espace parallèle au rampant de l'arêtier A B : le point où cette droite perce le plan horizontal donne un troisième point d'alignement de la sablière. Pour projeter cette droite, on opère ainsi : on élève, sur un point quelconque G′ du lien, une ligne G′ H′ parallèle à A′ B″, on descend G′ en G perpendiculaire à A′ B′, on mène G H parallèle à A B, on descend H′ en H d'équerre à la ligne de terre A′ C′ ; le point H sera le troisième point cherché. La sablière étant déterminée, on y élève, du sommet B, une perpendiculaire B I ; par le même point B, une perpendiculaire B B″′ à B I ; on fait B B″′ égal à B′ B″, on joint I B″′. On se met au point I comme centre, on fait tourner B″′ en B^{iv} ; on joint A B^{iv}. On fait l'élévation de l'arêtier A B B^{v} en faisant B B^{v} égal à B′ B″, et, pour vérification, A B^{iv} doit être égal à A B^{v}. Ensuite on fait l'élévation du lien F D D″ en faisant, bien entendu, D D″ égal à D′ D″. On remonte le trait ramèneret G G″′ parallèle à I B : il faut que F G″′ égale F G″ (la tête du lien D^{iv} sert de trait ramèneret pour l'arêtier). On fait ensuite le niveau de l'arêtier, et l'on s'y prend de cette manière : à un point quelconque K de l'arêtier, on fait un trait carré K J à A B ; par le point K on élève une ligne K K′ à A B′, qu'on fait tourner du point K en K″ ; on joint J K″. Pour faire le niveau du lien, on fait un trait carré L N au lien en plan F D ; par le point M on élève un trait carré M M′ au rampant du lien F D″′ ; on fait tourner du point M, comme centre, M′ en M″ ; on joint L M″, et le niveau est fait : on saura que les arêtiers et le lien sont par face à plomb.

La herse étant faite, on met le croisillon de l'arêtier sur la ligne A B″, le trait ramèneret sur D″, après l'avoir ligné avec la ligne J K″ parue sur le niveau A, et déversé par un trait carré à cette ligne. Pour le lien, on met son croisillon sur la ligne F D″, ligné avec la ligne L M″ parue sur le niveau M″, et déversé par un trait carré à cette ligne. Il ne faut pas oublier de faire paraître sur le lien le trait ramèneret G″′, qui servira pour revenir sur ligne.

Pour assembler le pied du lien dans l'autre arêtier, on commence de faire passer par le même point G′ une droite dans l'espace parallèle au rampant de l'arêtier C S, en opérant comme il suit : on mène G′ O′ parallèle à C′ S″, G O parallèle à C S ; on descend, d'équerre à A′ C′, O′ en O ; les points O, C, F joints par une ligne droite forment la sablière auxiliaire. Ensuite on fait le chevron carré P D D″ à cette sablière, en faisant D D″ égal à D′ D″. On se met au point P comme centre, on fait tourner D″ en D″, on joint F D″ (F D″ doit égaler F D″′), on remonte le trait ramèneret G en G″, d'équerre à la sablière O F (F G″ doit égaler F G″). Ensuite on remonte, parallèle à la sablière F O, S en S″′ sur le rampant du chevron carré P D′. On se met au point P comme centre, on fait tourner S″′ en S^{iv} et descendre, en S′, parallèle à la sablière F O ; on joint C S′ après avoir mené S S′ d'équerre à O F. On fait l'élévation de l'arêtier en faisant S S″ égal à S′ S″, et en joignant C S″ ; on regarde si C S′ égale C S″. On remonte le trait ramèneret E en E″ pour l'arêtier.

La herse étant faite, on met le croisillon de l'arêtier sur C S′, le trait ramèneret sur E″, après l'avoir ligné avec la ligne Q T′ parue sur le niveau C, et déversé par un trait carré à cette ligne. On met le croisillon du même lien sur F D″, son trait ramèneret sur G″, après l'avoir ligné avec la ligne M″ N parue sur le niveau M″ et déversé par un trait carré à cette ligne : le niveau de cet arêtier se fait comme il vient d'être dit, en opérant sur la sablière auxiliaire F O.

Ces assemblages étant à tout dévers pour les piquer, il faut apporter beaucoup d'attention à la piqûre, et rembarrer presque toujours avant d'avoir rien dérangé pour s'assurer qu'on a bien opéré.

PARIS. — IMPRIMERIE DE MADAME VEUVE BOUCHARD-HUZARD, RUE DE L'ÉPERON, 5.

Pl. 37.

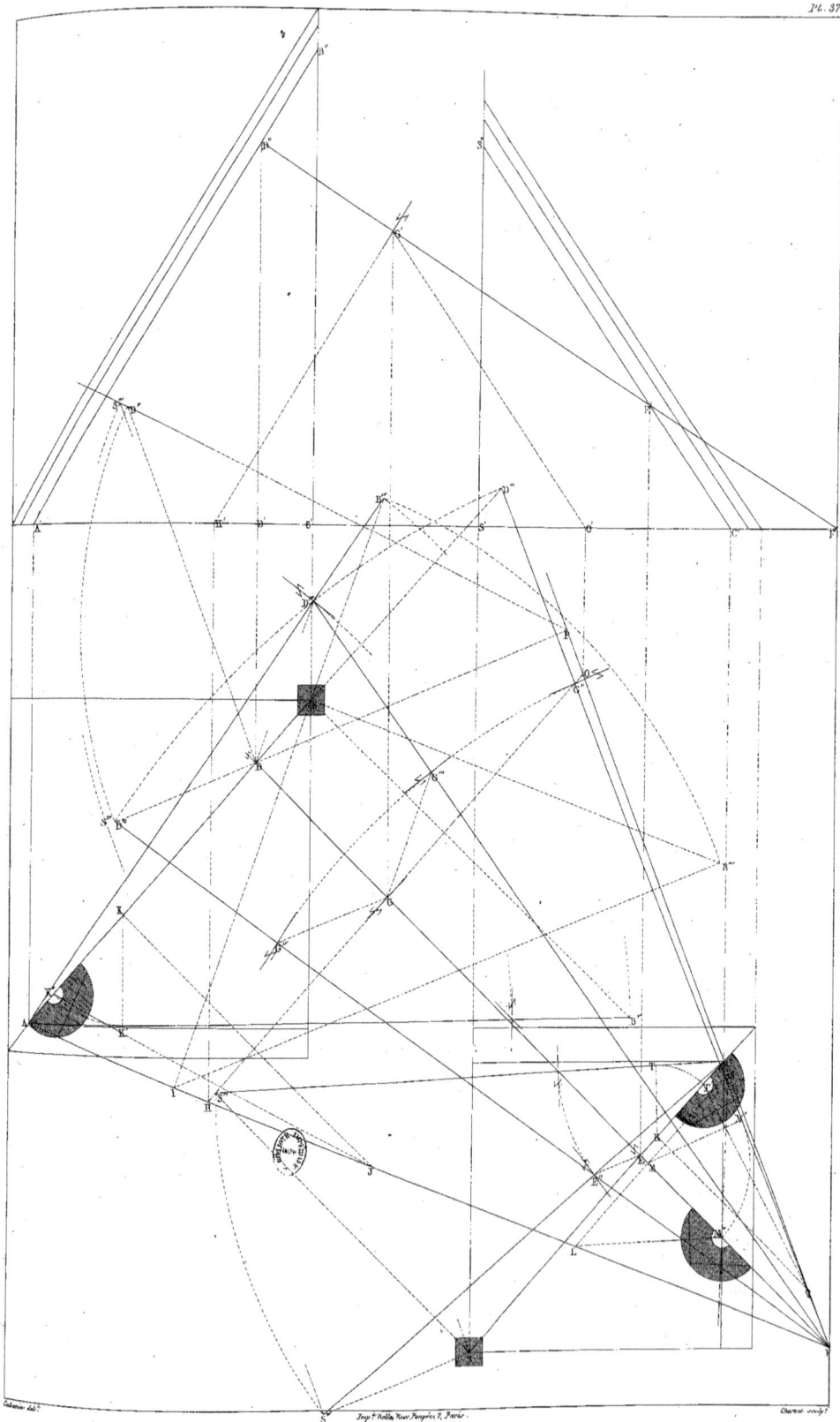

LIEN DE PENTE PAR FACE A PLOMB A LA FAUSSE ÉQUERRE

ASSEMBLÉ DANS DEUX ARÊTIERS ISOLÉS.

On commence (planche 38e), sur un plan horizontal, de tracer les arêtiers A S, B C. On fait passer, à volonté, une ligne de terre A′ B′. Sur cette ligne on élève un plan vertical, et sur ce plan on projette les deux arêtiers A′ S″, B′ C″ et leur retombée : on peut mettre le lien en plan premièrement ou en élévation, comme on le désire ; seulement, si on le met en plan, on le remonte en élévation, et réciproquement. On met donc le lien E D en plan, qu'on remonte en projection en E′ D″ prolongé en F′, ligne de terre. On descend F′ en F d'équerre à A′ B′, et on a le point où l'alignement du lien perce le plan horizontal.

Pour couper le lien sur le trait, on lève par le point D une ligne D D‴ d'équerre au lien en plan D F ; on fait D D‴ égal à D′ D″ ; on joint F D‴. Le lien étant par face à plomb, la trace du lattis et de la gorge devra être d'équerre au lien en plan. On tire donc le lattis du lien K F G et sa gorge Q U. Ensuite on remonte E en E″ d'équerre à D F ; on mène D″ O′ parallèle à la ligne de terre ; on descend O′ en O parallèle à C′ C″ ; on mène O V d'équerre à l'arêtier B C ; on remonte V en V′ parallèle à D D‴, D‴ V′ parallèle à D F, et B B″ d'équerre à B C jusqu'à la rencontre de D F. On joint les trois points V′, E″, B″ par une ligne droite, et on a la fausse équerre pour la barbe sur l'arêtier B C. On remonte I I′ parallèle à E E′, et on a celle de la coupe à plomb. Pour la tête, on joint A F ; le point J rencontre du dessous l'arêtier mené parallèle à A S en J′, remonté en J″ parallèle à D D‴ et joint avec le point de rencontre du dessous l'arêtier J L et le lien D F, donne la coupe à la fausse équerre sous l'arêtier. On remonte R en R′ parallèle à D D‴, et on a la coupe à plomb.

Les coupes à la fausse équerre ne serviraient de rien si on n'avait pas, sur le lattis du lien, les lignes convenables pour placer la fausse équerre. Pour cela on se met au point F comme centre, on fait tourner D‴ en D‴, on joint G D‴ ; on y mène L L′ parallèle, et on a la ligne pour placer la sauterelle J″ ; on y mène de même son démaigrissement. On joint K D‴, on y mène parallèlement M M′, et on a son démaigrissement : c'est sur la ligne M M′, parue sur le lien, qu'on placera la sauterelle R′. Pour le pied, on mène D D‴ parallèle à G F jusqu'à la rencontre de la face de l'arêtier B C ; on mène D‴ D‴ parallèle à D D‴, et D‴ D‴ d'équerre à D D‴. On joint H D‴. On fait tourner I′ du point F en I″, et on a un troisième point d'alignement ; sur cette ligne on placera la sauterelle I′. Pour la barbe sur l'arêtier, on mène O″ en O‴ d'équerre à D D‴ ; on joint N O‴ ; on fait tourner E″ en E‴ du point F pour avoir un troisième point, et c'est sur la ligne N O‴ qu'on placera la sauterelle E″. On a fait paraître deux lignes à chaque coupe pour pouvoir les rembarrer l'une par l'autre, et se dispenser des coupes à la fausse équerre ; mais en se servant de la sauterelle on n'a besoin que d'une seule ligne sur le lattis pour chaque coupe. On met ensuite le lien sur la ligne F D‴ de niveau et de dévers ; on fait paraître dessus les lignes L L′, M M′, H D‴ et N O‴ ; on place sur chaque ligne sa fausse équerre spéciale, et le lien est tracé.

Pour tracer la mortaise du lien sur la face à plomb de l'arêtier A S, on en fait l'élévation A S S‴, en faisant, bien entendu, S S″ égal à S′ S″. La ligne A F coupe la face de l'arêtier en P ; on remonte P en P′ d'équerre à l'arêtier en plan A S, et P′ P″ parallèle au rampant A S‴. On remonte R P″ parallèle à S S‴, et on mène M en M″ d'équerre à l'arêtier A S ; on joint M″ P″. On remonte Q en Q′ également d'équerre à A S et Q′ Q″ parallèle à M″ P″ ; ensuite on remonte T T′ parallèle à R P″, et l'occupation du lien sur la face de l'arêtier est tracée.

Pour trouver l'occupation du lien sur la face à plomb de l'autre arêtier, on en fait l'élévation B C C‴, en faisant, comme de raison, C C‴ égal à C′ C″. On remonte ensuite, parallèlement à C C‴, O en O‴ ; on mène par ce point une ligne de niveau O‴ D‴. On remonte D‴ D‴ d'équerre à l'arêtier B C, on mène H en H′ également d'équerre à B C, on joint H′ D‴ ; on remonte U en U′ toujours d'équerre à B C ; on mène le point U′ parallèle à H′ D‴. Ensuite on mène I en I‴, X en X′ parallèle au poinçon C C‴, et la place du lien sur la face de l'arêtier B C est figurée.

Si l'on désirait tracer l'occupation de la barbe sur l'arêtier B C et celle du dessous de l'arêtier A S, on opérerait comme il vient d'être dit pour le lien mis en herse, mais l'occupation est si minime et si peu utile, qu'on n'a pas jugé nécessaire de le faire ; d'ailleurs, dans les pièces qui vont suivre, l'occasion se présentera et la démonstration en sera rigoureusement faite.

PARIS. — IMPRIMERIE DE MADAME VEUVE BOUCHARD-HUZARD, RUE DE L'ÉPERON, 5.

38

Pl. 38.

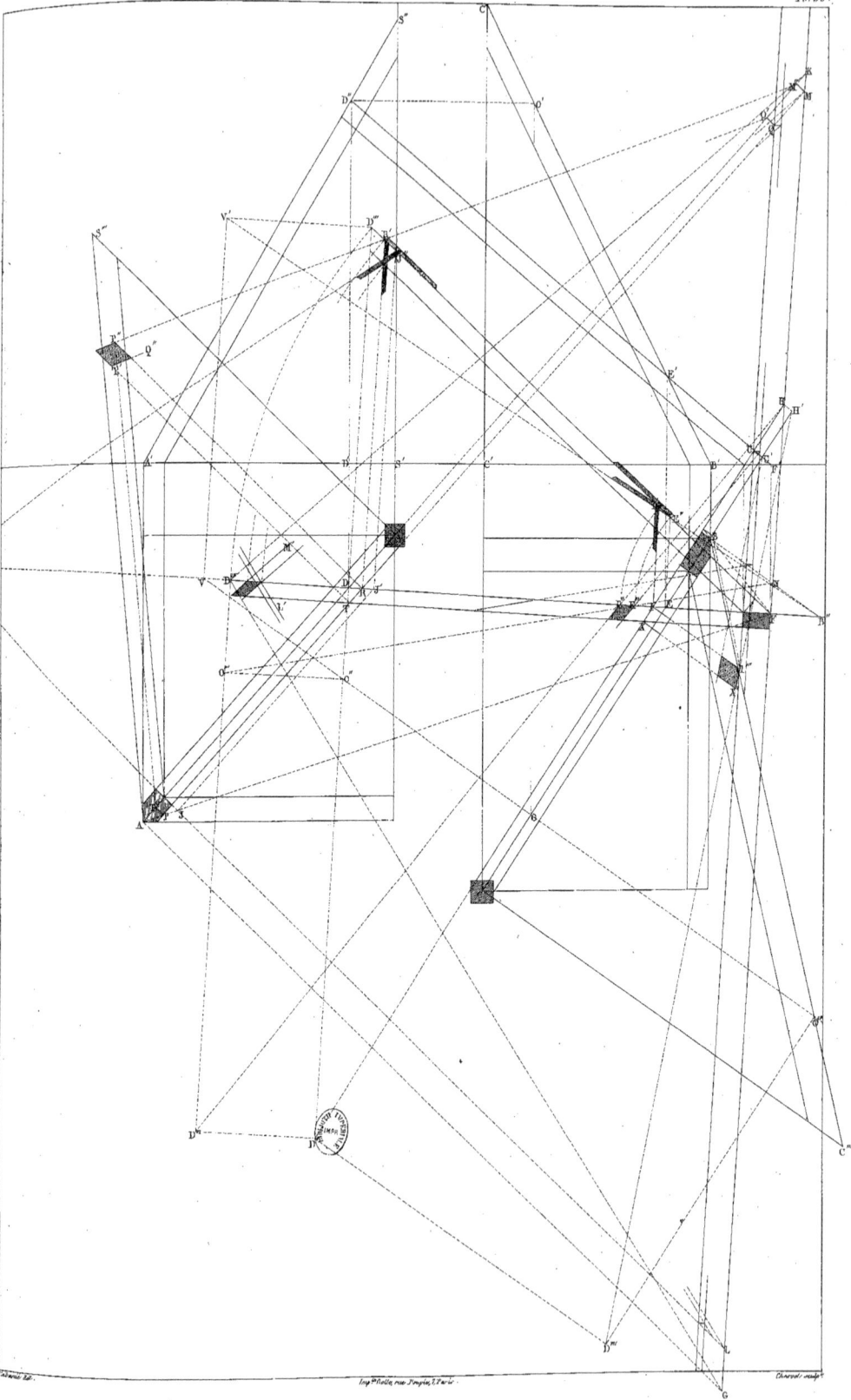

Imp. Ph. Rollin, rue Pompier, 7, Paris.

LIEN DE PENTE A DÉVERS ASSEMBLÉ AVEC LES NIVEAUX

DANS DEUX ARÊTIERS ISOLÉS A DÉVERS.

On commence (planche 39°) de tracer, sur un plan par terre, les arêtiers A S, B C. Ensuite on tire une ligne de terre A' B' à volonté. Sur cette ligne on y élève un plan vertical, et sur ce plan on projette les arêtiers A' S", B' C" (les hauteurs S' S", C' C" sont celles des arêtiers). Après, on met en plan par terre le lien D E, et on le projette en D' E". On prolonge cette projection en F', rencontre de la ligne de terre ; on descend F', d'équerre à A' B', en F, prolongation du lien en plan E D.

Pour établir la tête du lien dans l'arêtier A S, on commence de tirer une ligne A F, sablière auxiliaire : on a eu un troisième point d'alignement en faisant passer, à un endroit quelconque du lien, une droite dans l'espace parallèle au rampant de l'arêtier A S ; cette droite perce le plan horizontal en R, alignement de la sablière auxiliaire.

La sablière étant déterminée, on fait du sommet S de l'arêtier un chevron carré S S" G à cette sablière, en mettant pour hauteur S S" égal à S' S". On fait tourner du point G le sommet S" en S", on joint A S". On fait ensuite l'élévation de l'arêtier A S S" en mettant S S" égal à S' S". On se met au point A comme centre ; on fait tourner S" en S" pour vérification. Après, on fait l'élévation du lien en élevant E E" d'équerre à E F, en mettant E E" égal à E' E" et en joignant F E". On remonte la tête du lien E, qui sert de trait ramèneret à l'arêtier, en E", et du centre A on tourne E" en E" ; et, pour vérification, E E" doit être parallèle à G S". On joint le lien F E" ; et, pour double vérification, il doit être égal à F E". Le trait ramèneret H du lien remonté en H' d'équerre au lien F E, on se met au point F comme centre, on fait tourner H' en H" ; et, pour vérification, H H" doit être parallèle à G S".

La herse étant faite, on fait le niveau de l'arêtier et celui du lien, en sachant que l'arêtier A S fait lattis à la sablière A A', que le lien fait lattis à la ligne F F', et que l'autre arêtier B C fait lattis à la sablière B N. Ceci étant connu, on fait sur l'arêtier A S un trait carré X Z ; par le point P un trait carré P Y au rampant A S" ; on fait tourner, du point P, Y en Y' ; on joint Y' Z, lattis de l'arêtier, sur lequel on place le niveau ; on joint X Y', qui ligne. Pour le niveau du lien on fait un trait carré T U à volonté sur le lien en plan ; on élève O V d'équerre à l'élévation du lien F E" ; on tourne, du point O, V en V', on joint T V', lattis du lien et sur lequel on place le niveau ; on joint U V', qui ligne, et un trait carré à cette ligne l'établit.

Les niveaux étant faits, on met le croisillon de l'arêtier sur la ligne A S", son trait ramèneret sur E", ligné avec la ligne X Y' parue sur le niveau Y', et déversé par un trait carré à cette ligne. On met le croisillon du lien sur F E", ligné avec la ligne U V', parue sur le niveau V', et déversé par un trait carré à cette ligne. On fait paraître, sur l'arêtier et sur le lien, une plumée et le trait ramèneret.

Pour assembler le pied du lien dans l'autre arêtier B C, on mène, par un point quelconque H du lien en plan, H I parallèle à B C ; on remonte H en H" d'équerre à A' B', et H" I' parallèle à B' C". On descend I' en I d'équerre à B' C' : les points I, B et F devront être sur une ligne droite qui sera la sablière auxiliaire. Par le sommet E du lien, on élève un chevron d'emprunt E J E" d'équerre à F I, en faisant E E" égal à E' E". On fait tourner, du centre J, E" en E" ; on joint F E" : pour vérification, F E" doit égaler F E". Le trait ramèneret H on le mène en H" parallèle à J E", et, pour s'assurer qu'il est bien, on regarde si F H" égale F H'. Pour l'arêtier, on remonte C, parallèle à F I, en C", rampant du chevron carré J E" ; on se met au point J comme centre, on fait tourner C" en C", et parallèle à la sablière F I, en C", rencontre de C C" d'équerre à F I ; on joint B C". Ensuite on fait l'élévation de l'arêtier B C C" en faisant C C" égal à C' C". On remonte D D" d'équerre à B C ; on a le trait ramèneret sur l'arêtier, qu'on fait tourner du point B en D" ; et, pour vérification, D D" doit être parallèle à J E", et B C" égaler B C".

La herse étant faite, on prend l'arêtier ; on met son croisillon sur la ligne B C" ; le trait ramèneret sur D", ligné avec la ligne M L' (après en avoir fait le niveau comme à l'ordinaire), parue sur le niveau B, et déversé par un trait carré à cette ligne. Ensuite on prend le lien, on met son croisillon sur F E" ; son trait ramèneret sur H", ligné avec la ligne Q V', parue sur le niveau V', et déversé par un trait carré à cette ligne.

Pour ligner ces arêtiers et ce lien, on opérera comme il a été démontré précédemment au premier pavillon carré à dévers (planche 25°), et comme on a vu dans les liens de pente, panne de pente, etc.

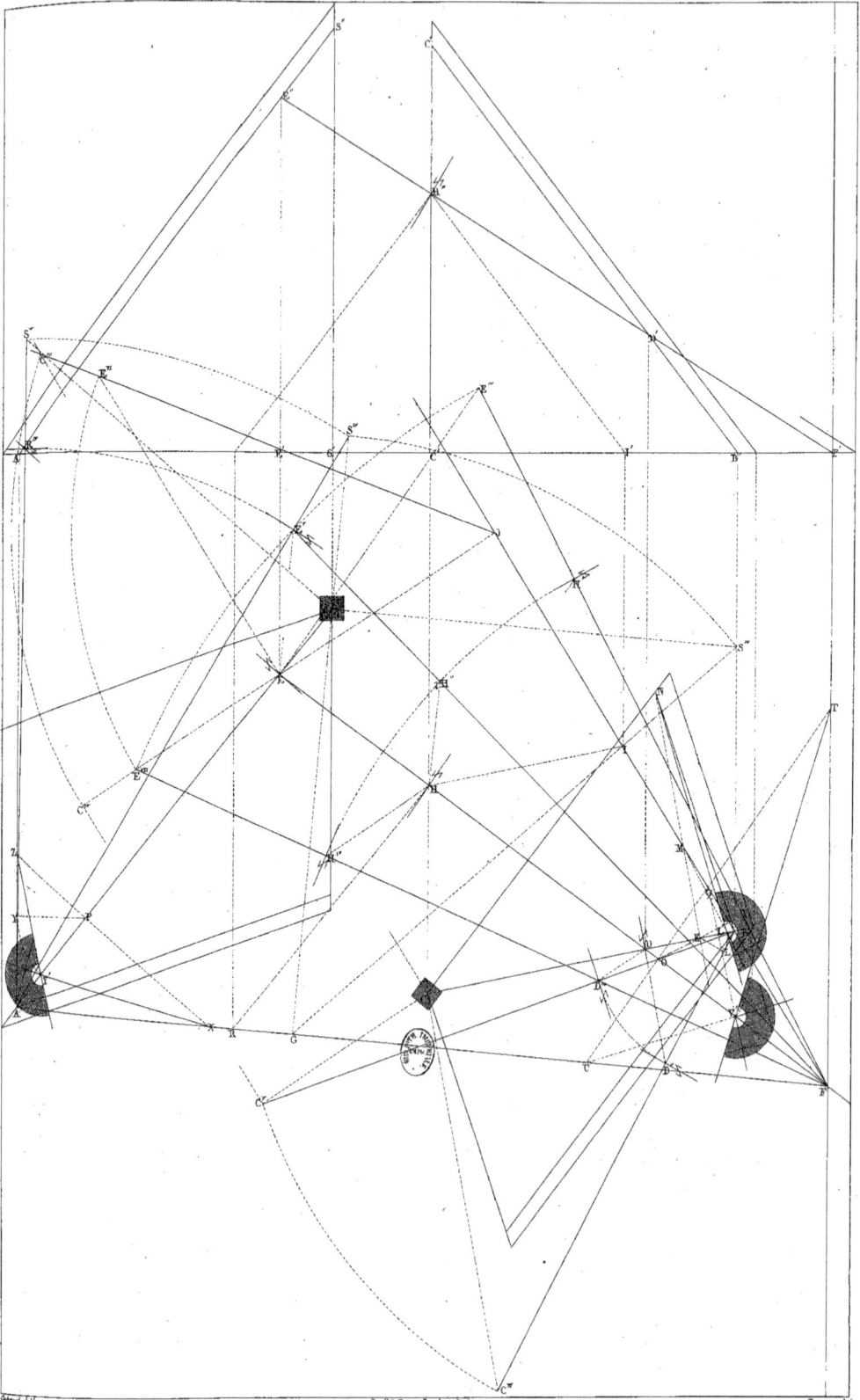

Imp.^{ie} Bellet, rue Fürstenberg, 7, Paris.

LIEN DE PENTE A DÉVERS ASSEMBLÉ A LA FAUSSE ÉQUERRE

DANS DEUX ARÊTIERS ISOLÉS A DÉVERS.

On commence (planche 40e), sur un plan horizontal, de tracer les arêtiers A S, B C et le lien F D E. Ensuite on tire une ligne de terre A′ B′ à volonté ; sur cette ligne on élève un plan vertical, et sur ce plan on projette les arêtiers A′ S″, B′ C″ et le lien E″ D′ F′. On fait paraître, en outre, la retombée des arêtiers et du lien ; de plus, il est bien entendu que, quand on coupe à la fausse équerre, on se sert du lattis, et que, quand on assemble par niveaux, on se sert d'un point de croisillon situé à chaque bout des pièces de bois. On fait donc paraître en plan par terre les deux arêtes du lattis des arêtiers, du lien, et leur alignement ou dévers de pas.

Pour couper le lien sur le trait, on élève du point E une perpendiculaire E G au dévers de pas F I du lien ; on prend E G en reculement, qu'on porte en E′ G′ ; on prend le rampant G′ E″ qu'on porte en G E‴ ; on joint F E‴. Pour avoir trois points d'alignement, on fait passer par le sommet E du lien un deuxième plan horizontal, et sur ce nouveau plan on fait paraître les dévers de pas des arêtiers et du lien comme dans le premier : les intersections des alignements du premier plan avec le second, jointes par des lignes droites, donnent les coupes et les mortaises demandées ; car il faut se rappeler que le même alignement trace le joint et la mortaise : je mène donc par le sommet E‴ le second dévers de pas E‴ J″ parallèle au premier F G. Le point H est la rencontre du dévers de pas de l'arêtier A S et du lien dans le premier plan ; le point H′ est la rencontre des mêmes dévers dans le second ; on remonte donc H′ en H″ parallèle à G E‴ ; on joint H H″, on a la coupe du lien sur le dévers A H. Le point I est la rencontre du dévers du lien et de dessous de l'arêtier A S dans le premier plan ; le point T est la rencontre du même dévers dans le second ; on remonte T en I′, on joint I I′ ; on a la coupe du dessous. On a un troisième point d'alignement en opérant comme on le voit sur l'épure. Le point U est la rencontre du dévers de pas du lien et de l'arêtier B C dans le premier plan ; l'autre point, dans le second plan, étant trop éloigné, on remonte D D″ d'équerre au dévers de pas F G ; on joint U D″, et on a la coupe du lien sur l'alignement B U. Le point J est la rencontre du dévers du lien et du dessous de l'arêtier B C dans le premier plan ; le point J′ est la même rencontre dans le second ; en remontant J′ en J″ d'équerre au dévers de pas et en joignant J J″, on a la coupe de dessous. On a un troisième point d'alignement en opérant comme on le voit sur l'épure.

Pour mettre le lattis du lien en herse, on se met au point F comme centre, on fait tourner E″ en E⁴, on descend E⁴ en E⁵ parallèle à F F′, et on mène E E⁵ d'équerre à F F′ ; on joint F E⁵, on y mène sa face parallèle. Ensuite, pour tracer sur son lattis les quatre lignes sur lesquelles on doit placer les sauterelles, on opère comme il suit : le point K est la rencontre du dévers de l'arêtier B C et du lattis du lien dans le premier plan ; le point K′ est la même rencontre dans le second ; en remontant K′ en K″ et en joignant K K″, on a la ligne pour y placer la première fausse équerre à partir du bas. Le point L est la rencontre du dessous de l'arêtier B C avec le lattis du lien dans le premier plan. La même rencontre dans le second plan se trouvant hors la planche, on a été obligé de faire un emprunt ; mais avec le troisième point M on peut s'en dispenser : la ligne L M sert pour mettre la deuxième fausse équerre. Le point N est la rencontre du lattis du lien avec le dévers de pas A H de l'arêtier A S dans le premier plan ; le point N′ est la même rencontre dans le second ; en remontant N′ en N″ d'équerre à N′ K′ et en joignant N N″, on a la ligne pour placer la troisième fausse équerre. Pour la quatrième, on n'a qu'à tourner du point F′, comme centre, O en O′ et descendre en O″ parallèle à F F′.

Pour tracer les rampes des mortaises sur le dévers de pas de l'arêtier A S, on fait passer par le sommet S de l'arêtier un trait carré S P au dévers de pas A N ; on prend S P en reculement ; on s'ouvre au sommet de l'arêtier, et on porte cette distance de P en S‴ ; on joint A S‴. On remonte N′ en N‴ parallèle à P S‴ ; on joint N N‴, on a le lattis du lien ; en joignant Y N‴, on a l'occupation du lien sur le dévers A H. Pour avoir la rampe de la mortaise du dessous, on se met au point A′ comme centre, on fait tourner S″ en S⁴ et descendre en S⁵ parallèle à A A′ ; on joint A S⁵ après avoir remonté S S⁵ d'équerre à A A′. On fait tourner du même point A′ le démaigrissement Q en Q′, ainsi que le lattis E″ et le dessous R du lien en R′ et en R″. On remonte T′ en T″ d'équerre à A′ S″ ; on fait tourner T″ en T‴ et mené parallèle à A A′ ; on remonte, d'équerre à A A′, T en T⁴, on mène I en I″ d'équerre à A A′, on joint I″ T⁴, et on a l'occupation précise du lien sous l'autre face de l'arêtier. Il en est de même, comme on le voit, pour les rampes des mortaises de l'autre arêtier B C.

PARIS. — IMPRIMERIE DE MADAME VEUVE BOUCHARD-HUZARD, RUE DE L'ÉPERON, 5.

40

Pl. 40.

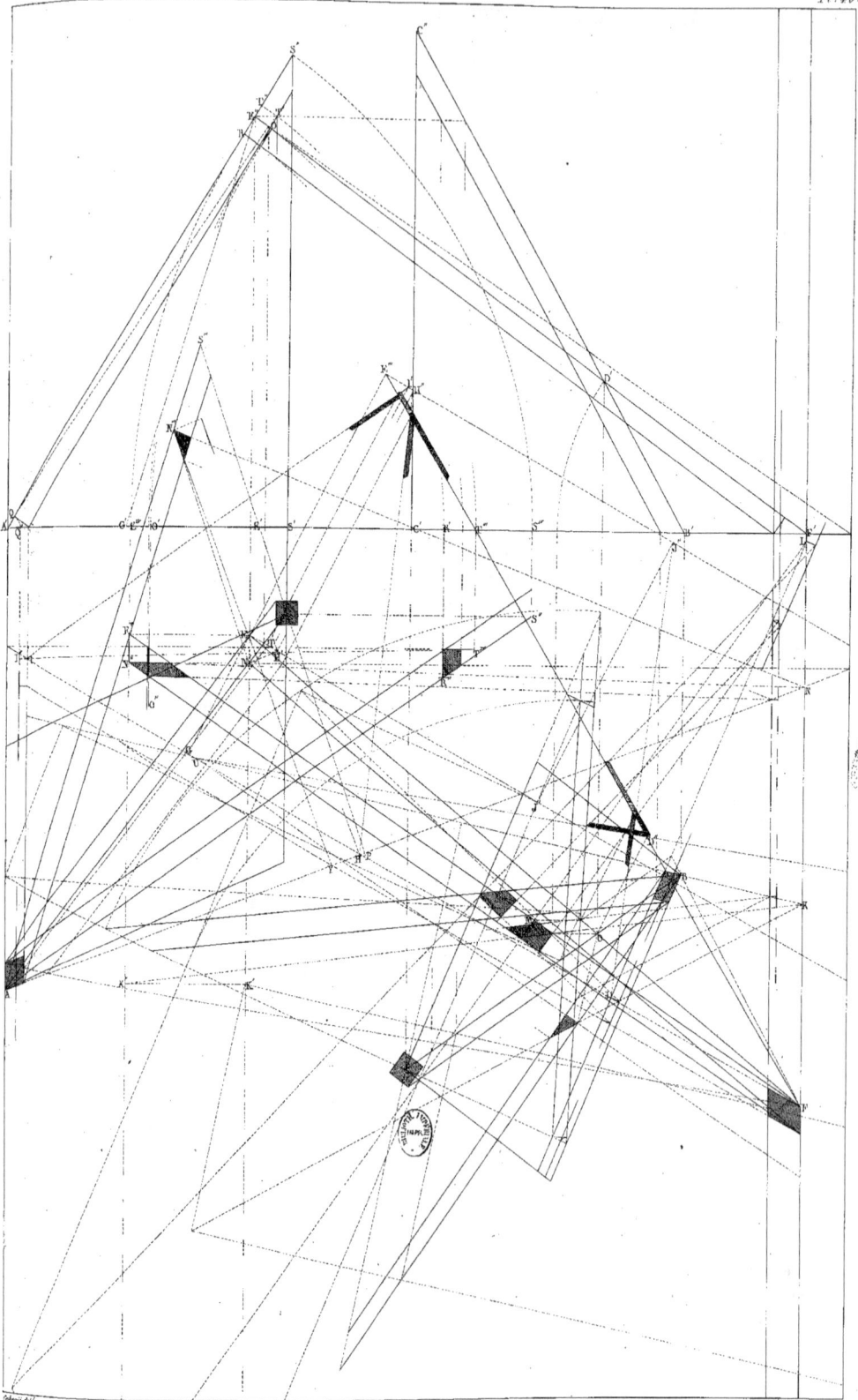

Imp. Wte Bailleu, rue Tempte, 7, Paris.

On commence (planche 41ᵉ) de tracer, sur un plan horizontal, le lattis du tréteau et les lignes d'assemblage A B C D ; les pieds A S, B S, D T, C T ; les liens-mansarde E F, G F, H J, I J. Les croix, soit dans les pieds, soit dans les liens-mansarde, ne se mettent pas en plan par terre, attendu qu'elles ne viennent qu'une fois sur ligne en herse ; mais celles qui s'assemblent dans la jambe de force se mettent en plan, attendu qu'elles sont obligées de revenir trois fois sur ligne : une fois avec le lien-mansarde, une fois avec la jambe de force et une fois pour les entailler l'une dans l'autre. Ensuite, sur un plan vertical, on fait l'élévation A′ S′ T′ D′ de l'inclinaison des pieds sur un sens ; les chevrons carrés E′ F′, I′ J′ des liens-mansarde, les jambes de force et les croix s'assemblant dans les liens-mansarde et dans les jambes de force. On fait paraître un trait ramèneret sur chaque assemblage, comme on le voit sur l'épure. Sur un plan vertical d'équerre au premier, on figure l'élévation L M K ; le chapeau vu de bout, et les traits ramènerets. Bien entendu que les deux élévations auxiliaires doivent être de la même hauteur, et qu'on donne plus ou moins d'inclinaison, selon qu'on le juge convenable.

La construction du plan par terre et ses chevrons d'emprunt étant faits, on commence d'établir le chapeau, avec les deux jambes de force, sur l'épure A′ S′ T′ D′ ; on n'oubliera pas de faire paraître, sur le chapeau et sur chaque jambe de force, une plumée et un trait ramèneret. Après, on assemble le chapeau avec les pieds et les liens-mansarde, et l'on s'y prend de cette manière : on prolonge L K en K′ ; on mène, par le point K′, une ligne G′ II′ parallèle à B C ; on prend K M, qu'on porte en K′ M′ ; on mène, par M′, une ligne S″ T″ parallèle à B′ C′. On descend B en B′, S en S″ d'équerre à B C, on joint B′ S″, on a un pied ; après, on mène, d'équerre à B C, C en C′, T en T″ ; on joint C′ T″, on a l'autre. Puis, on descend G en G′, F en F″ toujours d'équerre à B C, on joint G′ F″, on a un lien-mansarde ; puis H en H′, J en J″ ; on joint H′ J″, et on a l'autre. Après, on prend le trait ramèneret K N, qu'on porte en K′ N′ ; on mène, par le point N′, une ligne parallèle à B′ C′, et, à la rencontre de cette ligne avec les pieds et les liens-mansarde, on fait paraître un trait ramèneret, comme on le voit sur l'épure.

La herse étant faite, on prend le chapeau, on rembarre de chaque bout la ligne à plomb avec la ligne de trave, on a le croisillon, qu'on met sur la ligne S″ T″, après l'avoir ligné avec la ligne K M, parue sur le niveau M, et déversé par un trait carré à cette ligne. Le pied C′ T″ fait lattis à la sablière B C ; on le ligne donc à l'affleurement N N′ du chevron carré K M L. On le met sur la ligne C′ T″, de niveau et de dévers, en ayant soin que sa face tombe juste sur la ligne C″ T‴ ; on rembarre de chaque bout C′ T″, et on a le croisillon. Pour l'autre, on fait paraître le croisillon, comme il est vu de bout, en P ; on met le croisillon sur B′ S″ après l'avoir ligné avec O P, ligne parue sur le niveau B, et déversé par un trait carré à cette ligne. Pour les liens-mansarde, on les ligne à l'affleurement N N′, ou, comme on le voit vu de bout, en Y ; on fait tomber le croisillon de l'un sur G′ F″ et l'autre sur H′ J″ de niveau et de dévers, attendu qu'ils font lattis avec le chapeau, et on fait paraître sur chaque pied et sur chaque lien-mansarde une plumée et le trait ramèneret. On établit l'autre face A D T S sur cette même épure.

Pour établir les croix avec les pieds C T, D T, on se met au point D′ comme centre ; on fait tourner T′ en Tᵛ et descendre en Tᵛ parallèle à C D. On joint C Tᵛ, D Tᵛ. On fait tourner le trait ramèneret Q en Q′ et descendre en Q″ Q‴. On prend le pied D T ; on met son croisillon sur C Tᵛ de niveau et de dévers, son trait ramèneret sur Q″ : sa face doit tomber sur la ligne parallèle à D Tᵛ. Pour le pied C T, on met son croisillon sur C Tᵛ, son trait ramèneret sur Q‴, après l'avoir ligné avec la ligne R U, parue sur le niveau C, et déversé par un trait carré à cette ligne. Ensuite on met les croix à volonté, mais, autant que possible, au même about des liens-mansarde de niveau et de dévers, comme faisant lattis à la sablière C D, lignées au même affleurement D′ D″ du chevron carré D′ T′. L'autre côté A B S s'établit sur la même épure et pareillement.

Pour établir les croix dans les liens-mansarde E F, G F, on se met au point E′ comme centre ; on fait tourner F′ en F″ et descendre en F‴ parallèle à E G. On joint F′ F″, G F‴ ; on fait tourner le trait ramèneret V en V′ et descendre en V″ V‴. On met le croisillon du lien-mansarde E F sur E F″ ; le trait ramèneret sur V″, ligné avec la ligne X Y, parue sur le niveau A, et déversé par un trait carré à cette ligne ; de même pour l'autre lien-mansarde. Puis on met les croix de niveau et de dévers et à l'affleurement Y Y′. On établit les deux autres liens-mansarde I J, H J sur cette même épure.

Pour établir les croix qui s'assemblent dans la jambe de force et dans les liens-mansarde, on commence de les mettre en plan par terre, et on les remonte en projection comme on le voit sur l'épure. Ensuite on a voulu que les deux bras de la croix fissent lattis à la jambe de force, et on a opéré comme pour les liens de pente isolés. Seulement, comme le lien-mansarde et la jambe de force ne sont pas dans un même plan, il peut arriver que les deux bras des croix s'entaillent plus ou moins. On fera disparaître cette difficulté en faisant passer, sur les bras, des plans parallèles entre eux. D'ailleurs les opérations qui sont faites, ainsi que les niveaux, comme on le voit sur l'épure, suffisent pour terminer ledit tréteau, en y apportant, bien entendu, beaucoup de soin ; car on saura que c'est une des pièces difficiles à construire.

PARIS. — IMPRIMERIE DE MADAME VEUVE BOUCHARD-HUZARD, RUE DE L'ÉPERON, 5.

41

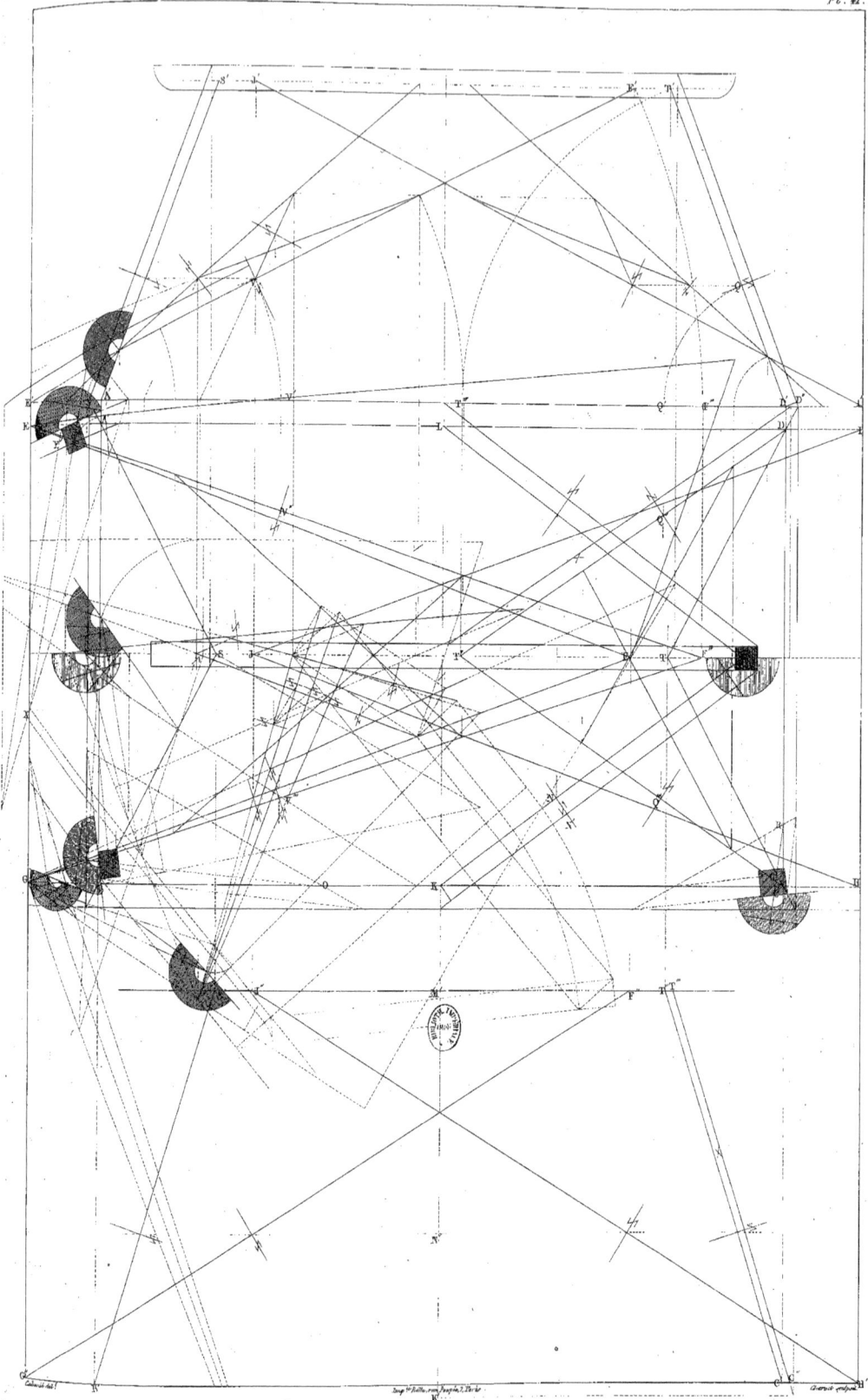

Pl. 41.

TRÉTEAU A DÉVERS ASSEMBLÉ A LA FAUSSE ÉQUERRE

On commence (planche 42ᵉ), sur un plan par terre, de tracer le lattis du tréteau A B C D, les pieds A E, D F, C H, B G, les liens-mansarde, les croix dans les pieds et dans les liens. Ensuite, sur un plan vertical, on fait paraître le chevron d'emprunt A E' G' B et les chevrons carrés M N' O P' des liens-mansarde. Sur un autre plan d'équerre au premier, on fait l'élévation de l'autre chevron d'emprunt I J K L. Après, on fait les dévers de pas des pieds ou arêtiers, des liens-mansarde, des croix qui s'assemblent dans les pieds et de celles qui s'assemblent dans les liens. On se rappellera que, pour qu'un dévers de pas soit bon, il faut que, en abaissant de l'arête de l'arêtier, pied, lien, etc., dans l'espace, une suite de perpendiculaires au plan où ledit assemblage fait lattis, elles se trouvent toutes dans le même dévers ; et, pour qu'une droite soit perpendiculaire à un plan, il faut qu'elle soit d'équerre à toutes les droites passant par son pied, dans ce plan.

Pour faire la herse de la partie D C H F, on prolonge L I en I', on mène par le point I' une ligne parallèle à D C, on prend I J, qu'on porte en I' J' ; on mène, par le point J', une ligne parallèle à D C, on descend D en D', F en F' d'équerre à D C ; on joint D' F' ; puis C en C', H en H' ; on joint C' H'. Pour les liens, on descend M' en M'', N en N'' ; on joint M''N'', O' en O'', P en P'' ; on joint O' P'' ; on figure, en herse, les largeurs telles qu'elles sont figurées en plan par terre. Ensuite on prend le démaigrissement I du pied sur le chevron carré I J, qu'on porte en I', et celui de la face à plomb et du dessous du chapeau J, qu'on porte en J'. On descend Q en Q', R en R', qu'on mène parallèles à C' H' : on a échassé le lien pour faire voir comment on rembarre les lignes, soit du pied, soit de la tête.

Pour tracer les mortaises des croix qui s'assemblent dans le pied D F, on remonte le sommet U de la croix en U', on mène, par le point U', un plan de niveau U' U'', on descend U'' en plan par terre jusqu'à la rencontre U U''' du dévers de pas fait sur le sommet de la croix. On remonte U'' en U'ᵛ, d'équerre à I J ; on prend I U'ᵛ, qu'on porte en I' U'ᵛ ; on mène U'ᵛ U'ᵛⁱ parallèle à D' C' ; on descend U''' en U'ᵛⁱ, parallèle à L I' ; on prolonge le dévers de pas V X de la croix jusqu'à la rencontre Q R du dessous du pied D F ; on mène ce point sur Q' R' ; on joint ce point avec U'ᵛⁱ, et on a la rampe de la mortaise de la croix V U sous le pied D F. Pour l'autre, on descend S en S' ; on mène, par son sommet, un dévers de pas parallèle au premier, qu'on prolonge jusqu'à la rencontre U'' U''' ; on descend cette rencontre, parallèle à L I', sur U'ᵛⁱ U'ᵛ ; on joint ce point avec S', et on a l'autre. On opère de même pour tracer les mortaises des croix dans les liens-mansarde, comme on le voit, en herse, sur les liens M''N'', O' P''. On établit l'autre côté A B G E sur cette même herse, et pareillement.

Pour faire la herse A D F E, on se met au point A comme centre, on fait tourner E' sur la ligne de niveau et descendre en E'' E''' parallèle à A D ; on joint A E'', D E''' ; on remonte la tête des croix d'équerre à A D, en herse ; on joint ces points avec le pied des croix en plan, qui ne change pas. On figure la largeur du pied A E'' qui fait lattis à la sablière A D ; sur l'autre, on y fait paraître la ligne d'arête D E''' et l'alignement du dessous du pied : c'est sur ces deux lignes qu'on place la fausse équerre. Les croix devront être mises de niveau et de dévers. On trace carrément sur les croix la face du pied parallèle à A E'' ; puis on fait paraître sur le lattis la ligne D E''' et la parallèle à celle-ci, qui est l'alignement du dessous ; on trace le côté B C H G sur cette herse.

Pour faire la herse des liens-mansarde, on se met au point O, comme centre ; on fait tourner P' sur la ligne de niveau et descendre parallèle à O O', en P'' P''' ; on joint O P'', O' P''' ; on remonte la tête des croix en herse, d'équerre à O O' ; on joint chaque point avec celui où la croix en plan coupe la ligne O O'. On met les croix sur ligne de niveau et de dévers ; on fait paraître sur le lattis les deux lignes O' P'', O P'', ainsi que l'alignement de dessous : c'est sur ces deux lignes, tracées sur le lattis de chaque bout des croix, qu'on place les fausses équerres figurées sur la même croix, coupée sur le trait. On établit sur cette même herse les deux autres croix, qui s'assemblent dans les autres liens-mansarde.

Pour couper le pied D F sur le trait, on abaisse, du sommet F, un trait carré F F' au dévers de pas D F', on prend F' F en reculement, on s'ouvre à la hauteur du chapeau, on porte ce rampant en F' F''', on joint D F''' : la ligne D F''' avec le dévers de pas D F'' donne la coupe du pied, Y F''' la coupe à plomb de la face du chapeau ; la coupe sous le chapeau est parallèle au dévers de pas. Pour avoir les rampes des barbes des croix, on remonte, d'équerre à D F', la rencontre des croix avec D F en D F', on joint la rampe du bas avec Z et celle du haut avec X' ; on a un troisième point, comme on le voit sur l'épure. On coupe les liens-mansarde et les croix sur le trait, comme il a été démontré. D'ailleurs, on n'a qu'à regarder attentivement ; tous les joints sont tracés, ainsi que toutes les mortaises et rampes sur le dévers ; il n'y a que la rampe de la mortaise du lien-mansarde dans le pied A E'' et C H que l'encombrement des lignes a empêché de tracer ; mais on opérera de la même manière que pour le pied D F' et des liens-mansarde. La quantité des lignes a empêché aussi de mettre des jambes de force et des croix dans les jambes de force et dans les liens, comme dans la planche 41 ; mais, si on désirait en mettre, on opérerait comme pour les liens de pente isolés.

PARIS. — IMPRIMERIE DE MADAME VEUVE BOULLAND-BULARD, RUE DE L'ÉPERON, 5.

49

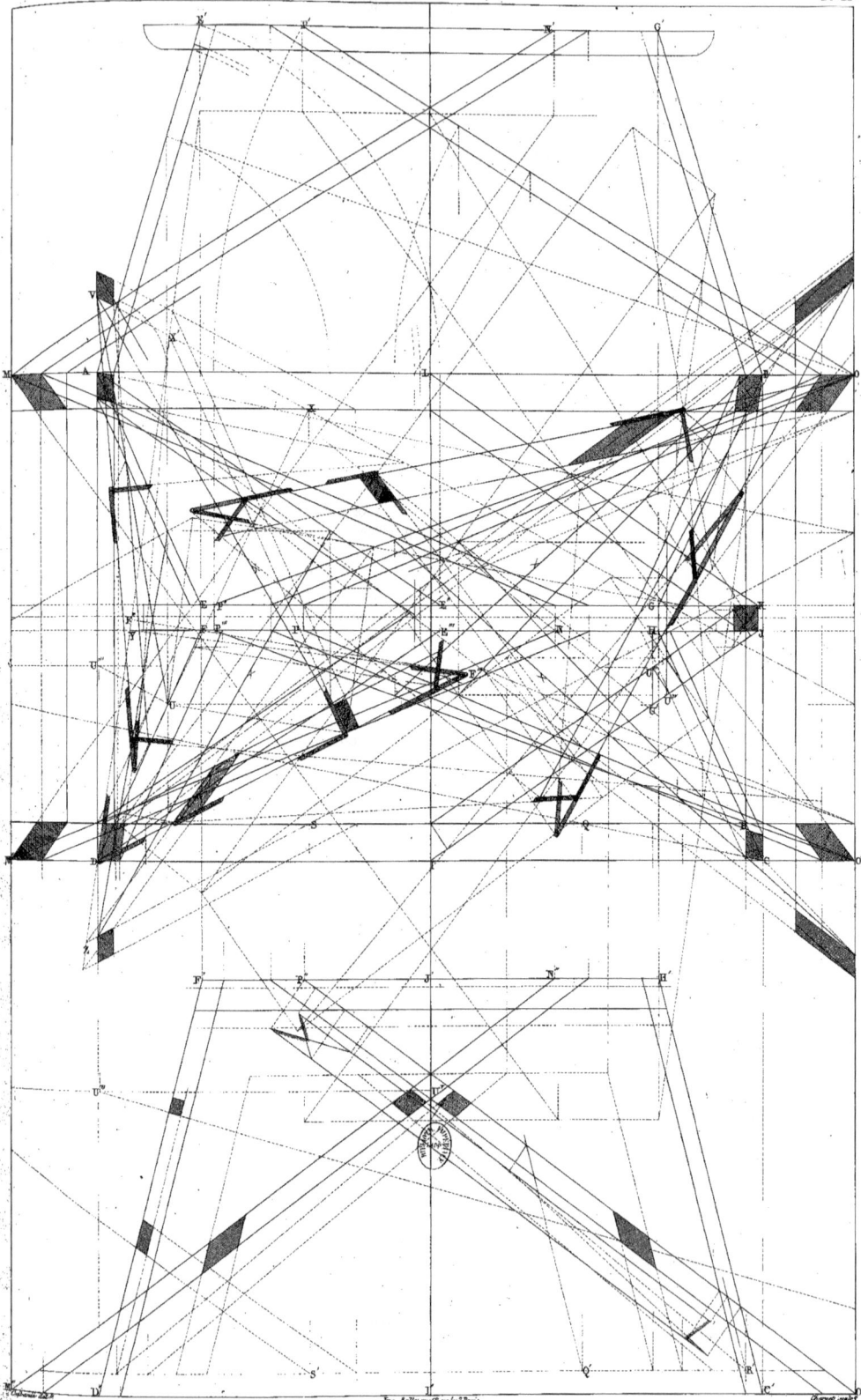

Pl. 42.

COMBLE GAUCHE ÉTABLI AVEC LES NIVEAUX DE DÉVERS.

On commence (planche 43°), sur un plan horizontal, de tracer le plan par terre A B C D E F, les fermes A F, B E, le faîtage G S parallèle à A B C, attendu que, dans cette partie du comble, il n'y a pas de gauche, et les deux arêtiers C G, D G. Ensuite, sur un plan vertical, on fait l'élévation de la ferme A S' F située sur A F, et de l'autre ferme A S' E' située sur B E. On tire H I' J', ligne de niveau des pannes. On fait paraître les traits ramènerets, aisseliers, contre-fiches, si on le juge nécessaire. Ceci étant fait, on descend J' en J, I' en I d'équerre à A F, on y joint I J, et on a la panne en plan par terre. Bien entendu que la panne, étant de niveau, n'est ni parallèle au faîtage G S en plan ni à la sablière F E, le comble étant gauche, c'est-à-dire que la sablière E F n'est pas parallèle au faîtage G S.

Pour établir la panne dans les arbalétriers (on ne peut établir qu'un bout de panne après l'autre, comme les liens de pente précédents), on commence de faire passer, par le point F, une sablière auxiliaire F K parallèle à la panne en plan I J; c'est sur cette sablière auxiliaire que le niveau de dévers se fait pour assembler le bout de la panne J dans l'arbalétrier F S'. Puis, par le point E, on fait passer une autre sablière auxiliaire E L, parallèle à la même panne I J. C'est sur cette sablière qu'on fait le niveau pour assembler l'autre bout I de la même panne avec l'arbalétrier E' S'. Pour qu'il n'y ait pas plus de délardement d'un bout que de l'autre, on prend le milieu M de la panne; on y mène une perpendiculaire M K; on prend la hauteur J J' qu'on porte en M M'; on joint L M', N M', K M' et on met le niveau sur N M', lattis de la panne.

Pour faire la herse pour assembler le bout J de la panne dans l'arbalétrier F S', on élève S S" d'équerre à la panne I J; on fait tourner, du point F, S' en S"; on joint F S". On remonte J en J" d'équerre à I J; on fait tourner, du même point F, J' en J". On fait tourner, du point K, M' en M"; on joint J" M", et on a la panne en herse, et pour vérification il faut qu'elle soit parallèle à I J. Ensuite on fait le niveau pour déverser l'arbalétrier F S' en opérant comme il suit : par un point quelconque P, sur l'arbalétrier en plan, on élève une perpendiculaire P O jusqu'à la rencontre de la sablière auxiliaire F K; on mène P Q d'équerre au rampant de l'arbalétrier F S'; on fait tourner, du point P, Q en Q'; on joint O Q', et on a la ligne qui ligne et un trait carré déverse. Après, on met le croisillon de l'arbalétrier F S' sur la ligne F S"; son trait ramèneret J' sur J", après l'avoir ligné avec la ligne O Q', parue sur le niveau F, et déversé par un trait carré à cette ligne. Pour la panne, on met son croisillon sur la ligne J" M", après l'avoir lignée avec la ligne K M', parue sur le niveau M', et déversée par un trait carré à cette ligne. Il ne faut pas oublier, en la lignant, de tracer son délardement ni, une fois sur ligne, de faire paraître le trait ramèneret M M".

Pour faire l'autre herse, on mène G G' d'équerre à la panne en plan I J; on prend le rampant E' S' et on le porte de E en G'; on joint E G'; on prend E' I' qu'on porte de E en I", et pour vérification I" G' doit être d'équerre à I J. On se met au point L comme centre; on fait tourner M' en M'"; on joint I" M'", et on a la panne en herse; et pour vérification elle doit être parallèle à la panne en plan I J.

Pour faire le niveau pour déverser l'arbalétrier E' S', on prolonge la sablière auxiliaire L E en R, rencontre du trait carré R T T' pris à volonté sur l'arbalétrier E G; on élève T' U d'équerre à E' S'; on fait tourner, du point T', U en U', qu'on descend en U" parallèle à G S; on joint R U", qui ligne l'arbalétrier E' S' pour la panne I J; puis on joint V U, qui le ligne pour l'autre panne X I. Ensuite on met le croisillon de l'arbalétrier E' S' sur la ligne E G'; son trait ramèneret I' sur I", après l'avoir ligné avec la ligne R U", parue sur le niveau E, et déversé par un trait carré à cette ligne. On met le croisillon de la panne sur la ligne I" M'"; son trait ramèneret sur M'", après l'avoir lignée avec la ligne L M', parue sur le niveau M', et déversée par un trait carré à cette ligne.

Après, on fait la herse D E G", l'élévation de l'arêtier D G G'" et du chevron carré Y G G", comme on le voit sur l'épure. Ensuite on prend le croisillon E' S' de l'arbalétrier, on le met sur E G"; le trait ramèneret sur I'", après l'avoir ligné avec V U", ligne parue sur le niveau E, et déversé par un trait carré à cette ligne. Puis on met le croisillon D G'" de l'arêtier sur D G"; le trait ramèneret sur X', ligné et déversé comme à l'ordinaire, la panne de niveau et de dévers et à l'affleurement du chevron carré Y G'\u1d62\u1d5b. Pour la partie de croupe et pour celle du long pan qui reste à établir, on opérera comme il a été démontré plusieurs fois.

PARIS. — IMPRIMERIE DE MADAME VEUVE BOUCHARD-HUZARD, RUE DE L'ÉPERON, 5.

43

Pl. 4.

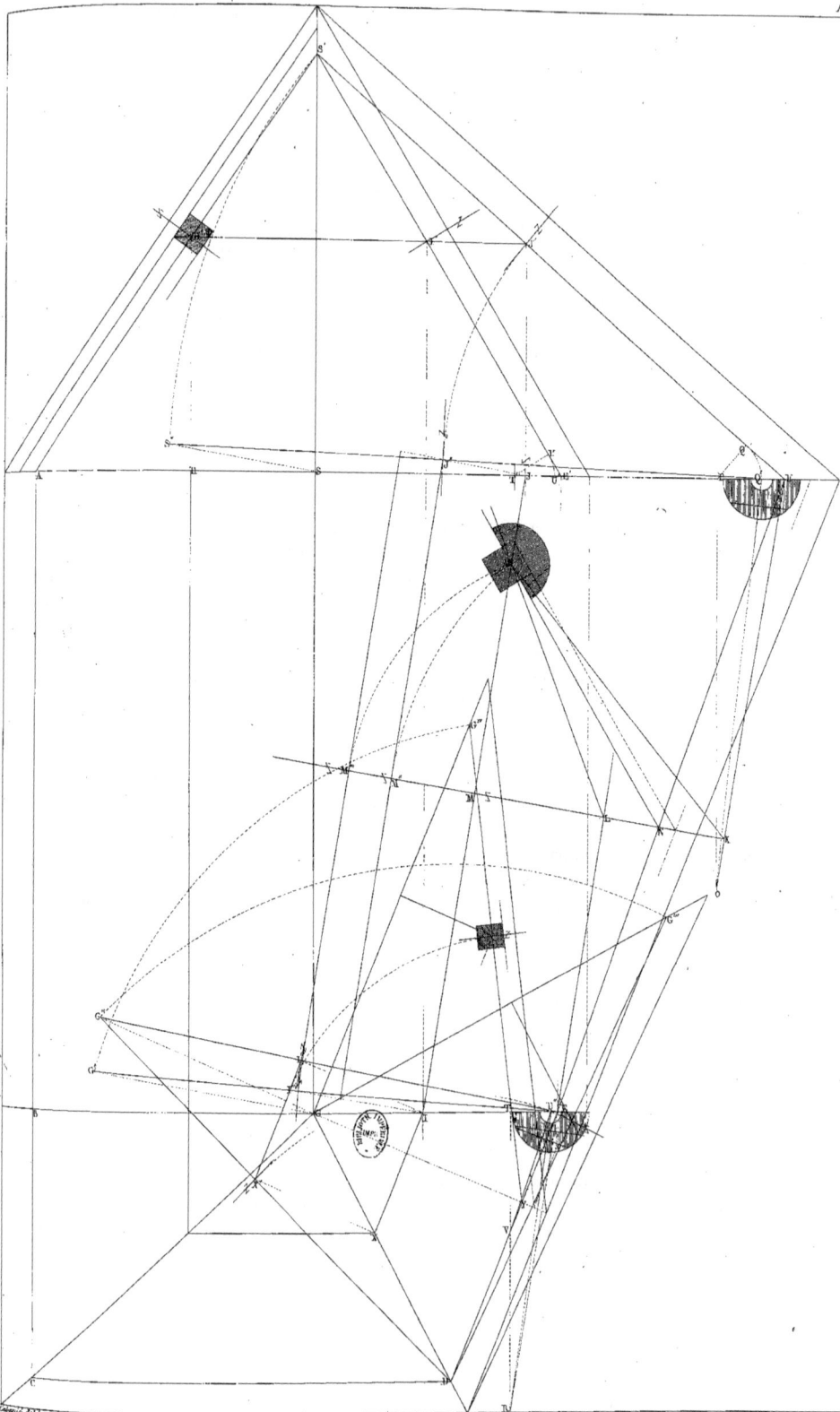

TRÉPIED AVEC LES CROIX SAINT-ANDRÉ ASSEMBLÉ
AVEC LES NIVEAUX DE DÉVERS.

On commence (planche 44ᵉ), sur un plan horizontal, de tracer du centre C la circonférence A B D. On divise cette circonférence en trois parties égales A, B, D. Ensuite on joint AB, AD, BD, qu'on prolonge en E, F, G. On fait passer, également du centre C, une circonférence E F G, et on a le centre des pieds en plan par terre.

Pour établir le pied F dans le chapeau B D, on élève, du point D, une perpendiculaire D D' à B D. Sur cette ligne, on met la hauteur du trépied D' H' parallèle à D B; on joint F H' à volonté, c'est-à-dire qu'on incline plus ou moins la tête H' du pied. Ensuite, à une hauteur quelconque I', sur le pied, on fixe l'about des croix. On descend I' en I. Du centre C, on fait tourner le point I en J et en K; on joint I L (le point L pris à volonté); on mène L M parallèle à I J, pour que les croix soient dans un même plan ; on joint J M, etc., et on a les croix en plan par terre. Ceci étant fait, on met une des traverses qui forment le chapeau sur A B, l'autre sur A D et l'autre sur B D, de niveau et de dévers, après les avoir lignées par le milieu, sur le dessus et par une ligne de trave D' H' parallèle au dessus D''. On fera paraître, avant de les déranger, sur chacune d'elles, une plumée et un trait ramèneret. Après, on met la ligne de trave de la traverse B D sur D' H' de niveau et de dévers; le trait ramèneret M, paru en plan, sur M'. Le croisillon du pied, vu de chaque bout, on le met sur F H' de niveau et de dévers, ainsi que la jambe de force; on fait paraître sur le pied une plumée, le trait ramèneret I' et la coupe du pied D F.

Pour établir la croix I L dans le pied F, on cherche la trace, sur le plan par terre, d'un plan passant sur la croix et sur le pied. On y parvient en menant F N parallèle à L H. Ensuite on mène, du sommet L de la croix, une ligne L N d'équerre à la trace F N du plan; on prend L N en reculement ; on le porte en D N'; on joint N' D'; on porte N' D' en N L'; on mène L' H'' parallèle à L H; H H'', I' H'' parallèles à N L'. On joint F H'', L' L', et pour vérification il faut que F I'' égale F I' et F H'' égale F H', et de plus la croix doit passer sur le point Q, où elle perce le plan par terre. Après, on met le croisillon du pied sur F H''; le trait ramèneret I' sur I'', après l'avoir ligné avec S' S, paru sur le niveau H, et déversé par un trait carré à cette ligne. Puis on fait l'élévation Q L L'' de la croix et son niveau comme à l'ordinaire; on met son croisillon sur Q L', après l'avoir lignée avec T T', ligne parue sur le niveau Q, et déversée par un trait carré à cette ligne. On pique le bas de la croix, dans le pied, en y apportant beaucoup d'attention; on fait paraître sur la croix le trait ramèneret paru en herse : la plumée doit être parue d'avance sur le lattis.

Pour établir la tête de la même croix dans la traverse A B, on fait passer une trace du plan Q U parallèle à cette traverse; on fait L U d'équerre à Q U et L L''' égal à D D'; on joint U L'''; on prend U L''', on le porte en L U'; on mène U' Q' parallèle à UQ et Q Q' d'équerre; on joint Q' L. On prend du point Q, sur l'élévation Q L'' de la croix, le trait ramèneret et on le porte sur Q' L, et la herse est faite. Après, on met le croisillon de la traverse vue de bout en L''' sur A B; le trait ramèneret, déjà paru, sur L, après l'avoir lignée avec U L''', ligne parue sur le niveau L''', et déversée par un trait carré à cette ligne. Le croisillon de la croix, on le met sur Q' L; le trait ramèneret sur le trait ramèneret, après l'avoir lignée avec V T', ligne parue sur le niveau F, et déversée par un trait carré à cette ligne.

Pour assembler la croix J M dans la traverse B D, on mène R M'' parallèle à cette traverse et M M'' d'équerre. On fait M M'' égal à D D'; on joint M'' M'', qu'on fait tourner du point M'' en M''; on mène M'' D' parallèle à B D; on joint R M''; on prend, sur son élévation R M M', le trait ramèneret, on le porte sur R M'', et la herse est faite. Puis on met le croisillon de la traverse vue de bout en M''' sur D' M''; son trait ramèneret sur M'', après l'avoir lignée avec M'' M', ligne parue sur le niveau M''', et déversée par un trait carré à cette ligne. Ensuite on met le croisillon de la croix sur R M'', le trait ramèneret sur le trait ramèneret, après l'avoir lignée avec X X', ligne parue sur le niveau X', et déversée par un trait carré à cette ligne : on la pique et on y fait paraître le trait ramèneret.

Pour l'assembler dans le pied E, on mène une sablière R R' parallèle à E' M; on prend M R' en reculement, on le porte en D R''. La distance R'' D', on la porte en R''' M'' et R' R en R'' R'' (en sachant que R''' R'' est d'équerre à R''' M''); on joint R'' M''; on prend le trait ramèneret sur R M', on le porte sur R'' M''. On mène M'' E'' parallèle à R''' R''; on fait R'' E'' égal à R'E, et M'' E'' égal à M E'; on joint E'' E'; on y fait paraître le trait ramèneret, et la herse est faite. Ensuite on met le croisillon du pied sur E' E''; le trait ramèneret sur le trait ramèneret, ligné et déversé comme l'autre; le croisillon de la croix sur R'' M''; le trait ramèneret sur le trait ramèneret, lignée avec X'' X', ligne parue sur le niveau X', et déversée par un trait carré à cette ligne.

Pour entailler les croix l'une dans l'autre, on tire une ligne R Q, points où les croix percent le plan horizontal; cette ligne doit être parallèle à LM. On fait le chevron d'emprunt P L L'' d'équerre à cette sablière auxiliaire, en faisant L L''' égal à D D' et O O' égal à I I'; on prolonge L P en P'; on mène, par le point P', une ligne R'' Q'' parallèle à R Q; on prend P L'', on le porte en L'' M''', également parallèle à R Q; on descend, parallèles à L P', R R'', M M''', Q Q''; on joint R'' M''', Q'' L''; on porte les traits ramènerets, et la herse est faite. Après, on prend la croix R M, on la met sur R'' M''', son trait ramèneret sur le trait ramèneret de niveau et de dévers; l'autre croix Q L, on la met sur Q'' L'', son trait ramèneret sur le trait ramèneret de niveau et de dévers. Puis on les entaille, à moitié bois, l'une dans l'autre, et cette partie du trépied est terminée. On opère également pour les deux autres.

44

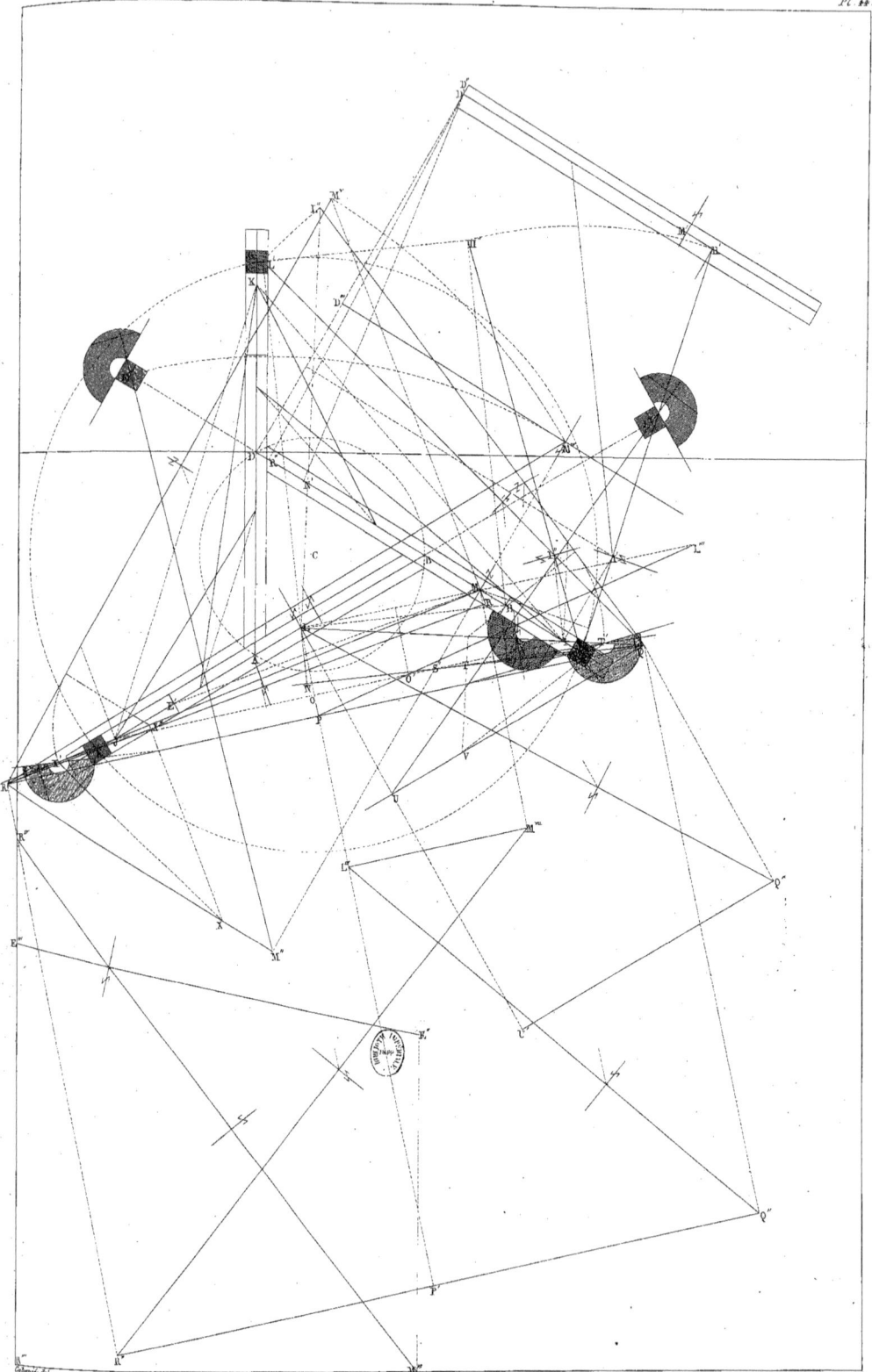

Pl. 44

TRÉPIED ASSEMBLÉ AVEC LES CROIX SAINT-ANDRÉ

A LA FAUSSE ÉQUERRE.

On commence (planche 45ᵉ), sur un plan horizontal, de tracer, du centre C, la circonférence A B D. On joint A B, A D, B D. On prolonge ces trois lignes à la distance que l'on veut, mais toutes trois d'égale longueur. On figure la largeur des traverses, ainsi que leur longueur, telles qu'on les voit sur l'épure. Ensuite on prend trois pièces de bois corroyées à la dimension figurée ; on les met sur les lignes A B, A D, B D ; on les assemble les unes dans les autres. Après, on élève E E', G G' perpendiculaires à E G ; on mène E' G', dessus du chapeau, parallèle à E G, la pente du pied F F' à l'inclinaison voulue, puis on fait paraître leur retombée. L'about des croix E″ H″ à volonté. On descend H″ en H′, H, faces du pied, parallèle à G G'. On fait passer par l'arête du poteau F, du centre C, une circonférence, et on a l'occupation des pieds en plan par terre. On porte, également du centre C, H en I', J' et H' en I, J ; on joint H I, I' J, I' J', J' H' : on veut que l'arête la plus basse du lattis des croix affleure avec l'arête du dehors du pied, et que l'arête la plus haute affleure avec l'arête du dessus du chapeau, et de plus que les deux croix soient dans un même plan et y fassent lattis. Pour cela on mène K L parallèle à H I et L M perpendiculaire. On prolonge K L en L′ ; on fait L L′ égal à E E′ et L L″ égal à H′ H″, on mène L″ H‴ parallèle à L M et H H″ perpendiculaire. On joint L′ H‴ prolongé en M ligne de terre. On figure la retombée du chevron carré de l'épaisseur des croix. On mène le lattis O M N de la sablière auxiliaire parallèle à H I, ainsi que sa gorge, et au sommet du chevron carré on figure le dessus et le dessous du chapeau.

Pour faire la herse des croix, on prend M L′, on le porte en M′ L‴, prolongation de L M, et M H″ en M′ H‴. On mène O′ M′ N′, I″ H‴ Hᵛ, L‴ K′ parallèles à O N. On descend H″, K K′, H Hᵛ parallèles à M M′. On fait en sorte que l'arête de dessus des croix passe en K′, L″, et l'arête du dessous en I″, H‴ ; on les figure de la largeur qu'on les veut ; on les prolonge en O′, N′, ligne de niveau, on remonte N′ N, O′ O d'équerre à la sablière en plan, on joint N H, O I et K, L parallèles, et on a les croix en plan par terre. Après, on fait le dévers de pas des croix en élevant P P′ parallèle à O N, et P′ P″ d'équerre à M L′ qu'on prolonge jusqu'à M L. On mène ce point parallèle à O N jusqu'à la rencontre de P P‴ ; on joint cette rencontre avec O, N, et les dévers de pas sont déterminés.

Pour trouver la coupe des croix sur les faces à plomb A I, L H, on descend Q en Q′, Q″ en Q″, sur le démaigrissement pris en M et porté en M′, parallèles à M M′ ; on joint Q′ L″ et Q‴ Qⁱᵛ parallèle, on a la coupe sur la face H L. Puis on descend R en R′, R″ en R″ toujours parallèles à M M′ ; on joint R′ K′ et R″ Rⁱᵛ parallèle, et on a la coupe à plomb sur l'autre face I K.

Pour trouver la coupe sur la face S Sⁱᵛ du pied F, on descend S, rencontre de la gorge du pied F avec le lattis des croix, en S′, et X en X′. Puis S″, rencontre de la gorge du pied sur un nouveau plan pris sur le lattis du chapeau, avec le lattis des croix dans le même plan, on le descend en S‴ ; on joint S′ S″ et X′ X″ parallèles, et on a sa coupe. Ensuite on descend T en T′, T″ en T″ parallèles à M M′ ; on joint T T″ et sa gorge parallèle, et on a la coupe sur la face du dessous de l'autre pied. Pour les coupes dans le chapeau on prend M Y′, on le porte en M Y″, ainsi que le dessous, et on les mène parallèles à O′ N′. La herse étant faite, on met les croix sur les lignes figurées ; on fait paraître sur le lattis les lignes du lattis, et sur le dessous les lignes du dessous ; on rembarre les lignes du lattis par celles du dessous, on les emmaille l'une dans l'autre, et les croix sont tracées.

Pour trouver sur le pied F l'occupation de la croix, on prolonge le dévers de la croix en N″, on le remonte, d'équerre à L N″, en N‴, ainsi que U, rencontre du dévers de pas de la même croix fait sur le chapeau, en U′ ; on joint N‴ U′ et Nⁱᵛ Nᵛ parallèle. On remonte Q en Qᵛ, L en Uⁱᵛ ; on joint Qᵛ L‴, O′ L′ⁱᵛ et O″ O‴ parallèle, et on a l'occupation précise des croix sur la face H L du pied et du chapeau. Puis on fait tourner, du point Sⁱᵛ, G′ en G″. On remonte G″, rencontre du dessous du pied F avec le dévers de la croix, en Gⁱᵛ, et G′ G″ⁱᵛ parallèle à G G″. On joint V G″ et V′ V″ parallèle. Ensuite, on descend le point X′ en X″, et remonté parallèle à B D, en X″. On joint X X″ et on a l'occupation sur le dessous du pied. Après, on descend Y′ en Y parallèle à K L′ ; on mène, par Y ainsi que par les autres arêtes, des lignes parallèles au dévers de pas. On descend la rencontre du dessous du chapeau avec le dedans du chevron d'emprunt, et l'occupation des croix sous le chapeau est tracée.

Pour couper la croix N P sur le trait, on élève Z′ Z d'équerre au dévers de pas N V ; on prend Z Z′ en reculement, on s'ouvre à la hauteur du chapeau, et on porte cette distance en Z″ Z‴, après avoir fait Z″ Z″ d'équerre à Nᵛ Z″ et G′ Uⁱᵛ parallèle. On prend Z N, on le porte en Z″ Nᵛ : on joint Nᵛ V‴. Puis Z N″ on le porte en Z″ Nᵛ et Z′ U en Z″ U″ ; on joint N″ U″. Après, on prend Z V, on le porte en Z″ V″, et Z′ U″ en Z″ Gⁱᵛ. On joint V″ G′, on a les deux coupes du pied. Ensuite on prend Z Zⁱᵛ, on le porte en Z″ Zᵛ, et Z′ U″ en Z″ Uⁱᵛ. On joint Zᵛ Uⁱᵛ. La coupe sous le chapeau parallèle à Gᵛ U‴. On opère de même pour ce qui reste à établir.

PARIS. — IMPRIMERIE DE MADAME VEUVE BOUCHARD-HUZARD, RUE DE L'ÉPERON, 5.

45

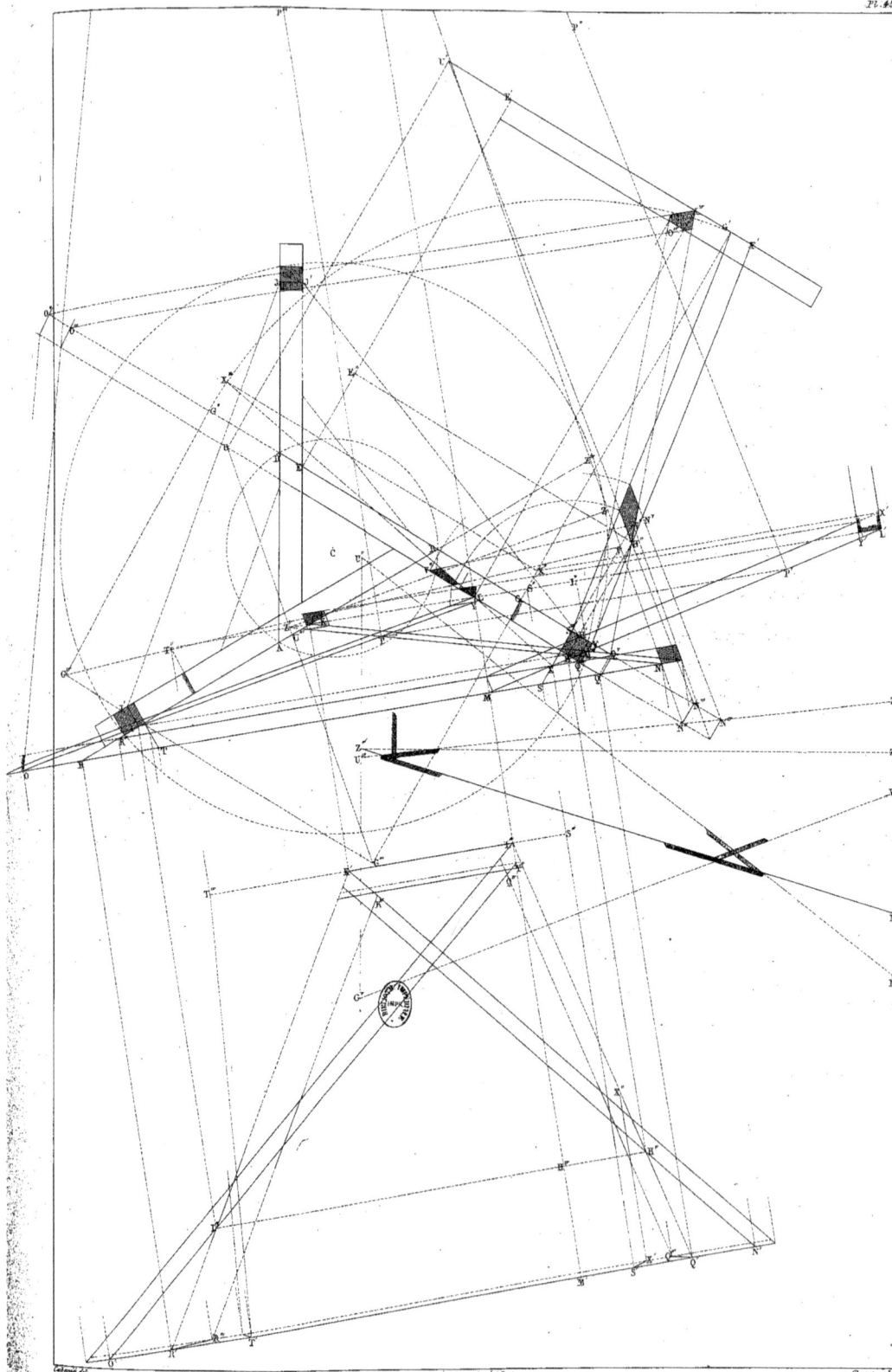

PAVILLON CARRÉ DE PENTE
ÉTABLI AVEC LES NIVEAUX DE DÉVERS.

On commence (planche 46e), sur un plan horizontal, de tracer l'about des chevrons A B C D; les arêtiers B S, C S, la ferme A D et le chevron de croupe S E. Sur un plan vertical passant par la ligne A D, on fait paraître la pente D S' A' de l'entrait; on joint A' G, D G; l'épaisseur du chevron et les lignes d'assemblage des pannes I' F, V' F; l'entrait et le croisillon des pannes K' L' parallèle à V' I'. Ceci étant fait, on fait passer par le point D, endroit le plus bas du comble, un plan de niveau, et sur ce plan on y trace l'alignement du lattis et la ligne d'assemblage de la croupe et des longs-pans. On prolonge donc G A' en M' et F I' en N'. Comme la sablière A B est de niveau, on mène M' M, N' N parallèles à A B jusqu'à la rencontre M, N de l'arêtier B S : la ligne M' M est le lattis du chevron sur le plan de niveau.

Pour faire l'élévation de la croupe on fait tourner du centre S le couronnement G en G', F en F', H en H', et S' en S''. Comme l'entrait de croupe est de niveau, on mène H' L'', S'' E' parallèles à S E. On remonte E E' parallèle à S G', on joint G' E' qu'on prolonge en P, ligne de terre; on mène F' O parallèle à G' P, et on a la ligne de croisillon de la croupe. On descend K' K, L' L parallèle à S G, on a en plan par terre les pannes du long-pan. Puis on descend L'' L K parallèle à S G', et on a celle de la croupe. Après, on joint M P C, N O J, et on a, sur le plan de niveau, le lattis du chevron et la ligne d'assemblage des pannes et des croix de la croupe. Puis on met les aisseliers et les contre-fiches comme on le voit sur l'épure.

Pour faire l'élévation de l'arêtier B S, on élève du centre S une ligne S G'' d'équerre à B S, ainsi que B B'; on fait tourner du centre S, G en G'', F en F'', H en H'' et S en S'''; on fait B B' égal à A A'; on joint S''' B', et pour vérification il doit se couper en un point O', rencontre de l'arêtier B S et de la sablière C D. On mène H'' K' parallèle à S''' B' jusqu'à la rencontre de K K'' parallèle au poinçon. On joint G'' B M, F'' K'' N : ces deux lignes doivent être parallèles. On fait paraître au point K' un trait ramèneret, puis l'aisselier et la contre-fiche.

Pour faire l'élévation de l'autre arêtier C S on élève S G''' d'équerre à C S; on fait tourner, du centre S, G en G''', F en F''', H en H''' et S' en S^{iv}; on joint C G''', J F''', on a la ligne d'arête et la ligne de croisillon de l'arêtier. Ensuite on joint C S^{iv}, et on a la ligne de trave du coïer; on mène H''' L^{iv} parallèle à C S^{iv}, et on a la ligne de trave de l'entrait : pour vérification, L L''' doit être parallèle au poinçon. Après, on fait un trait ramèneret L''' sur l'arêtier, et on figure l'aisselier et la contre-fiche.

Les élévations étant faites, on met la ligne de trave de l'entrait de la ferme sur A' D de niveau et de dévers. Les arbalétriers comme à l'ordinaire, en faisant en sorte que le dessus affleure avec le dessus de la panne. Étant sur ligne, on y fait paraître les lignes d'assemblage des pannes I' F, V' F, un trait ramèneret, une plumée, et on met les aisseliers et les contre-fiches. Pour la croupe on met la ligne de trave de l'entrait sur S'' E' de niveau et de dévers; l'arbalétrier, on le met également de niveau et de dévers, et que son dessus affleure avec le dessous du chevron. On remharre de chaque bout la ligne du croisillon O F' : le point de rencontre avec la ligne d'assemble sert pour mettre sur ligne en herse. On fait paraître une plumée, le trait ramèneret L'', et on met l'entrait, l'aisselier et la contre-fiche. Pour l'arêtier B S on met la ligne de trave du coïer sur S''' B', l'entrait sur H'' K'', l'arêtier sur M G'', le poinçon sur S G'', l'aisselier et la contre-fiche de niveau et de dévers. On déverse le poinçon comme à l'ordinaire : on fait paraître les traits ramènerets et les plumées nécessaires. Pour l'arêtier CS, on met la ligne de trave du coïer sur C S^{iv}, celle de l'entrait sur H''' L''', l'arêtier sur C G''', l'aisselier et la contre-fiche de niveau et de dévers. On fait paraître une plumée et un trait ramèneret sur l'arêtier, sur le coïer et sur l'entrait; on déverse le poinçon comme il a été dit; on remharre de chaque bout de l'arêtier la ligne du croisillon J F''', qui sert pour l'établir en herse avec les pannes et les croix.

Pour faire la herse de croupe, on fait premièrement un chevron carré à la sablière auxiliaire C M en opérant de cette manière : on élève S R d'équerre à C M et S G^{iv} parallèle; on fait S G^{iv} égal à S G et S F^{iv} égal à S F; on joint R G^{iv}, Q F^{iv}. Puis on remonte T en T' parallèle à S G^{iv}; on fait tourner, du point S, H en H^{iv}; on joint H^{iv} T'. On remonte U en U' parallèle à S G^{iv}, rencontre de R G^{iv}; du point S comme centre, on fait tourner S' en S^{v}; on joint S^{v} U', qui doit être parallèle à H^{iv} T'. Ceci étant fait, on prolonge S Q en Q'; on mène J'' Q' N'' parallèle à C M. On prend Q F^{iv}, on le porte en Q' F^{v}. On descend N N'', O O'', J J'' parallèles à S Q'. On joint N'' F^{v}, O' F^{v}, J' F^{v}, et on a le croisillon des deux arêtiers et de la croupe. Ensuite on prend Q Q', on le porte en Q' Q''; on descend I I'', V V'' parallèles à Q F^{v}; on joint V'' Q'' I', on a en herse la ligne d'assemblage sur la sablière de pente. Puis Q T, on porte en Q' T''; on descend L en L^{iv}, K en K''' parallèles à Q F^{v}; on joint L^{iv} T'' K''', et on a le croisillon de la panne qui doit être parallèle à V'' I'.

La herse étant faite, on met le croisillon N F' de l'arêtier sur N'' F^{v}, le trait ramèneret K'' sur K''', après l'avoir ligné avec la ligne X X', parue sur le niveau X', et déversé par un trait carré à cette ligne. Le croisillon O F' de la croupe, on le met sur O'' F^{v}; le trait ramèneret L'' sur L^{v}, ligné avec la ligne C Y et déversé par un trait carré à cette ligne. Le croisillon J F''' de l'autre arêtier, on le met sur J'' F^{v}; le trait ramèneret L''' sur L^{iv}, après l'avoir ligné avec la ligne Z Z', parue sur le niveau Z', et déversé par un trait carré à cette ligne. Ensuite on met le croisillon T' de la panne sur K''' L^{iv} de niveau et de dévers, et à l'affleurement T' du chevron d'emprunt. Les croix, on les met sur ligne également de niveau et de dévers, on pique le tout, et la croupe est terminée. On opère de même pour les longs-pans.

Pour établir l'enrayure, on en fait la herse, puis on déverse les coïers, entrait de croupe, goussets, etc., en sachant que tout est par face à plomb au levage, et en faisant les niveaux comme on le voit sur l'épure.

Pl. 46.

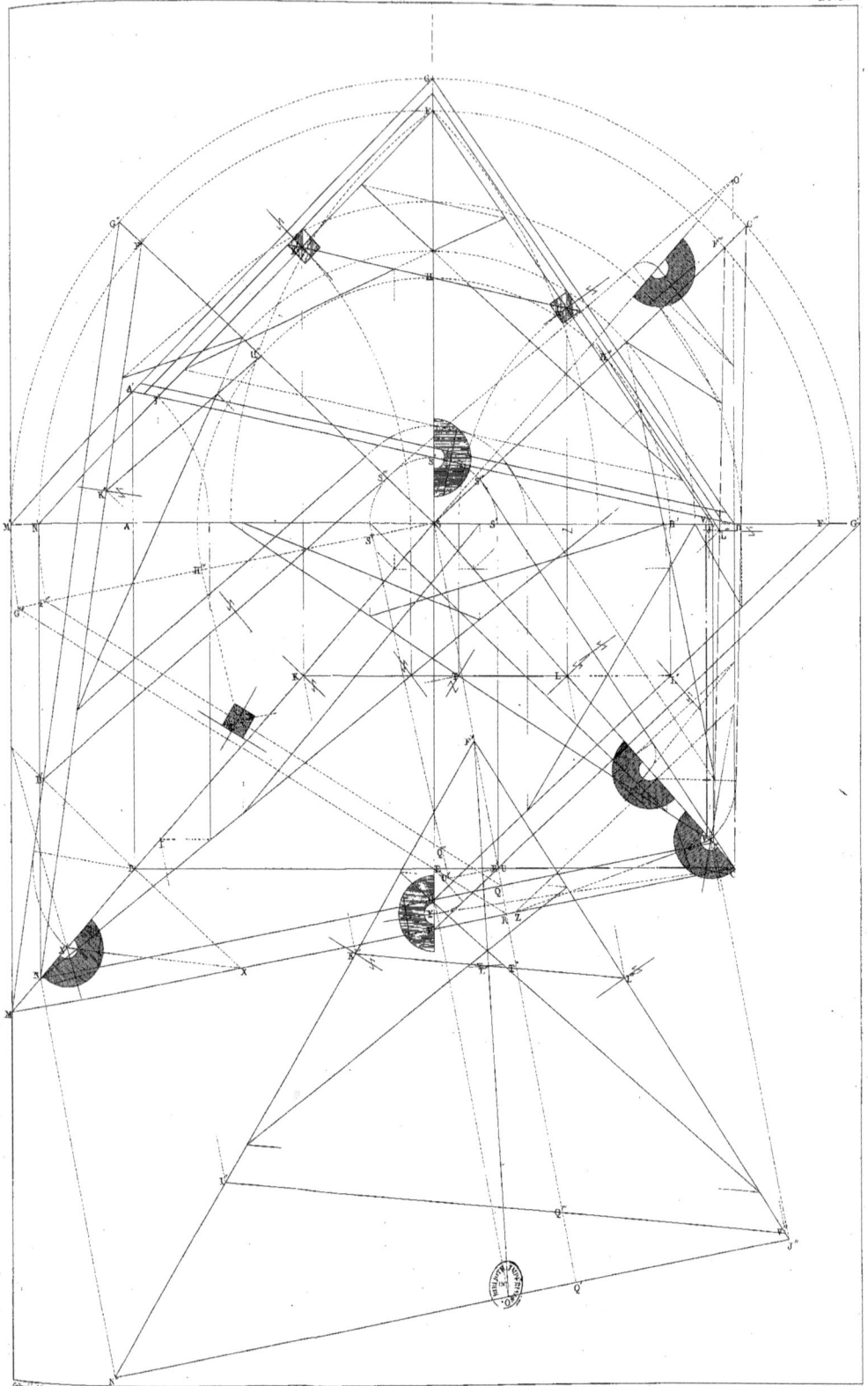

PAVILLON CARRÉ DE PENTE ET RAMPANTE

ÉTABLI AVEC LES NIVEAUX DE DÉVERS.

On commence (planche 47ᵉ) de tracer, sur un plan horizontal, le pavillon carré A B C D, le chevron de croupe E S, la ferme A D et les arêtiers B S, C S. Sur un plan vertical, passant par la ligne A D, on fait l'élévation de la ferme A′ H D; on fait D A′, ligne de trave de l'entrait, d'une pente quelconque; on mène J′ I parallèle à la ligne de trave D A′, et à sa rencontre avec les lignes de croisillon A′ H, D H on fait un trait ramèneret; puis on prolonge H A′ en K, plan de niveau passant par le point D, et on a un point de la ligne d'assemblage sur le plan auxiliaire. Ensuite on fait l'élévation de la croupe en faisant tourner, du point S, S′ en S″, H en H′, G en G′ et F en F′. On mène F′ E′ parallèle à S E; on fait F′ E′ d'une pente quelconque, et on la prolonge en L, plan de niveau; on joint D L et on a, sur ce plan, la trace de la sablière de pente et rampante. On joint aussi H′ E″, on a la ligne de croisillon de la croupe; on mène S″ parallèle à E″H′, et on a le lattis du chevron; on mène G′ J″ parallèle à F′ E″; on descend J″ en J I parallèle à S S″; J′ J, I′ I parallèles à S S′, et on a les pannes en plan par terre. On prolonge H′ E″ en M, plan de niveau.

Pour faire l'élévation de l'arêtier B S, on fait S S‴ d'équerre à B S, S S‴ égal à S S′, S H″ égal à S H, S G″ égal à S G, et S F″ égal à S F. On prolonge B S en N, trace de la sablière; on fait B B′ égal à A A′, plus E′ E″. On joint N F″ B′, qui doivent être en ligne droite, puis on joint H″ B′, qu'on prolonge en O, plan de niveau, et on a le croisillon de l'arêtier, et S‴ parallèle arête du même arêtier. On prolonge B A en P, rencontre de la trace de la sablière de l'enrayure; on joint O K P, qui est la trace de la prolongation du rampant du long-pan sur le plan de niveau; puis on mène G″ I″ parallèle à N B′, et pour vérification I I″ doit être parallèle à S S‴. On fait un trait ramèneret au point I″, et l'élévation est faite.

Pour l'autre arêtier, on fait S Sᴵⱽ d'équerre à C S; on fait tourner S′ en S‴, H en H‴, G en G‴ et F en F‴. On fait C C′ égal à F′ E″; on prolonge C S en Q; on joint C′ F‴ Q, qui est la ligne de trave du coïer; C′ H‴ la ligne de croisillon de l'arêtier, et Sᴵⱽ parallèle à l'arête. On mène C‴ J‴ parallèle à C′ Q, et pour vérification J J‴ doit être parallèle au poinçon S Sᴵⱽ; on fait paraître au point J‴ un trait ramèneret; on prolonge H‴ C′ en R; on joint O M R, ligne d'assemblage de la croupe, sur le plan horizontal, et R D, ligne d'assemblage de l'autre long-pan, sur le même plan. Les élévations étant faites, on met le bois sur ligne, comme il a été démontré, en se rappelant que tous les bois sont par face à plomb, excepté les pannes qui font lattis sous les chevrons. On fera donc paraître, sur chaque pièce de bois, qui est obligée de revenir sur ligne, une plumée, la ligne de croisillon et un trait ramèneret.

Pour faire la herse du long-pan A B S, on fait le chevron d'emprunt S T Hᴵⱽ d'équerre à la sablière auxiliaire O P; on fait tourner, du point T comme centre, Hᴵⱽ en H′; on joint K H″ : on a le croisillon de la ferme, puis O Hⱽ celui de l'arêtier. On fait tourner A″ en A″ et I″ en Iⱽ, toujours du point T comme centre; on remonte B en B″, I en I′ parallèles à T Hⱽ; on joint P A″ B″ : on a la ligne d'assemblage sur la sablière de double pente; puis on joint I″ I′, et on a le croisillon de la panne, qui doit être parallèle à P B″. Où la panne coupe le croisillon O H″ de l'arêtier et celui de la ferme K H′, on y fait paraître un trait ramèneret; on y met les croix, si on le juge nécessaire, de manière que les abouts soient parallèles à la sablière de double pente. Ensuite on met le croisillon O H″ de l'arêtier sur O Hⱽ de niveau, le trait ramèneret I″ sur I ligne avec U U′, ligne parue sur le niveau U′, et on le déverse par un trait carré à U U″. Puis le croisillon K H de la ferme on le met sur K Hⱽ de niveau, le trait ramèneret I′ sur I″, ligné avec la ligne P P′, parue sur le niveau P′, et déversé par un trait carré à cette ligne. On ligne la panne au même affleurement qu'il y a de la ligne d'assemblage T H″ au-dessous du chevron.

Pour faire la herse de la croupe, on prend la ligne d'assemblage V Hᵛᴵ du chevron carré; on le porte en V′ Hᵛᴵ; on mène, par le point V′, une ligne parallèle à O R; on descend O en O′, M en M′, R en R′ parallèles à V′ S; on joint O′ Hᵛᴵ, on a le croisillon de l'arêtier, M′ Hᵛᴵᴵ le croisillon de la croupe, et R′ Hᵛᴵᴵ le croisillon de l'autre arêtier. Ensuite on prend V E″, on le porte en V′ Eᴵⱽ; on descend B B‴, I Iᴵⱽ, J Jᴵⱽ, CC‴ parallèles à S V′; on joint C′ Eᴵⱽ B‴, qui est la ligne d'assemblage sur la sablière de pente et rampante, et Jᴵⱽ I‴, croisillon de la panne. Pour vérification, il faut que O′ I″ égale O I′, M′ Jᵛ égale M Jᴵⱽ, et R′ J‴ égale R J‴. On fait un trait ramèneret à chaque rencontre, et la herse est faite. Après, on met les arêtiers et l'arbalétrier, et la herse est faite. On opère de même pour l'autre long-pan.

Pour établir l'enrayure, c'est-à-dire les assemblages qui sont dans le plan de la sablière de double pente, on peut les établir sur le plan par terre en les mettant chacun suivant sa pente; mais, comme dans la pratique il serait presque impossible, attendu le plus ou moins de pente de ses assemblages, j'ai préféré faire la herse, c'est-à-dire mettre sur un plan horizontal et déverser les bois. On prend donc D F A′, on le porte en un endroit quelconque en D′ Fᴵⱽ Aᴵⱽ; puis on prend F″ B′, on le porte en Fᴵⱽ Bᴵⱽ, et F′ E″ en Aᴵⱽ Bᴵⱽ. On mène, par le point Bᴵⱽ, une ligne parallèle à D′ Aᴵⱽ; on mène F″ E′, D′ C″ parallèles à Aᴵⱽ Bᴵⱽ. On joint Fᴵⱽ C‴, et pour vérification Fᴵⱽ C‴ doit être égal à F‴ C′. On y fait paraître les traits ramènerets, et la herse est faite. On prend ensuite l'entrait D A′ de la ferme; on met son croisillon D A′ sur D′ Aᴵⱽ, de niveau, le trait ramèneret F sur Fᴵⱽ, ligné avec la ligne X X′, parue sur le niveau X′, et déversé par un trait carré à cette ligne; le croisillon F′ E″ de la croupe sur Fᴵⱽ E′, de niveau; le trait ramèneret sur le trait ramèneret, ligné avec Y Y′, ligne parue sur le niveau Y′, et déversé par un trait carré à cette ligne. Les deux sablières D′ C″, Aᴵⱽ B″ se déversent avec le même niveau, le coïer F″ B′ sur Fᴵⱽ Bᴵⱽ, ligné avec Z Z′ et déversé par un trait carré à Z Z′, et l'autre coïer F‴ C′ sur Fᴵⱽ C‴, également déversé avec le niveau Z. On opère de même pour les goussets, comme on le voit sur l'épure.

PARIS. — IMPRIMERIE DE MADAME VEUVE BOUCHARD-HUZARD, RUE DE L'ÉPERON, 5.

47

Pl. 47.

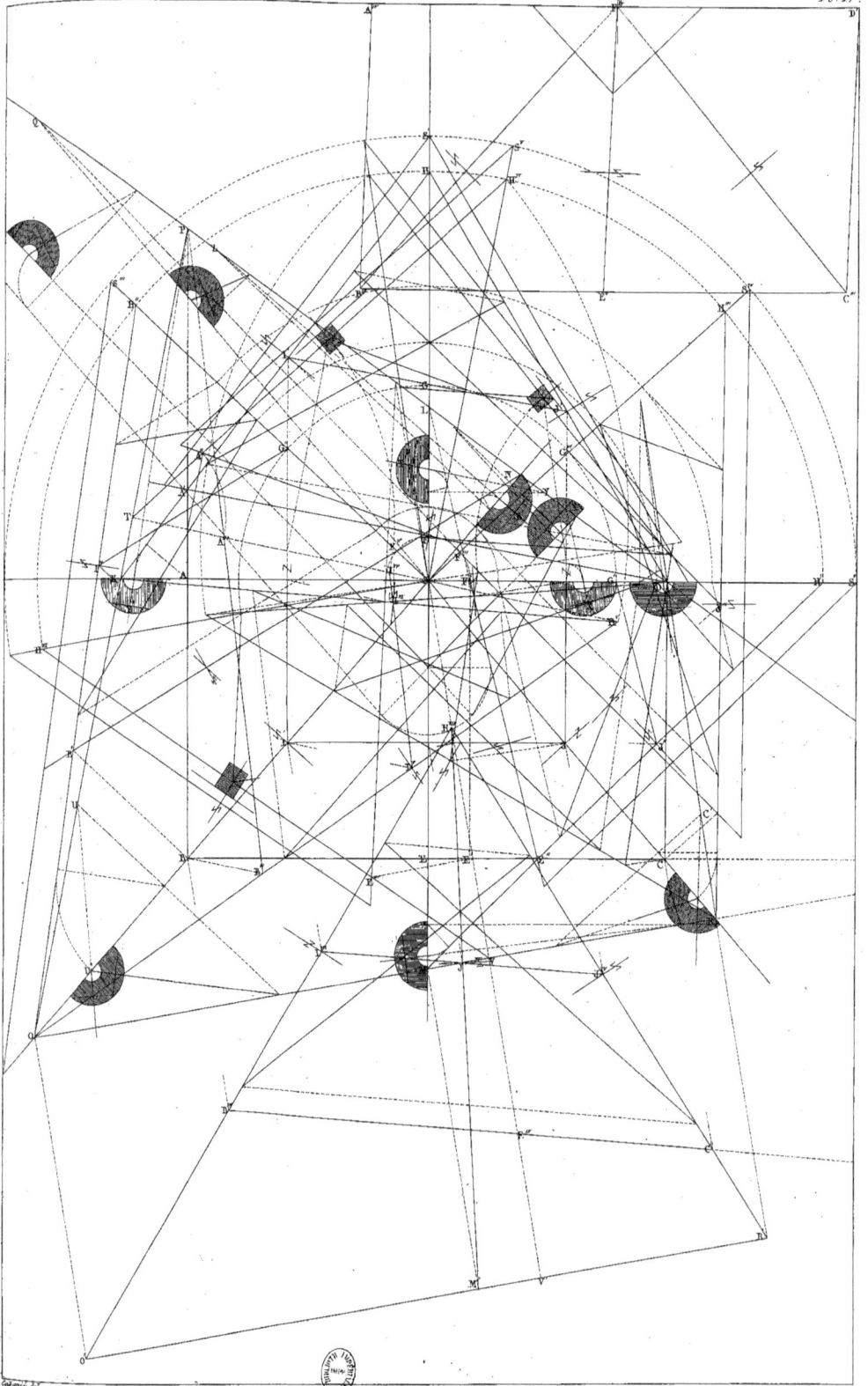

PAVILLON CARRÉ DE PENTE ET RAMPANTE

DONT LES PANNES ET LES CROIX SONT COUPÉES A LA FAUSSE ÉQUERRE.

On commence (planche 48ᵉ), sur un plan horizontal, de tracer le pavillon A B C D E, la ferme A E, la coupe S C et les arètiers B S, D S. Sur un plan vertical passant par la ligne A E, on fait l'élévation de la ferme A'S'E, le chevron de coupe S S″ C′ sur un plan vertical passant par la ligne S C; l'arètier S S‴ B′ sur un plan vertical passant par la ligne S B, et l'autre arètier S S‴ D′ également sur un plan vertical passant par la ligne S D. On fait passer un plan de niveau par le point E; on prolonge sur ce plan l'arbalétrier S′ A′ en F, l'arètier S‴ B′ en G, la coupe S″ C′ en H, et l'autre arètier S‴ D′ en I; on prolonge l'entrait de coupe en K; on joint E K; on prolonge B A en J; on joint J F G, G H I, I E, et on a sur le plan de niveau l'alignement du lattis du comble ou la trace de la sablière de pente et rampante. On figure en plan les épaisseurs des arètiers en les dévoyant, et en élévation on fait paraître la retombée des arètiers, de la ferme et de la croupe. Après, on met la panne L'M′ parallèle à E A'; on fait S N′ égal à S N; on mène N'M′ parallèle à K C'; on descend L'L, M′M parallèles à S S′, et M′M L parallèle à S S″, et pour vérification ces pannes doivent se couper en un même point sur les arètiers. Les pannes, étant de pente et faisant lattis avec les chevrons, sont censées des arètiers à dévers; il faut donc en faire le dévers de pas.

Pour faire le dévers de pas de la panne L M de la croupe, on fait premièrement le chevron d'emprunt en opérant comme il suit : on élève S O d'équerre à G I, S S' parallèle; on fait tourner, du point S comme centre, S' en S', N en N″, etc. On joint O S'; on remonte, parallèle à G I, P P'; on joint N″ P'. Ensuite on élève P′ Q d'équerre à O S'. La rencontre Q du plan de niveau est un point où le dévers du pas de la panne passe. Je remonte M M‴ parallèle à P P', et M‴ R parallèle à P'Q; je descends R R' parallèle à G I, et M R' d'équerre : le point R' est un second point du dévers de pas. De même L' en L″ parallèle à P P' et L″ T parallèle à P' Q, on mène T T' parallèle à G I et L T' parallèle à S O. Le point T' est un troisième point du dévers de pas de la panne. Pour vérification, ces trois points doivent être en ligne droite, et de plus cette ligne doit passer à la rencontre G I, L M. On fait le dévers de pas de cette manière toutes les fois que sa rencontre avec le plan de niveau est trop éloignée.

Pour couper sur le trait la panne L M, on élève P U d'équerre au dévers de pas T'R' et P P″ parallèle; on fait P P″ égal à P P'; on joint U P″; on remonte M M‴, L L‴ parallèles à P P″. On se place au point U comme centre; on fait tourner P″ en P‴, M‴ en M', et M' en M' parallèle à R′ T′ et M M‴ d'équerre; on fait tourner L‴ en L', toujours du point U comme centre. L' L' parallèle à R′ T′, et L L' parallèle à U P. Les points L',P″, M' devront être en ligne droite, et de plus passer par la rencontre G I, L M de la sablière et de la panne. Pour la coupe de la panne sur les faces à plomb des arètiers, on remonte V V' parallèle à L L'; on joint V′ avec V″, rencontre de la face V V″ de l'arètier et du dévers de pas de la panne T' R'. Pour la barbe sous l'arètier, on mène X X' parallèle à G S, et X′X″ parallèle à L L'; on joint X″ avec le point de rencontre du dessous X X‴ de l'arètier avec R′ T′, dévers de pas de la panne. On opère de même pour l'autre bout de cette panne et pour celle des deux long-pans.

Pour tracer sur la face de l'arètier G S‴ la rampe de la mortaise de la panne, on fait tourner N en N‴; du point S comme centre, on mène N‴ L' parallèle à B'S‴, et pour vérification L L'' doit passer sur l'arête L' de l'arètier, et de plus être parallèle au poinçon S S‴. On remonte V″ en V‴, ligne de terre; V en V', arête de la panne; on joint V‴ V', et on a la rampe de la mortaise, c'est-à-dire l'occupation de la panne sur la face à plomb de l'arètier. Pour les croix, on fait les dévers de pas en opérant comme on le voit sur l'épure. Si l'on voulait avoir l'occupation de la barbe des croix et des pannes sous les arètiers, on opérerait comme il a été démontré.

Pour faire la herse de la croupe (car on doit savoir que c'est sur le lattis des bois qu'on fait paraître toutes les lignes nécessaires pour placer la fausse équerre), pour faire la herse, dis-je, on prend O S', qu'on porte en O'S'; on mène, par le point O', une ligne parallèle à G I; on descend G G', H H', I I' parallèles à S O'; on joint G′S', H′S', I′S' ; on a la ligne d'arète des arètiers et la ligne de milieu de l'arbalétrier de croupe. Pour la sablière de pente, on prend G B', on le porte en G′B″, H C″ en H′C″ et I D′ en I′D″; pour vérification, B″, C″, I″ doivent être en ligne droite, B B″, C C″, D D″ être parallèles à S O', et de plus les rencontres des sablières de pente et de niveau, tant en plan qu'en herse, doivent être sur une même verticale à G I. Pour la panne, on prend G L', qu'on porte en G′L', I M' en I′ M'; on joint L' M', et pour vérification L L' M M' doivent être parallèles à S O', et de plus la panne doit être parallèle à la sablière de pente. Les croix, on les met en herse à volonté et puis en plan. On descend ensuite Y Y', X X' parallèles à S O', et Y′ Y', X′ X″ parallèles à G S' : ces deux lignes suffisent avec la fausse équerre; mais, si l'on voulait ne pas s'en servir, on descendrait Z Z' Z″ Z‴ parallèles à S O' sur le démaigrissement, et par les points Z', Z‴ on mènerait une ligne parallèle à G'S'. On opère de même pour l'autre arètier I' S‴ et pour les herses des deux longs-pans. La herse étant faite, on met la panne et les croix sur ligne, de l'épaisseur du chevron carré O S', pour que le comble s'aligne en dedans, c'est-à-dire la face opposée au lattis. On fait paraître, sur le lattis de la panne et sur les croix, les lignes Y' Y″, X' X″; on fait quartier un à la panne; on met sur la ligne Y'Y″ la fausse équerre V' V″, et sur X'X″ la fausse équerre X″, ou en rembarrant une ligne par l'autre, comme on le voit en herse. Si les bois étaient plus ou moins épais que le chevron d'emprunt, il faudrait l'observer et tendre à cette épaisseur. Après, on coupe les croix sur le trait; on trace les rampes des mortaises sur les arètiers comme on le voit sur l'épure.

PARIS. — IMPRIMERIE DE MADAME VEUVE BOUCHARD-HUZARD, RUE DE L'ÉPERON, 5.

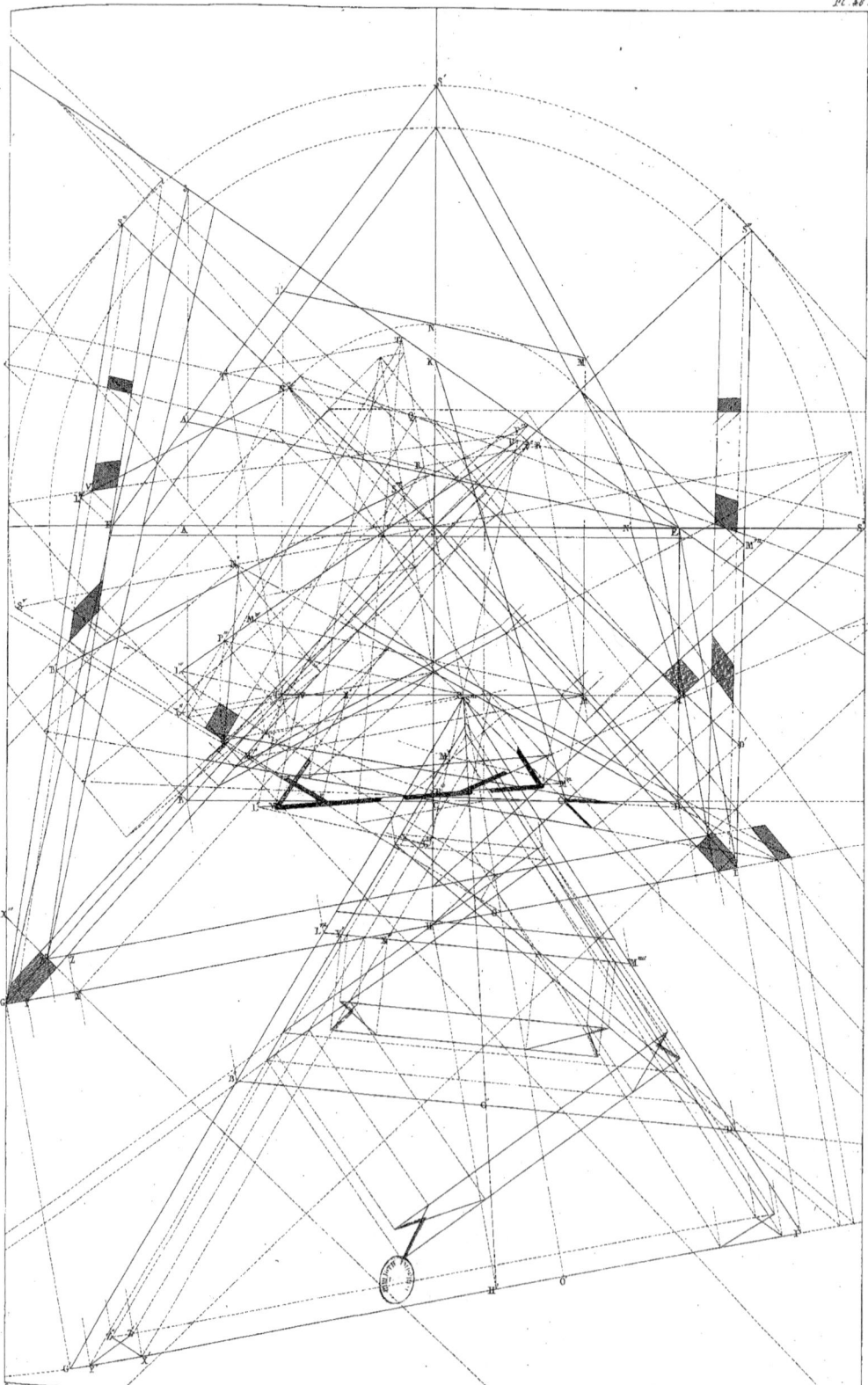

Pl. 48.

PAVILLON CARRÉ DE PENTE ET RAMPANTE A TOUT DÉVERS

ÉTABLI AVEC LES NIVEAUX DE DÉVERS.

On commence (planche 49ᵉ) de tracer, sur un plan horizontal, le pavillon carré A B C D E , la ferme A E , le chevron de croupe C S et les arêtiers B S , D S. Sur un plan vertical passant par la ligne A E , on fait l'élévation A'S'E de la ferme ; sur un autre plan vertical, passant par la ligne C S , on fait l'élévation de la croupe S S''C'; sur un autre plan, également vertical et passant par la ligne B S , on fait l'élévation de l'arêtier S S'''B', et sur S D on fait l'élévation de l'autre arêtier S Sᴵⱽ D'. Ensuite on prolonge C'K' en L, ligne de terre ; on joint E L, et on a la trace de la sablière de pente et rampante sur le plan de niveau. On prolonge B A en P ; puis le rampant de l'arbalétrier S'A' en H, et le croisillon S'''B' de l'arêtier en O ; on joint P H O, et on a la trace de la ligne d'assemblage du long-pan sur le plan de niveau. On prolonge également S' C' en M ; Sᴵⱽ D' en R ; on joint O M R, et on a la ligne d'assemblage de la croupe sur le plan de niveau. On joint aussi R E , et on a sur le plan horizontal la ligne d'assemblage de l'autre long-pan. Après, on descend les pannes F'F, G'G parallèles à S I, en plan par terre, de même que G''G F parallèle à S S''. Ensuite on fait un chevron carré S T Sⱽ perpendiculaire à la sablière O P du long-pan ; un autre, S U Sⱽᴵ, d'équerre à la sablière de niveau O R de la croupe, et un autre, S V Sⱽᴵᴵ, perpendiculaire à R E , ligne d'assemblage de l'autre long-pan : toutes ces élévations ont été faites comme il a été démontré (planche 47ᵉ).

Pour établir la ferme, on met le poinçon sur la ligne S I de niveau et de dévers, après l'avoir ligné, par le milieu, sur les deux sens. Les grands et les petits entraits faisant lattis à la sablière de pente et rampante E P. On ligne donc l'entrait E A', à partir du lattis, à une distance N'N'' prise, sur le chevron carré Sⱽᴵᴵᴵ K'N', à la sablière de l'enrayure E P (on fait Sⱽᴵᴵᴵ N' d'équerre à E P, S Sⱽᴵᴵᴵ parallèle et Sⱽᴵᴵᴵ K'égal à S K); on contre-jauge cette ligne de chaque bout ; on partage l'entrait en deux sur cette ligne vue par bout, et ce point de milieu au croisillon on le met sur la ligne E A', après l'avoir ligné avec la ligne A E parue sur le niveau X, et déversé par un trait carré X X' à cette ligne : on se sert du même niveau pour le petit entrait G'F'.

L'arbalétrier H S' faisant lattis à la sablière O P, on trace sur sa face une ligne parallèle au lattis de l'affleurement T T' du chevron carré ; on en fait de même de l'autre côté ; on divise en deux cette ligne rembarrée des deux bouts ; on met ce point ou croisillon sur la ligne H S', après l'avoir ligné avec E H, ligne parue sur le niveau H, et déversé par un trait carré à cette ligne. Pour l'autre arbalétrier, on le ligne, à partir du lattis, à l'affleurement V V'; on rembarre de chaque bout cette ligne d'assemblage des pannes, et le point de milieu de la ligne rembarrée on le fait tomber sur E S', après l'avoir ligné avec A E, ligne parue sur le niveau E, et déversé par un trait carré à cette ligne. On opère de même pour les aisseliers et contre-fiches, en déterminant une sablière de niveau comme pour le comble ; on pique le tout, et la ferme est établie.

Pour établir le chevron de croupe, on ligne l'entrait, à l'affleurement N'N'', à partir de son lattis ; on divise en deux cette ligne rembarrée de chaque bout, et ce point on le fait tomber sur C'L, après l'avoir ligné avec C L, ligne parue sur le niveau L, et déversé par un trait carré à cette ligne. On opère de même pour le petit entrait G''J'; le même niveau sert, attendu que les deux entraits sont parallèles et font lattis à des plans parallèles. Ensuite on ligne l'arbalétrier à l'affleurement U U', à partir du lattis, et le point de milieu de la ligne rembarrée de chaque bout, on le fait tomber sur M S'', après l'avoir ligné avec M S, ligne parue sur le niveau M, et déversé par un trait carré à cette ligne. On met l'aisselier et la contre-fiche en opérant comme pour l'arbalétrier ; on fait paraître les traits ramènerets, on pique, et la demi-ferme de croupe est établie.

Pour établir l'arêtier B S , on met le poinçon sur ligne, comme il a été dit (planche 2ᵉ). On ligne le coïer à l'affleurement N'N', à partir du lattis ; on rembarre de chaque bout ces deux lignes, et le point du milieu on le fait tomber sur N B', après l'avoir ligné avec B N, ligne parue sur le niveau N, et déversé par un trait carré à cette ligne : le petit entrait J''F'' se met sur ligne comme le coïer. Ensuite, l'arêtier faisant lattis à la sablière O P, on en fait le niveau comme à l'ordinaire ; on mène parallèle au lattis une ligne à l'affleurement T T, ou on le ligne tel qu'il est figuré, vu de bout, en Y ; on met le croisillon Y, vu de chaque bout de l'arêtier, sur O S''', après l'avoir ligné avec O S, ligne parue sur le niveau O, et déversé par un trait carré à cette ligne : on opère de même pour l'aisselier ; on fait paraître les traits ramènerets, et l'arêtier est établi.

Pour l'autre arêtier, on met le croisillon de son coïer sur D'K''', après l'avoir ligné avec S Q, ligne parue sur le niveau P, et déversé par un trait carré à cette ligne. Le croisillon du petit entrait sur J''G''', en opérant comme pour le coïer. Ensuite on met le croisillon Z de l'arêtier sur R Sᴵⱽ, après l'avoir ligné avec la ligne S R, parue sur le niveau R, et déversé par un trait carré à cette ligne. Pour l'aisselier et la contre-fiche, on opère comme pour l'arêtier.

Pour établir l'enrayure, on en fait la herse E'A''B''D'' comme il a été dit (planche 47ᵉ). Ensuite on met le croisillon E A' de l'entrait de la ferme sur E'A''; le trait ramèneret K sur Kᴵⱽ; l'entrait de la croupe C'K', on le met sur Kⱽ C''; le coïer K''B' sur Kⱽ B'', et le coïer D'K''' sur D''Kᴵⱽ; on met les goussets, si l'on veut, mais le tout de niveau et de dévers, attendu que tous ces assemblages font lattis ensemble : la seconde enrayure s'établit sur la même épure, en opérant de même.

Pour faire les herses dans lesquelles on assemble les pannes et les croix dans les arêtiers et arbalétriers, on opère comme il a été dit (planche 47ᵉ). D'ailleurs les herses sont faites, ainsi que les niveaux, comme on le voit sur l'épure.

PARIS. — IMPRIMERIE DE MADAME VEUVE BOUCHARD-HUZARD, RUE DE L'ÉPERON, 5.

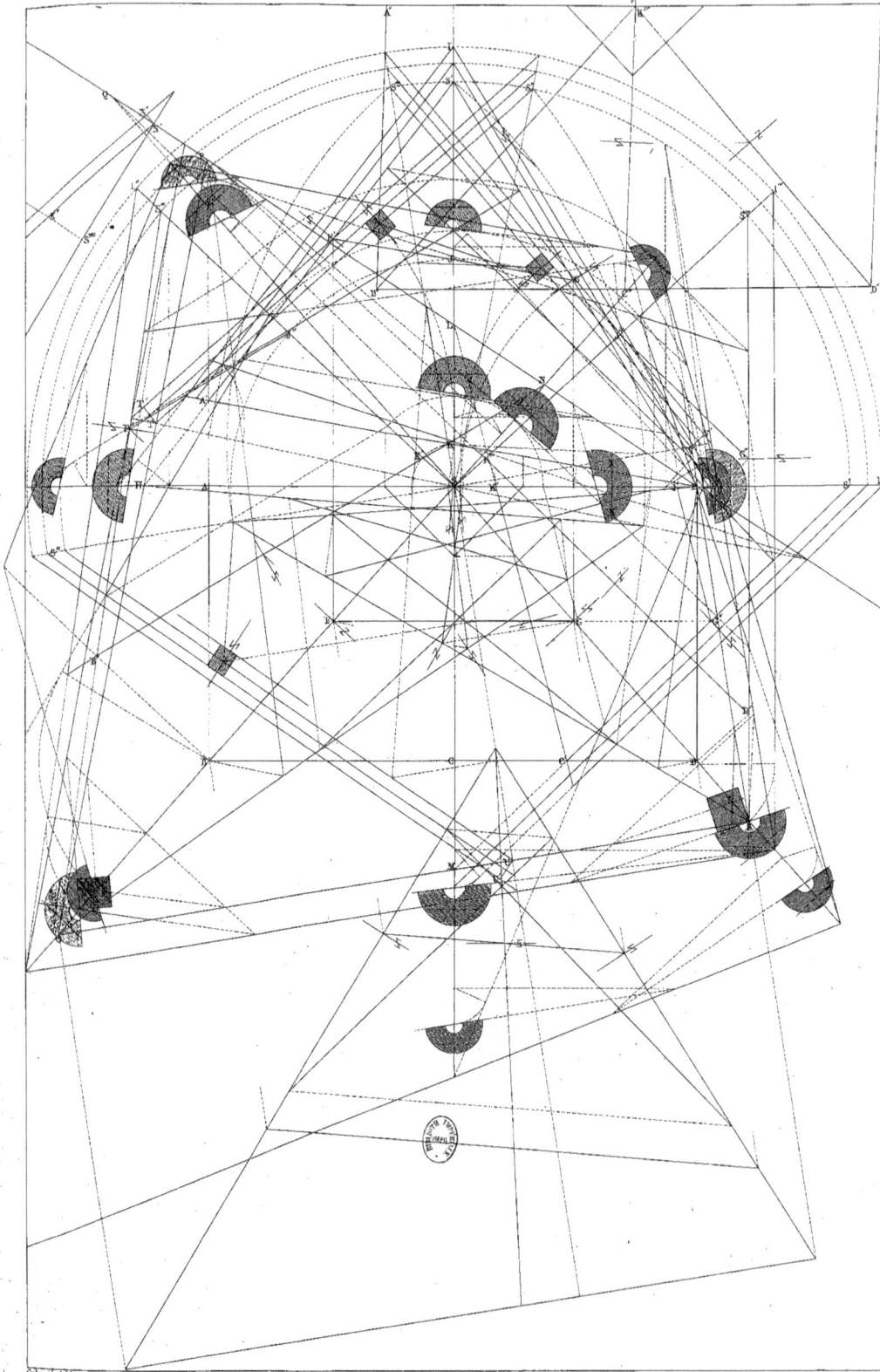

Imp.te Bulla, rue Bouglin, 7,Paris.

PAVILLON DE PENTE ET RAMPANTE A TOUT DÉVERS

ÉTABLI A LA FAUSSE ÉQUERRE DONT UN ARÊTIER POSITIF.

On commence (planche 50ᵉ) de tracer, sur un plan horizontal, le plan par terre A B C D E du pavillon, la ferme A E, la croupe S C et les deux arêtiers B S, D S. Ensuite on trace, sur un plan vertical, la ligne E A', dessus de la sablière de la ferme, d'une pente quelconque ; puis, du point S, comme centre, on fait tourner F en F'. Par le point F', on mène une ligne F' C', également à volonté, qu'on prolonge en G, ligne de terre. Le point E et le point G sont de niveau ; donc, en joignant E G, on a la trace, sur le plan auxiliaire passant par le point E, de la sablière de pente et rampante, c'est-à-dire que toute l'enrayure doit déganchir et correspondre avec cette trace. Comme l'arêtier B S, sur la sablière de pente et rampante, est positif, il faut déterminer la hauteur du comble, et pour la trouver on opère comme il suit : par le point S, on mène une ligne H S I d'équerre à B S ; on divise H I en deux parties égales, et par ce point, comme centre, on décrit le demi-cercle H B I ; on prolonge B S en J ; on fait tourner du point S, comme centre, F en F" ; puis on mène B B' d'équerre à B S ; on fait B B' égal à A A', plus C" C' ; on joint J F' B', on a le dessus de la sablière. Comme l'arêtier B S se trouve d'équerre à la trace E G de la sablière, on mène F" B" parallèle à B S, et du point F", comme centre, avec un rayon égal à F" B", on décrit l'arc de cercle B" B"' ; puis on divise B' F" en deux parties égales, et on décrit le demi-cercle B' B" F". Le point de rencontre B"' des deux arcs, joint avec B', donne la pente de l'arêtier, qu'on prolonge jusqu'au poinçon S S' et en K, ligne de terre. On fait tourner du point S, comme centre, S' en S" en S"' et en S^{iv} ; on joint A' S", E S", on a la ferme. En menant S S", D D' perpendiculaires à D S, faisant D D' égal à C" C' et joignant D' S"', prolongé en L, ligne de terre, on a l'autre arêtier. Puis on joint S^{iv} C', prolongé en M, ligne de terre, on a la croupe. On joint A" N K, K M L, L E, et on a la trace du rampant du comble sur le plan auxiliaire ou de niveau. Ceci étant fait, on met la panne sur la ferme N S" E, parallèle à A' E, car on doit savoir que les pannes, les entraits, les aisseliers, les contre-fiches et les croix doivent suivre la pente et rampante de la sablière. On descend les pannes en plan par terre, on en fait le dévers de pas comme il a été dit (planche 48ᵉ). On figure également, en plan par terre, les deux arêtes du lattis des arêtiers, les croix, etc., comme on le voit sur l'épure.

Pour faire le dévers de pas de l'arêtier positif K S, on fait un chevron carré O S S' à la sablière auxiliaire K A" ; on mène S' S"'' perpendiculaire à O S' ; on prolonge S' S"'' jusqu'à la ligne de terre O S, et ce point doit se trouver sur le prolongement de K L pour que l'opération soit bonne. On opère de même pour faire le dévers de pas de l'autre arêtier, des arbalétriers et des croix, comme on le voit figuré.

Pour couper l'arêtier L S sur le trait, on fait un trait carré S P au dévers de pas L P ; on prend S P, on le porte en S P' ; on prend P' S^{iv}, on le porte en P" S^{vi} (après avoir fait P" L' d'équerre à P" S"'). On prend P L, on le porte en P" L' ; on joint L' S^{vi}, longueur de l'arêtier, jusqu'au plan de niveau. Pour trouver la coupe du pied de l'arêtier sur la sablière de pente et rampante sur un sens, car, sur l'autre, c'est la herse qui la donne, on prolonge le dévers de pas P L jusqu'à la rencontre G E, trace de la sablière ; on prend cette rencontre à partir du point P ; on la porte en P" Q, on a un point. Puis on descend D en D" d'équerre à P L ; on prend P D", on le porte en P" D"' ; on remonte D"' D^{iv} parallèle à P" S^{vi} jusqu'à la rencontre L' S^{vi}, on a un deuxième point D^{v}. Pour le troisième on fait passer un plan auxiliaire sur le sommet du comble, et sur ce plan on trace un dévers de pas S R parallèle au premier P L. Sur S^{vi} on mène également une ligne S^{n} R' parallèle à P" L'. Ceci étant fait, on prolonge E A' jusqu'à la rencontre du plan du sommet S' Z ; on descend cette rencontre parallèle à S S" jusqu'à la rencontre de E A prolongé, et ce point on le mène parallèle à E G jusqu'à la rencontre S R du dévers ; cette nouvelle jonction on la prend à partir du point S, et on la porte, à partir de S^{vi}, sur S^{n} R', ligne prolongée. On joint ce point avec D"' Q, qui doit former une ligne droite, et la coupe du pied de l'arêtier sur la sablière est déterminée. Pour la coupe à plomb sur la face du poinçon parallèle à M S, on prend P T, on le porte en P" T' ; on joint T' S^{vi}, et pour la face parallèle à E S on prolonge le dévers de pas L P jusqu'à la rencontre E N. On prend cette distance à partir du point P et on la porte à partir du point P", et on joint ce point avec S^{vi}.

Pour trouver l'occupation de la barbe de la croix du bas sur le dévers de l'arêtier, on prend P U, rencontre du dévers de la croix et de l'arêtier ; on le porte en P" U', on a un point ; on descend V en V' parallèle à S P ; on prend P V', on le porte en P" V" ; on mène V" V"' parallèle à P" S^{vi}, on a un deuxième point. Pour le troisième, on mène par le point S une ligne S R" parallèle à K L jusqu'à la rencontre V R" de la croix, et par le point R une ligne R" R parallèle au dévers de la croix jusqu'à la rencontre S R du dévers de l'arêtier ; on prend S R, on le porte en S^{n} R' ; on joint R' V"' U', qui doivent être en ligne droite. On opère de même pour trouver l'occupation de la barbe de la panne, ainsi que de l'autre croix, comme on le voit sur l'épure.

Pour tracer les rampes des mortaises des croix et de la panne sur la face opposée au lattis de ce même arêtier, on opère comme il a été dit (planche 26ᵉ). D'ailleurs les opérations sont faites, on peut les vérifier et s'en rendre compte.

Pour couper les croix sur le trait, on opère comme il a été dit (planche 26ᵉ), en se rappelant que ce sont des arêtiers à dévers. Pour les pannes, on en fait le dévers de pas comme à l'ordinaire, et on les coupe sur le trait comme on le voit sur l'épure. Pour les chevrons, on opère également comme il a été démontré, en les coupant à la fausse équerre et ne faisant paraître qu'une ligne en herse, ou par démaigrissement en en faisant paraître deux. On peut mettre les aisseliers et opérer comme il a été dit (planche 28ᵉ).

PARIS. — IMPRIMERIE DE MADAME VEUVE BOUCHARD-HUZARD, RUE DE L'ÉPERON, 5.

50

Pl. 80.

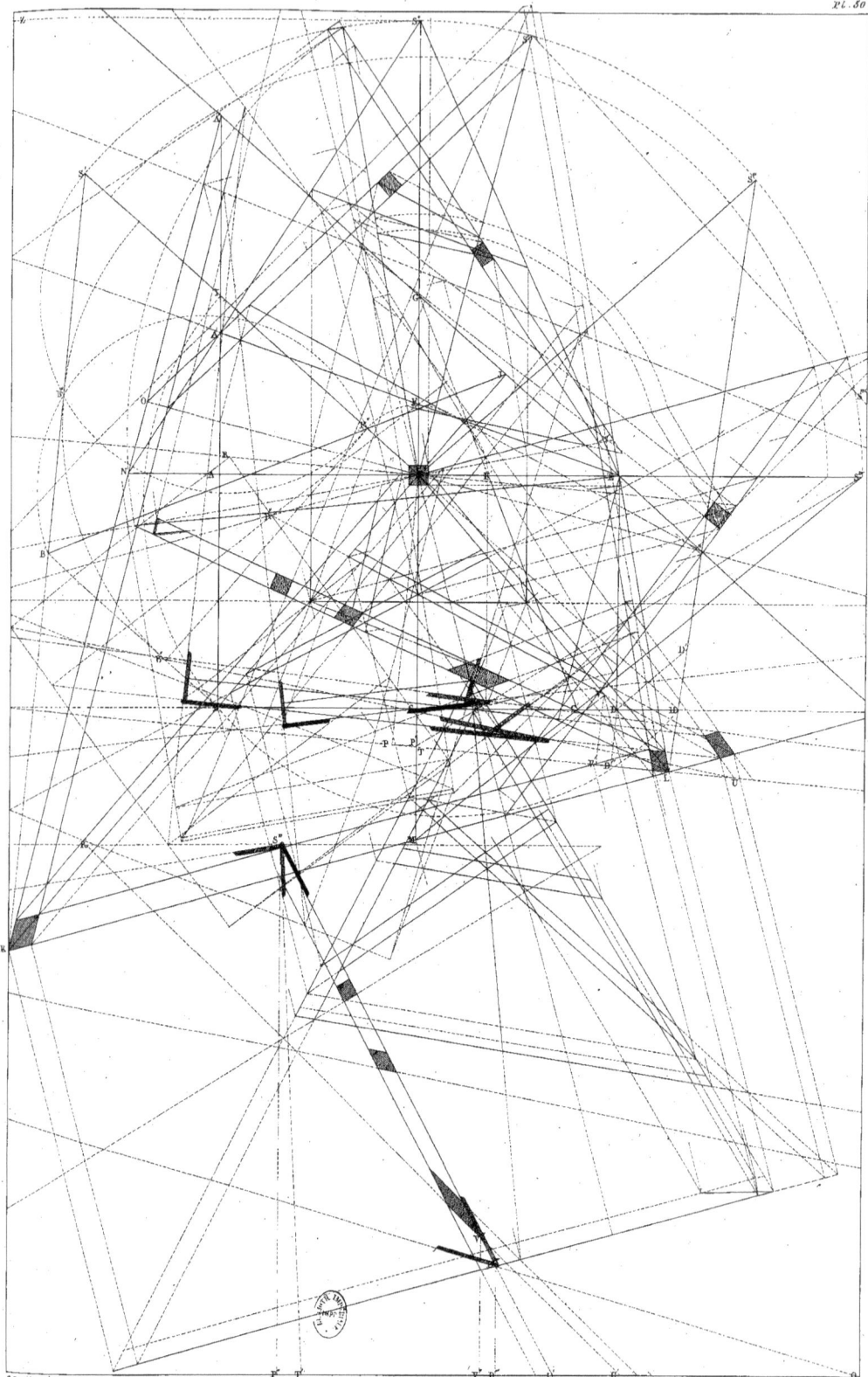

Imp. r. Ballet, rue Bouqet, 7, Paris.

NOULET DE PENTE ET RAMPANTE A TOUT DÉVERS SUR UN ARÊTIER
ÉTABLI AVEC LES NIVEAUX DE DÉVERS.

On commence (planche 51e) de tracer, sur un plan horizontal, les sablières A B, A C du vieux comble, l'arêtier A D et son élévation G D′ sur un plan vertical. Puis, en plan par terre, on fait paraître la ferme du noulet E F, le chevron de croupe A S et les deux arêtiers G S, H S. Sur un plan vertical, passant par la ligne E F, on fait paraître la ligne de trave E F′ de l'entrait d'une pente quelconque et la ferme E S′ F′, également d'une hauteur donnée. On met le petit entrait I′ J′ parallèle à E F′, puis on met les aisseliers. Sur un autre plan vertical, passant par la ligne A D, mais fait sur G E parallèle à l'arêtier en plan A D du vieux comble, on remonte S S″ perpendiculaire à A D ; on prend S K, on le porte en E K′ ; on fait passer par le point K′ une ligne de trave K′ G′ d'une pente quelconque qu'on prolonge en L′, ligne de terre ; on descend L′ en L, position vraie. Le point L et le point E sont de niveau. On joint E L, et on a sur le plan de niveau la trace de la sablière de pente et rampante. On prend S S′, on le porte en E S″ ; on joint G′ S″ qu'on prolonge en M′, ligne de terre ; on descend M′ en M parallèle à S S″ ; on prend l'entrait S N, on le porte en E N′ et on le mène parallèle à G′ L′. L'aisselier S O en E O′, et la demi-ferme de croupe est tracée. Ensuite on fait l'élévation de l'arêtier G S en élevant G G″, S S‴, d'équerre à S G, faisant S S‴ égal à S S′, G G″ égal à G‴ G′ et joignant G″ S‴. On prend S K, on le porte en S K″ ; on joint G″ K″, ligne de trave du coïer. On prend aussi S N, on le porte en S N″ ; on le mène parallèle à G″ K″, et on a l'entrait. De même O en O″, et on a l'aisselier. On prolonge S‴ G″ en P, ligne de terre, et on a le point de croisillon de l'arêtier sur le plan de niveau ou auxiliaire ; on joint E P, et on a la trace de la sablière auxiliaire sur le plan de niveau. On opère de même pour faire l'élévation de l'autre arêtier S Sⁱᵛ H′, prolongé en H″, ligne de terre, en faisant S Sⁱᵛ égal à S S′, H H′ égal à F F′ plus G‴ G′, ainsi que S Kⁱ égal à S K, S N″ égal à S N, S O″ égal à S O. On joint P M H″, on a la trace de la croupe sur le plan auxiliaire. On prolonge aussi S′ F′ en F″ ; on joint H″ F″, on a la trace du long-pan. On prolonge également les aisseliers sur le plan auxiliaire, et on a les traces ou sablières auxiliaires des aisseliers sur le même plan de niveau.

Pour avoir les noues en plan par terre, on mène S″ D′ parallèle à G′ L′ ; on descend D′ en D parallèle à S S″ ; on joint le point X, rencontre du vieux comble avec la sablière auxiliaire, avec D, on a une noue, et Y, rencontre du vieux comble avec la sablière auxiliaire, avec D donne l'autre. Pour les aisseliers, on mène O′ Oⁱᵛ parallèle à G′ L′ ; on descend Oⁱᵛ Oⱽ parallèle à S S″ ; on joint Q Oⱽ, Z Oⱽ, on a les aisseliers. Pour l'entrait, on mène N′ Nⁱᵛ parallèle à G′ L′ ; on descend Nⁱᵛ en Nⱽ parallèle à S S″ ; on joint B Nⱽ, et la rencontre de la même sablière des entraits avec le vieux comble en Nⱽ : on a trois points d'alignement en descendant leur rencontre avec la ferme, comme on le voit sur l'épure.

Pour faire la herse de la partie du comble H″ S D X, on fait le chevron d'emprunt S R S′ d'équerre à la sablière H″ R ; on prolonge S R en R′ ; on mène par le point R′ une ligne parallèle à H″ T ; on prend R S′, on le porte en R′ Sⱽⁱ. On descend H″ H‴, F″ F‴, X X′, T T′ parallèles à S R′. On prend R D′, on le porte en T′ D″ ; on joint H‴ Sⱽⁱ, on a l'arêtier, F‴ Sⱽⁱ la fermette, X′ D″ la noue, et Sⱽⁱ D″ le faîtage. Ensuite on descend H Hⁱᵛ, U U′ parallèles à S R′ ; on joint U′ Hⁱᵛ, on a la sablière de pente : le faîtage Sⱽ D‴ doit lui être parallèle. On met l'about des croix parallèle au faîtage et à la sablière, comme on le voit sur l'épure. La herse étant faite, on met le croisillon de l'arêtier sur la ligne H‴ S″, le trait ramèneret sur le trait ramèneret, après l'avoir ligné avec V V′, ligne parue sur le niveau H″, et déversé par un trait carré à cette ligne. L'arbalétrier ou fermette, on le met sur la ligne F″ Sⱽⁱ, le trait ramèneret sur le trait ramèneret de niveau et de dévers. La noue, on met son croisillon sur la ligne X′ D‴, le trait ramèneret sur le trait ramèneret de niveau et de dévers, attendu que la noue fait lattis à la sablière H″ X. Les croix, également de niveau et de dévers. On pique le tout, et cette partie du comble est finie. On opère de même pour la croupe et pour l'autre long-pan.

Pour établir la ferme couchée s'assemblant dans l'arêtier du vieux comble, et suivant la pente et rampante de la ferme, on en fait la herse en opérant comme il suit. On élève D Vⁱ d'équerre à la sablière A C du vieux comble et D Dⁱᵛ parallèle ; on fait D Dⁱᵛ égal à Dⱽ D′ ; on joint Vⁱ Dⁱᵛ. Après, on se met au point Vⁱⁱ comme centre ; on fait tourner Dⁱᵛ en Dⱽⁱ ; on joint A Dⱽⁱ, on a l'arêtier ; X Dⱽⁱ, la noue. On remonte Nⱽ Nⁱ, H″ parallèles à Vⁱⁱ D ; on joint Nⁱ I′, et pour vérification cet entrait doit tendre à la rencontre de A C, B B′. On remonte également O′ Oⁱⁱ parallèle à Vⁱⁱ D ; on joint Z Oⁱⁱ, on a l'aisselier.

La herse étant faite, on met le croisillon G D′ de l'arêtier sur A Dⱽⁱ, son trait ramèneret Nⁱᵛ sur Nⱽⁱ, après l'avoir ligné avec A′ A″, ligne parue sur le niveau A, et déversé par un trait carré à cette ligne. Le croisillon de la noue, on le met sur X Dⱽⁱ, le trait ramèneret sur I′, après l'avoir lignée avec X″ X‴, ligne parue sur le niveau X, et déversée par un trait carré à cette ligne. Le croisillon de l'entrait, on le met sur la ligne I″ Nⱽⁱ, après l'avoir ligné avec I‴ Iⁱᵛ, ligne parue sur le niveau Iⁱᵛ, et déversé par un trait carré à cette ligne. Le croisillon de l'aisselier sur la ligne Z Oⱽⁱ, après l'avoir ligné avec Z′ Z″, ligne parue sur le niveau Z″, et déversé par un trait carré à cette ligne. On opère également pour l'autre moitié de ferme couchée.

PARIS. — IMPRIMERIE DE MADAME VEUVE BOUCHARD-HUZARD, RUE DE L'ÉPERON, 5.

51

Pl. 51.

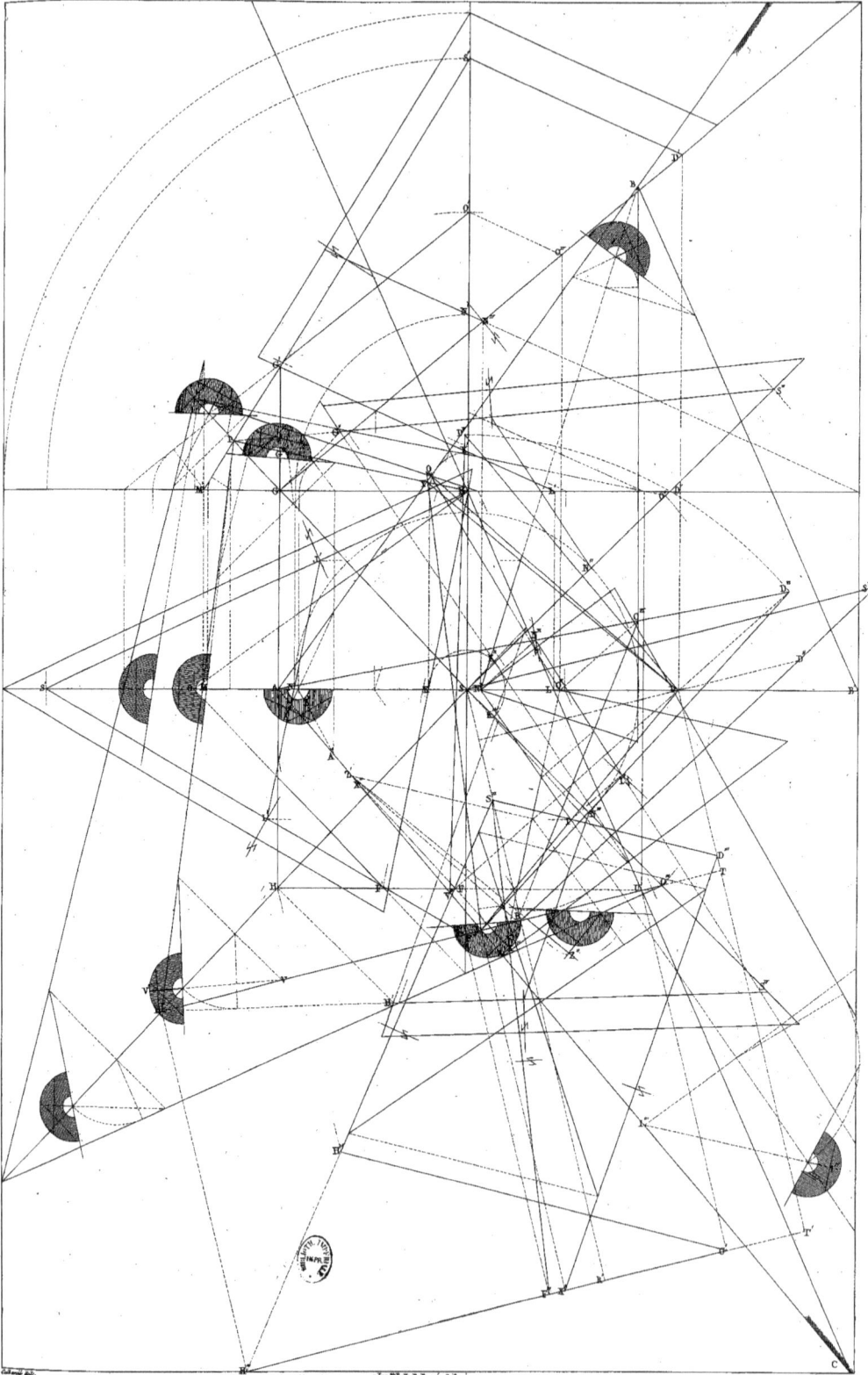

NOULET DE PENTE ET RAMPANTE A TOUT DÉVERS

SUR UN ARÊTIER ÉTABLI A LA FAUSSE EQUERRE.

On commence (planche 52ᵉ) de tracer, sur un plan horizontal, les sablières A B, A C du vieux comble, l'arê-tier A D et son élévation A' D' sur un plan vertical. Puis, en plan par terre, on fait paraître la ferme du noulet E F, le chevron de croupe A S et les deux arêtiers A' S, G S. Sur un plan vertical, passant par la ligne E F, on fait paraître la ligne de dessus de l'entrait E' F' d'une pente quelconque, et la ferme F S' E', également d'une hauteur donnée ; puis on fait paraître le petit entrait H' I' parallèle à F E' et les aisseliers, dont l'about est également parallèle à la sablière de pente et rampante. Après, sur un plan vertical passant par la ligne A D, mais fait sur la ligne A' F, dans lequel on a fait l'élévation de l'arêtier A' D', on remonte S S'' d'équerre à A S ou parallèle à G A' ; on fait F S'' égal à S S', F K'' égal à S K', F L'' égal à S L' et F J'' égal à S J' ; on fait passer par le point J'' une ligne J'' A'' d'une pente voulue ; on prolonge cette pente en J''', ligne de terre ; puis on joint A'' S'', on a le rampant de la croupe. Ensuite on mène l'entrait L'' L''', ainsi que le faîtage S'' D', parallèles à la ligne A'' J'''. On a pris également l'about des aisseliers sur la ligne S S' ; on l'a porté sur la ligne F S'', qu'on a menée parallèle à J'' A'' jusqu'à la rencontre de A'' S'' ; on a joint ce point avec K''.

Maintenant il s'agit de déterminer, sur un plan de niveau, la trace de la sablière de pente et rampante, des entraits qui sont parallèles à la sablière du rampant du comble et des aisseliers.

Pour cela, on sait que le plan de niveau passe par le point F, endroit le plus bas du comble. Le point F est donc un point sur lequel passe la trace de la sablière. Pour avoir un second point, on descend J'' en J, position vraie ; on joint F J, et la sablière est déterminée. Pour la sablière auxiliaire des entraits, on descend L''' en Lᴵⱽ, on mène L'' B parallèle à J F, et la sablière auxiliaire des entraits est déterminée.

Pour la sablière auxiliaire du comble, on prolonge S'' A'' en M', ligne de terre ; on descend M' en M. Ensuite on fait A'' N', A'' O' égal à S J' ; on mène, par N', une ligne parallèle N' N'' à A'' M', qu'on descend en N, et par le point O' une ligne O' O parallèle à A'' M' ; on joint N M O, qu'on prolonge jusqu'aux arêtiers en N'', O'' ; on joint O'' F. Puis on prolonge S' E' en P ; on joint N'' P, et la trace du comble, sur le plan auxiliaire, est déterminée. On opère de même pour la trace des aisseliers, comme on le voit sur l'épure.

Pour avoir les noues en plan par terre, on descend D' en D, on joint Q D, R D. Pour avoir les entraits, on descend Lⱽ en L ; on joint L B et L avec la rencontre de A C, B Lⱽ. Pour avoir les aisseliers, on descend K'' en K (toujours parallèle à S S'') ; on joint K T, U K, et on a les aisseliers, les noues et les entraits en plan par terre. Ensuite on fait un chevron carré S V S''' à la sablière auxiliaire N'' V, et par le sommet S''' on mène une perpendiculaire S''' Sⱽ au rampant V S''' ; on joint N'' Sⱽ, on a le dévers de pas de l'arêtier G S, et P Sᴵⱽ celui de la fermette P S. Pour le dévers de la noue, on remonte D en D''. Par le point D'', on abaisse une perpendiculaire D'' D''' au rampant V S''', on mène D''' D'ⱽ parallèle à N'' V et D D'ⱽ perpendiculaire. On joint R D'ⱽ, et on a le dévers de pas de la noue. Pour le dévers de l'aisselier U K, on fait, par son sommet K, un chevron carré K X Kⱽ, et par Kⱽ on fait un trait carré Kⱽ Kⱽ à X Kⱽ. On joint U Kⱽ, également pour les entraits, en abaissant Lⱽᴵ L'''' d'équerre au rampant, et en joignant B Lⱽᴵᴵ et L avec la rencontre de A C, B Lⱽ.

Pour faire la herse du long-pan N''' S D R, on mène une ligne Nᴵⱽ P' parallèle à N''' P ; on prolonge le chevron carré S V en V' ; on prend V S''', qu'on porte en V' Sⱽ ; on descend N''' N'' parallèle à S V' ; on joint Nⱽ S, on a l'arêtier. On descend P en P', on joint P' Sⱽ, on a la fermette. Puis on prend sur le chevron carré V D'', qu'on porte en V'' D'ⱽ. On joint Sⱽ D'ⱽ, on a le faîtage ; puis on descend R en R', on joint R' D'ⱽ, on a la noue. Ensuite on descend G en G' et on prend P E', qu'on porte en P' E'' ; on joint G' E'', et la sablière de pente est déterminée. Après, on fait paraître la coupe de la tête de la noue, et les mortaises de l'entrait et de l'aisselier sous la noue ; la coupe du pied de la noue, de la fermette et de l'arêtier sur la sablière de pente et rampante, comme on le voit sur l'épure.

Pour couper la noue sur le trait, on abaisse du sommet D une perpendiculaire D Y ou dévers de pas R D'ⱽ ; on prend D Y en reculement, on s'ouvre à la hauteur, et l'on porte ce rampant en Y Dⱽᴵ, et l'on termine, en traçant la coupe de la tête de la noue, l'occupation de la barbe de l'entrait et de l'aisselier comme on le voit sur l'épure, mais en se jugeant toujours de trois points d'alignement.

Pour couper l'aisselier U K sur le trait, on a également fait un trait carré K Z au dévers de pas ; on a pris K Z en reculement, on s'est ouvert à sa hauteur, et ce rampant on l'a porté en Z Kⱽᴵ, et on a opéré par trois points d'alignement comme on peut le voir.

Pour faire la herse de l'aisselier, on prend X Kᴵⱽ, qu'on porte en X' Kⱽᴵᴵ, et X U en X' U'. En faisant X Kⱽᴵᴵ d'é-querre à X' U', on joint U' Kⱽᴵᴵ et sa largeur, et on termine en traçant sur le lattis et sur le dessous les lignes convenables pour le rembarrement, comme on le voit sur la herse. On a opéré de même pour faire la herse de l'entrait et pour le couper sur le trait.

FIN DE LA DEUXIÈME PARTIE ET DU PREMIER VOLUME DIT BOIS DROIT.

PARIS. — IMPRIMERIE DE MADAME VEUVE BOUCHARD-HUZARD, RUE DE L'ÉPERON, 5.

52

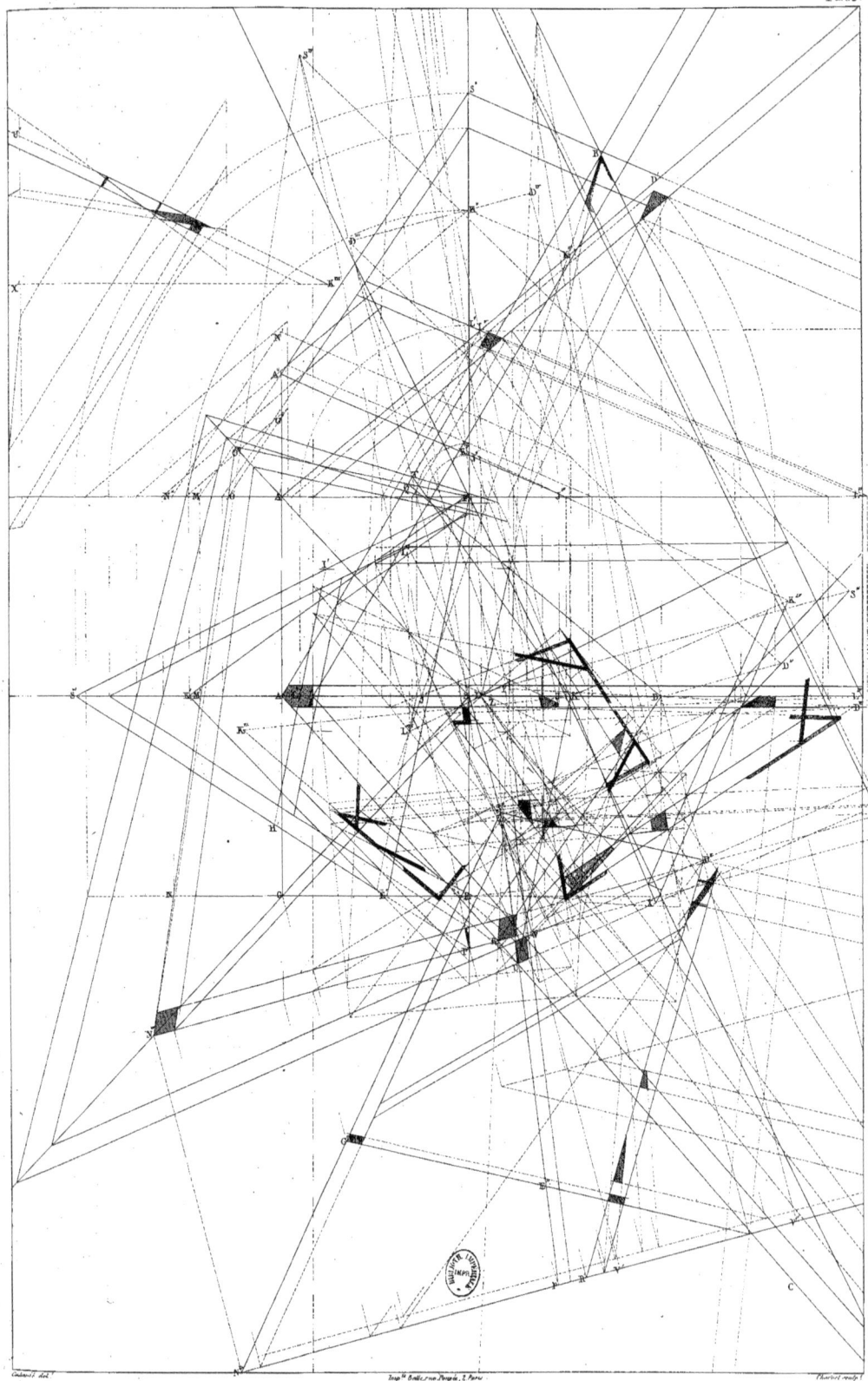